<2판>

특수교육 예비교사를 위한

교수 · 학습과정안 작성과 수업의 실제

하상근 · 김용욱 공저

교육과학사

수업이란 학습자가 특정 조건 하에서 목표를 달성할 수 있도록 내부와 외부 환경을 체계적으로 계획하고 조정하는 과정이다. 이러한 수업은 교사의 핵심 역할로, 교사들은 매일 수업을 효과적으로 진행하기 위해 지속적으로 노력한다. 특히 특수교육대상학생들을 지도하는 교사들의 경우 더욱 수업에 대하여 애를 태우게 된다. 왜냐하면 교사들은 특수교육대상학생들의 행동을 깊이 이해하고 참다운 인간관계를 맺으며 잘 가르치기 위하여 한층 더 전문적인 지식과 태도와 기술로 다가서야 하기 때문이다. 이러한 수업에 대하여 특수교육에서도 많은 연구들이 이루어져 왔지만, 아직도 계획과 실천 과정에서 많은 어려움을 겪고 있는 것이 사실이다.

특수교육교사들은 질 높은 수업을 계획하고 실행하며 평가하기 위하여 필요한 이론과 지식을 구비하고, 그것을 실제와 연결하는 능력을 발휘하여야만 한다. 특수교육은 분명 독특한 분야이고, 특수교육교사들은 그러한 일을 수행하는 전문가이기 때문이다. 이를 위하여 이 책은 예비 특수교육교사들은 물론 현직 특수교육교사들이 양질의 수업을 계획하고 실행하며 평가할 수 있도록 구성하였다.

이 책은 2016년 8월 1판 1쇄, 2018년 8월 1판 2쇄를 발행하였다. 이후 특수학교 기본 교육과정은 두 차례 개정되었다. 2018년에는 학생들의 다양한 교육적 요구를 반영하였고, 2022년에는 최근의 교육적 변화와 요구를 반영하여 교육과정의 실효성을 높이고자 하였다. 이에 따라 초판의 일부를 수정하여 교과별 수업 모형과 교수·학습과정안에 반영되었음을 밝힌다.

제1장 수업과정 모형에서는 특수교육대상학생을 위한 수업의 설계실행에 앞서 그 토대가 되는 보편적인 수업의 요소와 속성을 기술하였다. 과학으로서의 수업, 예술로서의 수업, 그리고 과학과 예술로서의 수업에 대하여 안내하면서 좋은 수업에 관하여 숙고할 시간을 만들고, 수업과정의 일반적인 모형과 그에

따른 단계별 활동을 제시하였다.

제2장 교과별 수업모형에서는 교과별 수업모형의 원리를 이해하고 특수교육 교수·학습활동에 적용할 수 있도록 국어, 사회, 도덕, 수학, 과학, 실과, 체육, 음악, 미술 순으로 가장 보편적으로 사용하는 교수·학습 모형의 본보기를 제시하였다. 이 장에서 안내한 수업모형을 선택할 때에는 차시의 성격, 목표, 학습 내용의 난이도, 교수·학습 능력, 교수·학습 환경 등을 고려하여 결정하기 바란다.

제3장 교수·학습과정안 구성에서는 교수·학습과정안의 관점과 요소별 관점을 안내하였다. 이 장에서는 교수·학습과정안의 관점을 기술하고 표준양식을 제시함으로써 보다 체계적이고 효율적인 교수·학습과정안을 작성할 수 있도록 하였다. 교수·학습과정안은 대개 단원, 단원의 개관, 단원의 목표, 단원의 구성, 단원의 지도 계획, 지도상의 유의점, 단원의 평가 계획, 본시 지도 계획으로 구성된다. 그리고 교수·학습과정안의 5개 요소인 수업 목표, 교사의 발문, 수업매체의 활용, 판서, 형성평가의 특징과 예시를 안내함으로써 본격적인 교수·학습과정안 작성의 기초지식을 확보하도록 하였다.

제4장 교과별 교수·학습과정안에서는 앞서 제시한 3장의 내용을 바탕으로 실제 본보기를 제시하여 그것에 비추어 스스로 교수·학습과정안을 작성·비교해보면서 장단점을 파악할 수 있도록 하였다. 국어, 사회, 수학, 과학, 실과, 체육, 음악, 미술과 등 8개 교과목별 세안과 수업모형에 따른 약안을 제공하여 교재의 내용만 보고도 교과와 수업 내용에 적용하여 교수·학습과정안을 작성할 수 있도록 안내하였다.

제5장 통합교육 교수 · 학습과정안에서는 우선 특수학교에서 통합교육을 실시할 때 적용해 볼 수 있는 국어, 수학, 과학, 체육, 미술과의 교수 · 학습과정안과 그 다음으로 일반학교에서 통합교육을 실시할 때 적용해 볼 수 있는 국어, 사회, 수학, 과학과의 교수 · 학습과정안의 사례를 제시하였다.

제6장 교수 · 학습 과정안 분석에서는 교수 · 학습과정안 평가표와 교수 · 학습과정안 요소별 평가표를 제시하였다. 제5장의 사례를 기초로 하여 스스로 작성한 교수 · 학습과정안을 평가표의 분석요소에 따라 평가해 봄으로써 교수 · 학습과정안을 작성한 후 그것을 적용하기 전에 잘 되었는지 점검하고 수정 · 보완할 수 있도록 하였다.

제7장 교수 · 학습 활동의 기초에서는 특수교육대상학생의 학습지도 원리와 학습지도의 실제에 대하여 알아보고 교수 · 학습활동에 임하는 교사의 태도에 대하여 기술하였다. 특히 말미에서는 '장애인등에 대한 특수교육법'에서 규정하고 있는 특수학급, 통합교육, 특수교육에서의 차별 등을 명시하여 교사의 직무에 충실하고 교사의 바람직한 태도에 대하여 생각해 볼 수 있도록 하였다.

제8장 교수 · 학습활동의 실제에서는 좋은 수업을 하기 위해 요구되는 교사의 주요 활동을 도입, 전개, 정리에 따라 단계별로 소개하였다.

제9장 교수 · 학습 활동 분석에서는 교수 · 학습 활동 분석에 대한 이해를 돕기 위하여 분석의 원리, 분석의 원칙을 제시하고, 교수 · 학습 활동 분석의 방법을 질적 · 양적으로 구분하여 기술하였다. 그리고 교수 · 학습 활동 분석의 실제에서는 교수 · 학습활동 평가표를 도입, 전개, 정리의 순으로 제공하여 평가표를

활용할 수 있도록 하였다.

이 책의 내용이 특수교육 예비교사들에게는 특수교육교사로서 성장해 가는 데 필요한 하나의 지침이 되고, 현직 특수교육교사들에게는 수업을 계획하고 실행하며 평가하는 데 실질적인 도움이 되기를 기원한다.

마지막으로 이 책 2판 출판을 위하여 물심양면으로 지원을 아끼지 않으신 교육과학사 한정주 대표님과 편집실 직원 여러분께 진심으로 감사를 드린다.

2024년 8월

하상근 · 김용욱

수업과정 모형

제1장

학습목표

1. 수업의 개념과 정의에 대하여 알 수 있다.
2. 수업과정의 일반모형을 알 수 있다.
3. 수업과정 일반모형 단계별 활동을 알 수 있다.

1. 수업의 개념과 정의

일반적으로 수업이라는 것은 '가르쳐 주는 것'을 말한다. 이러한 정의에 따르자면 수업은 다음과 같은 중요한 특성을 지니고 있다(한국특수교육교과교육학회, 2010).

첫째, 수업은 하나의 활동 혹은 과정이다.

둘째, 수업은 인간적인 상호작용을 말한다.

셋째, 수업은 의도적인 활동이다.

이러한 세 가지 특성에 비추어 수업을 한 마디로 정의해 본다면, 수업은 학생이 새로운 것을 할 수 있거나, 할 수 있는 방도를 배우게 하거나, 변화시킬 목적으로 제공되는 인간적인 상호작용 이라 할 수 있다(서울대학교 교육연구소 편, 1998).

정동영 외(2015)는 수업을 학습자가 특정한 목표를 달성할 수 있도록 학습자의 내부와 외부의 환경을 계획적이고 체계적으로 조정하는 과정으로 정의하였다. 그러나 수업은 그 속성을 한마디로 규정하기 어렵고, 관련 변인들도 열거하기 복잡하며, 그 방법들도 매우 다양하여 구분하기 어렵다. 그러나 학생들이 학습하여야 하는 목표의 달성을 위해서는 수업이 효율적으로 이루어져야 하며, 수업을 준비하고 평가하기까지의 전 과정이 성공적이어야 한다. 이런 수업은 비장애학생뿐만 아니라 장애학생들을 대상으로 하는 특수교육에서 더욱 절실히 요구된다. 따라서 특수교육대상학생을 위한 수업의 설계와 실행에 대하여 알아보기 이전에 먼저 그 토대가 되는 보편적인 수업의 요소와 속성을 밝히고자 한다.

1) 수업의 요소와 특성

흔히 수업을 과학(science)과 예술(art)의 융합이라고 표현한다. 이는 수업이 과학의 요소와 속성은 물론 예술의 요소와 속성도 동시에 지니고 있다는 의미이다. 실제로 좋은 수업, 훌륭한 수업은 하나의 예술품이 주는 것 이상의 감동을 불러일으킨다. 이것은 분명히 수업에 과학의 요소나 속성뿐만 아니라 예술의 요소나 속성이 포함되어 있음을 뜻한다.

(1) 과학으로서의 수업

수업은 예술로서보다는 먼저 과학으로서 접근이 이루어지기 시작하였다. 수업을 과학으로서 접근하기 시작한 것은 교육에서 과학화 운동이 이루어졌던 1900년대 초부터였다. 교육의 과학화 운동이란 교육 현상과 교육 문제를 실험, 관찰 등의 과학적 방법을 통하여 정확하게 설명하려고 한 운동이었다. 교육의 과학화 운동에 따라 수업에서 과학적 연구를 체계적으로 시도한 최초의 연구는 1930년 Barr와 Emans의 "성공적인 수업의 필수적인 특징은 무엇인가?"라는 연구였다(Barr & Emans, 1930).

당시 학교교육이 대중교육으로 확산되면서, 많은 학생들을 교사 개인의 직관이나 체험을 기반으로 가르치는 것에 대한 우려가 제기되었다. 이러한 우려는 자연스럽게 교사의 개인적인 특성을 넘어서서 누구나 따라야 할 수업에 대한 일반적이며 보편적인 법칙에 대한 관심을 자극하였다. 수업을 통제하는 일반적이며 보편적인 법칙을 발견하려고 한 대표적인 연구는 교수 효과성(teaching effectiveness)에 대한 연구이다(권낙원, 2013).

교수 효과성이란 교사가 이룩한 결과, 즉 학생이 어떤 특정 교육목표를 향하여 나아간 정도를 말한다(Miskel, 2001). 이를 더욱 구체화하면 교수 효과성은 교사의 지식, 신념, 헌신감, 추상적 사고력을 바탕으로 교수 · 학습에 필요한 자원을 투입하여 교사의 다양한 교수 · 학습 지도방법에 의하여 학생이 특정 목표를 향해 나아가게 한 정도라고 할 수 있다(윤창근, 2009).

과학적인 관찰과 실험을 통하여 모든 수업에 보편적으로 적용할 수 있는 타당한 법칙을 발견하고자 한 교수 효과성 요구는 1930년대에 교사의 자질과 인성 특성에 대한 연구들로 이루어졌고, 1940년대에는 교사의 특성과 학생의 학업성취도의 관계에 초점을 둔 연구들로 이루어졌으며, 1970년대에는 교사의 교수행동과 학생의 학업성취도와의 관계에 초점을 두고 교사의 교수양식이나 교수방법이 학생의 성취와 관계가 있다는 가정 아래 과정-산출연구들로 이루어졌다. 그리고 1980년대 이후에는 인지심리학 등 인간의 복잡한 사고과정에 대한 연구와 구성주의와 같은 새로운 경향에 영향을 받아 행동주의 관점에서 교사의 명시적인 행동 여부를 점검하는 차원에서 벗어나 인지주의를 토대로 한 학습 현상의 사회적 특성, 이해에 있어서 맥락성의 중요성, 고등사고 작용에 있어서 영역 특정적인 지식의 필요성, 문제해결 및 사고활동에 있어서 전문가-초보자의 차이, 학습자들이 학습하는 주제와 관련하여 자신의 고유한 이해를 구성하는 과정 등에 대한 연구들로 이루어졌다(Danielson & McGreal, 2000).

이와 같은 연구들 중에서 교실의 수업이 과학적 원리로 이루어져야 한다는 대표적인 연구는 과정-산출연구이다(이혁규 외, 2012). 수업의 과정-산출 연구는 교실에서 일어나는 교수양식, 교수방법, 교수모형, 교수전략 등 교사의 행동 특성이 학생들의 학업 성취와 어떤 상관을 가지고 있는지를 연구하는데 초점을 두고 있었다. 이를 통하여 효과적인 교수·학습방법에 대한 보편타당한 지식을 생성하고, 이런 지식을 교사들을 과학적으로 장학하는데 활용하여 왔다. 그러나 과정-산출 연구는 여러 학자들에 의하여 그 모형의 단순성 등 여러 가지 이론적, 실천적인 문제점들로 인해 공격을 받아 왔다(이혁규 외, 2012). 특히 과정-산출 연구는 교사의 교수 효과성을 단순한 행동 목록으로 환원하여 체크리스트를 통해 그러한 행동이 나타났는지를 관찰한 결과에 따라 수업의 질을 평가하는 관례를 형성하였다는 비판을 받아 왔다(Danielson & McGreal, 2000). 그렇지만 과정-산출연구 등을 통하여 수업을 효과적으로 이끌어 갈 수 있는 보편적 법칙을 발견함으로써 바람직한 교육 결과를 예견하고 통제하고자 하는 과학적인 속성과 요소는 수업의 중요한 본질이 아니라고 할 수 없다.

이와 같이 수업을 과학으로 보는 접근은 예측력과 통제력이 높은 수업의 법칙을 발견하여 적용함으로써 언젠가는 목표를 달성할 수 있을 것이라고 가정한다. 그러나 수업에 대하여 예측력과 통제력이 높은 법칙이나 이론을 발견하더라도 이를 바로 모든 수업에 적용하는 데는 한계가 있다. 법칙이나 이론은 변인과 변인 간의 관계를 진술한 것으로서 일반적이며 보편적인 특성을 갖기 때문에 특정 교사가 특정 학생을 가르치는 데 보편적인 법칙이나 이론만을 적용하면 문제가 발생한다. 특정 상황이나 특정 학생에 맞추어 법칙을 수정 보완하지 않으면 안 된다(권낙원, 2013). 그렇다면 수업을 과학으로만 보기는 어렵다. 수업의 과학적 속성을 인정하지만, 과학만으로는 수업을 모두 다 설명할 수 없다. 따라서 수업은 예술성을 요구하지 않을 수 없다.

(2) 예술로서의 수업

수업의 예술성과 관련된 논의는 Dewey가 교육경험에서 미학적인 의의를 찾고, 교사를 예술가에 비유한 것에서 그 연원을 찾을 수 있다(엄훈, 2010). Dewey는 "나는 인간 능력의 꼴을 갖추어 주고, 그 능력을 사회적 서비스에 적합하게 하는 예술이야말로 최고의 예술이라 믿는다. 그 일을 하는 사람은 최고의 예술가이다. 이러한 일을 함에 있어서 요구되는 통찰, 공감, 재치, 수행 능력이야말로 대단히 위대한 것이다"(Dewey, 1967)라고 함으로써 교육을 최고의 예술로, 그리고 가르치는 활동에 종사하는 사람을 최고의 예술가로 비유하였다. Dewey 이후 교육현상에 대한 질적 연구의 전통이 자리를 잡으면서 Eisner를 중심으로 교육 현상을 예술의 원리로 이해하고 해석하는 것으로 그동안의 기술공학적 풍토를 극복하고자 한 학자들에 의하여 수업의 예술성에 대한 논의가 이어져 왔다(이혁규 외, 2012; Eisner, 1983; Flinders, 1989).

Dewey와 Eisner의 영향으로 교육과 관련된 경험과 현상의 질적인 측면에 주목한 연구자들은 예술의 개념과 여러 장르의 예술에서 논의되는 다양한 특성과 수업의 특성을 비교하여 수업의 예술성을 입증하려고 시도하였다(이혁규 외, 2012). 이러한 입장에서 연구를 통하여 제시된 수업이 예술인 이유를 정리하면 다음과 같다.

첫째, 수업은 기술과 우아함으로써 이루어지므로 교사와 학생들에게 그 경험은 심미적 특징을 지니고 있어서 예술이라고 할 수 있다.

둘째, 교사는 화가, 작곡가, 배우, 무용수들과 마찬가지로 활동 중에 드러나는 질적 특징을 토대로 판단을 내린다는 점에서 수업을 예술이라고 할 수 있다.

셋째, 교사의 활동은 처방이나 틀에 박힌 절차에 따라 지배되는 것이 아니라 예상하지 못한 특징과 우발적 사태에 영향을 받는다는 점에서 수업을 예술이라 할 수 있다.

넷째, 목표가 과정 중에 생긴다는 점에 있어 수업을 예술이라 할 수 있다.

수업의 예술성을 언급하는 학자들은 직관과 즉흥성, 창의적 실천으로서의 수업, 과정 속에서 발현되는 수업 목표, 상황에 대한 민감성, 예술적 안목에 기반한 다양한 표상양식, 수업에서 학생과 교사가 체험하는 미적 체험 등에 관심을 가진다. 이것은 과학적 관리에 입각한 목표, 효율성, 평가와 측정 등과는 전혀 다른 언어들이며 주류 교육학의 언어에 의해서 포착되지 않는 수업 현상을 드러내는 노력이라고 할 수 있다(이혁규 외, 2012). 그러나 수업을 예술로 보는 사람들은 구체적인 수업방법을 제시하지 않고 있다. 그들은 수업이 발견적 또는 모험적인 활동이 되어야 한다고 주장한다. 수업이 창의적이 되어야 한다는 점에 이의는 없다. 그러나 수업이 창의적이 되기 위해서는 어떠하여야 하며, 창의적인 수업은 구체적으로 어떠한 수업이 되어야 하는지를 제시하지 않고 상상력을 발휘하여야 한다고 한다(권낙원, 2013). 이러한 제안은 너무나 막연하고 모호하다. 따라서 수업의 과학성을 요구하지 않을 수도 없다.

(3) 과학과 예술로서의 수업

수업은 과학만으로도 설명할 수 없고, 예술만으로도 설명할 수 없다. 수업은 하나의 실천 예술로서 과학의 속성과 예술의 속성을 모두 갖고 있다(Eisner, 1977; Gagne, 1978). 수업을 과학으로 보는 입장에서는 수업을 처방적이면서 규칙과 공식이 있다고 주장하는 반면, 수업을 예술로 보는 입장에서는 수업을 처방적이 아니라 해석적이며, 수업에는 규칙과 공식이 있는 것이 아니라 수업을 설명할 수 있는 도식과 발견술이 존재한다고 한다(권낙원, 2013). 그러나 수업은 어떠한 의도와 목표를 지니고 이루어지느냐에 따라 수업의 성격에 차이가 있을 수 있다. 수업이 단순한 지식과 기술을 추구할 때는 규칙이나 공식을 가지고 설명할 수 있지만, 수업이 복잡한 상황에서 복합적인 과제를 다룬다면 단순한 규칙이나 공식을 적용하기는 어렵다(Luft & Flexer, 2007). 그러므로 수업은 추구하는 목적이나 상황에 따라 과학적인 면도 필요하고, 예술적인 면도 필요하다고 할 수 있다.

수업이 과학이란 의미는 교사가 수업의 과정에 영향을 주는 많은 변인들을 철저하게 파악하고 통제하여야 함을 의미한다(Luft & Flexer, 2007). 교사는 수업을 위하여 학생의 강점과 요구를 파악하여야 하며, 이를 위하여 학생의 가족, 이전 학년의 교사들이 기록해 놓은 면담내용이나 학업내용을 파악하여야 하고, 다양한 상황에서 학생을 관찰하여야 하며, 개별화 교육계획 팀이 적절하다고 추천한 지원 내용을 파악하여야 한다. 뿐만 아니라 교사는 학생의 강점, 약점, 흥미, 선호, 연령, 성별, 가족과 문화 등을 파악하여 교육과정의 내용과 개별화 교육계획의 목표를 조정하여야 하며, 이들을 교육내용과 교수방법, 교수자료, 교수단계, 그리고 학생들의 성취를 극대화하는 데 영향을 미치는 관련 변인들을 평가하는 데 활용하여야 한다(Luft & Flexer, 2007). 그렇기 때문에 교사의 경험은 매우 중요하다. 이런 과정은 경험을 통하여 터득한 보편적 법칙에 따라 기계적으로 이루어질 수 있기 때문에 보편적 법칙을 습득한 경우에는 어렵지 않게 이루어질 수 있다.

수업의 예술적 속성과 요소는 교사와 학생의 실제적인 상호작용 과정에서 나타난다(Luft & Flexer, 2007). 학생들의 상호작용은 그들의 행동에 영향을 미치는 친구나 부모와 주로 이루어진다. 교사들은 수업을 할 때마다 학생과 그러한 상황에 직면하게 된다. 이것이 바로 수업에 예술이 필요한 시점이다. 교사들은 인성, 외모, 지적 능력을 모두 이용해서 학생들이 지식과 기술을 습득하고 연습하고 숙달할 수 있도록 동기를 부여하고 수행할 수 있도록 지원하여야 한다. 능숙한 교사들은 자신의 감정과 수업의 강도, 언어적 혹은 비언어적 행동을 조정해서 학생들의 학습에 자극을 주고, 학습이 지속될 수 있도록 지원한다. 이러한 수업의 예술을 조정하는 구성원 간의 상호작용과 환경의 특성은 수업의 과학적 측면에서의 효과적인 전달과 수업 기술의 실행이라 할 수 있다. 이러한 수업의 예술은 수업활동을 창의적이며 헌신적으로 계획하고 실행하는 능력을 포함한다(Luft & Flexer, 2007).

이와 같은 수업의 과학적 속성과 수업의 예술적 속성은 모두 지식과 기술, 태도를 중요한 요소로 한다. 효과적인 수업을 위해 교사는 교육과정, 교수전략, 학생의 장단점, 단원 개발 등에 대한 지식, 학생 프로파일과 교육과정을 연계하는 기술, 적절한 교육과정과 교수전략을 계획하고 사용하는 기술 및 학업적 지식과 기술에 영향을 주는 감정과 믿음 등의 태도와 같은 과학적인 배경을 갖추고 있어야 한다(Luft & Flexer, 2007). 이러한 과학적 배경은 교사로서 자신의 개인적인 장단점을 이해하고, 이를 학생 지도에 활용하는 능력에 대한 지식, 효과적인 수행능력과 수업의 효과를 점검하고 수정하고 조정하는 능력인 기술, 효과적인 수행과 수정을 지원하는 교사의 학생들의 교수·학습 태도를 활용하는 능력인 태도와 같은 수업의 예술과도 연계된다.

좋은 수업이란 넓은 의미에서 교사로서 긍정적이고 전문가적인 태도로 예술적 속성과 과학적 속성을 적절히 적용하여 지식과 기술을 효과적으로 활용하는 수업이라고 할 수 있다. 그러나 좋은 수업을 실행하는 것은 매우 어렵기 때문에 교사들은 항상 수업의 개선을 위하여 연구하고 노력한다. 따라서 수업은 교사의 과학적인 지식, 기술, 태도는 물론 예술적인 지식, 기술, 태도의 효과적인 활용을 요구한다고 할 수 있다.

2. 수업과정 일반모형

수업의 목적이 학생들의 행동에 어떤 변화를 일으키는 것이라고 한다면, 이 변화는 수업과정을 통하여 일어난다. 수업과정에는 두 가지의 큰 요인이 있는데, 하나는 '무엇'을 가르칠 것이냐 하는 것이고, 다른 하나는 '어떻게' 가르칠 것이냐 하는 것이다.

즉 교육과정의 내용을 어떤 순서나 절차에 따라 어떻게 가르칠 것이냐 하는 것이 수업과정의 문제이다.

수업과정의 일반모형 중 한국교육개발원에서 제시한 교과별 기초 모형을 제시하면 다음과 같다(김종서, 이영덕, 홍순정, 1992).

[그림 1] 수업과정 일반모형

① 계획단계: 교사가 한 학습과제의 수업을 위해 교재를 연구하고 계획을 수립하는 단계

② 진단단계: 학생들이 그 학습과제의 학습에 들어가는 데에 필요한 준비가 되어 있는지 진단하고 적절한 조치를 취하는 단계

③ 지도단계: 본 수업이 이루어지는 단계로서 교수 · 학습활동의 중심 단계

④ 발전단계: 학생들의 학습 성취도를 중도 평가 하고 그 결과에 따라 심화 · 보충학습 하는 단계

⑤ 평가단계: 수업결과를 종합적으로 평가하는 단계

3. 수업과정 일반모형 단계별 활동

수업과정 일반모형의 단계별 수업활동에 관하여 세부 내용을 기술하면 다음과 같다(김종서, 이영덕, 홍순정, 1992; 정석기, 2015).

1) 계획단계

계획단계는 ① 학습과제 분석 ② 수업계획 ③ 실천계획으로 세분할 수 있다.

첫째, 학습과제 분석에서 학습과제란 학습단원을 의미한다. 수업자는 교사용지도서를 활용하여 수업목표와 학습내용을 확인한 후 학습내용을 세분화하여 학습내용 각 요소간의 관계를 밝힌다.

둘째, 수업계획에서 교사는 학습과제의 수업을 위해 학생과 교사의 활동을 계획하고 기르쳐야 할 학습요소의 지도 순서를 결정하며, 어떤 방법과 자료를 이용할 것인가를 결정하게 된다. 그리고 평가계획 뿐만 아니라 그 학습과제의 수업목표로는 나타나지 않았지만 수업진행 중에 부수적으로 발생할 수 있는 여러 가지 교육적 영향에 대하여 미리 고려해야 한다.

셋째, 실천계획에서 교사는 구체적인 수업일정과 시간계획, 수업 장소, 필요한 교재·교구 준비계획을 세워야 한다.

2) 진단단계

진단단계의 목적은 수업에 들어가기 전에, 학생들이 그 학습과제의 학습에 들어갈 준비가 되어 있는지를 진단하고 그에 따른 적절한 조치를 취하려는 데에 있다. 예를 들어 한 학습과제를 성공적으로 학습하기 위하여 학습자가 이미 학습하여야 할 선수학습요소의 일부분에 결손이 발견되면, 보충학습활동으로 이 결손을 처치해야 한다는 것이다. 가령, 나눗셈을 학습하는 단원에 들어가기 위해서는 나눗셈의 기초가 되는 곱셈에 대해 충분한 학습이 되어 있는지를 알아보고, 부족한 학생에게는 보충 지도하여 나눗셈 단원의 학습에 차질이 생기지 않도록 해주야 한다

진단단계의 수업은 한 단원의 전체 수업시간 중 1시간을 할당하는 것을 원칙으로 한다. 초등학교의 경우 1시간이 40분 단위로 수업이 이루어지므로 진단학습은 진단평가와 채점에 20분, 교정과 심화학습에 20분을 할당한다.

3) 지도단계

지도단계는 본 수업이 실시되는 단계로서, 수업 시간 면으로 볼 때, 전체 배정시간 중 약 70~80%를 차지하는 교수 · 학습과정의 핵심적인 단계이다. 지도단계는 도입, 전개, 정리 단계로 세분할 수 있다.

첫째, 도입단계에서 교사는 학생들이 학습과제의 구체적인 수업목표를 효율적으로 학습할 수 있도록 제시하고, 학생들의 학습동기를 유발하며, 본 단원의 학습과제와 이전에 학습한 과제와 관련된 학습요소를 관련지어 학생들의 이해를 돕도록 한다.

둘째, 전개단계에서 교사는 해당 학습과제의 내용(학습활동)을 학생들에게 제시(안내)하고 학생들은 이에 반응(활동)하며 이해해 나가는 단계이다. 이 단계에서 사용할 수 있는 교수 · 학습의 방법과 형태로는 ① 교사주도 수업 ② 학생주도 수업 ③ 영상수업(텔레비전에 의한 방송 수업, 인터넷 수업) 등이 있다.

셋째, 정리단계에서 교사는 일단 학습된 내용을 정리하고 연습을 통한 강화를 촉진한다. 이때 학생들은 새로이 학습한 내용을 학생들의 지적 체계의 일부로 종합하고 내면화하는 한편, 새로운 사태에 적용하고 일반화할 수 있어야 한다. 또한 다음 시간에 학습할 내용을 구체적으로 제시하여 학생들이 이후의 학습 내용을 알고 교수 · 학습 활동에 참여하도록 한다.

도입 · 전개 · 정리의 3단계는 일반적이기는 하나 교과의 성격, 학습 과제의 성격, 교과별 수업모형에 따라 상당히 다를 수 있다. 따라서 효율적인 교수 · 학습 활동을 위해서는 이 지도단계를 기초로 하여 교과별 하위수업모형에 관한 연구를 통해 적절한 방법을 선정 · 수정 · 보완한 후 적용하여야 한다.

4) 발전단계

발전단계는 형성평가의 실시와 처리, 그에 따른 보충 · 심화 학습활동으로 구성된다. 형성평가란 어떤 학습과제에 대한 수업이 진행되는 동안에 가끔 학습상황을 파악하여 학생들의 학습을 촉진시키고 계속되는 교수・학습 활동을 개선할 목적으로 실시하는 평가를 의미한다.

형성평가는 성적을 내기 위한 평가가 아니고 평가 시간은 10~15분을 넘지 않도록 하는 것이 좋다. 형성평가 실시가 끝나면, 학생들이 자신의 답안지를 채점하게 하거나 상호교환 채점하게 하고 채점이 끝나면 교사는 어떤 학습요소에서 학생들이 곤란을 겪고 있는지 파악하여 보충지도를 하여야 한다. 때로는 부분적으로 학습이 이루어진 학생들과 짝을 지어주어 학습한 것을 서로 도와줌으로써 자신의 학습을 강화할 수도 있다.

교사는 형성평가 결과를 누가 기록할 필요는 없다. 형성평가 자료를 기초로 하여 학생들이 자신의 학습상황을 중간점검하게 하여 그 결과를 자신의 교수・학습 활동 개선에 정보로 활용하도록 하면 된다. 그리고 학생들이 빈번한 평가에 대하여 불필요한 긴장을 하거나 불안해하는 것을 막기 위하여 형성평가라는 용어보다는 학습 확인 등의 용어로 대체하여 사용하는 것이 좋다.

형성평가는 학생뿐만 아니라 교사에게도 수시로 정보를 제공해 줌으로 수업의 각 단계에서 교수・학습 활동의 적절성을 점검할 수 있어 교수・학습방법 개선에도 도움을 준다.

5) 평가단계

수업과정의 마지막 단계는 평가단계이다. 이 단계에서는 앞에서 기술한 발전단계에서의 형성평가와는 다른 성격의 평가인 종합평가 또는 총괄평가로 알려진 평가활동을 한다. 총괄평가의 목적은 주요한 지적・정의적・기능적 수업목표들이 학생들에게 어느 정도 잘 달성되고 있는지 최종적으로 확인하여 성적을 결정하는 데에 있다. 총괄평가는 매 학습과제마다 실시할 수 있지만 한 학기 동안에 일반적으로 2~3회실시 한다. 단 실시되는 시기와 횟수는 교과마다 다를 수 있다. 각급 학교에서는 중간고사나 기말고사로 이를 대체하는 경우가 대부분이다.

교사는 총괄평가 결과를 과목 · 학습과제별 학습 프로파일로 정리하여 자신이 담당한 학급의 학생들이 어떤 영역에서 교육목표를 잘 성취하고 어떤 영역에서 개선이 필요한지를 알아보고 자신의 수업과정을 반성해 보는 자료로도 활용해야 한다. 또한, 교사는 총괄평가의 결과로 학생들의 성적을 판정하고, 학생 간 상대적 위치도 결정하며, 나아가 학생들에게 피드백을 제공해야 한다.

연구과제

1. 수업의 개념과 정의에 대하여 자신의 생각을 정리해 보자.
2. 본 장에 제시된 수업과정의 일반모형을 적용한 효율적인 계획안 작성에 대하여 생각해 보자.
3. 수업과정 일반모형 단계별 활동을 특수교육 실제 수업에 적용하고 비교하여 보자.

교과별 수업모형

제2장

학습목표

1. 교과별 수업모형의 원리를 이해할 수 있다.
2. 교과별 수업모형의 원리를 적용할 수 있다.
3. 교과별 수업모형의 원리를 특수교육 교수 · 학습 활동에 적용할 수 있다.

수업과정의 일반모형을 숙지하였다면 해당 단원이나 차시의 목표를 어떻게 가르쳐야 하는지 명확히 파악한 뒤 수업을 하게 된다. 이때 다양한 수업모형을 적용하게 되는데, 이번 장에서는 교과별 수업모형을 제시해 보고자 한다.

본 장에서 제시하고 있는 수업모형을 선택할 때에는 차시의 성격, 차시의 목표, 학습 내용의 난이도, 교수·학습 능력, 교수·학습 환경 등을 고려하여 결정하여야 한다. 국어, 사회, 도덕, 수학, 과학, 실과, 체육, 음악, 미술 순으로 가장 보편적으로 사용하는 교수·학습 모형의 예를 들면 다음과 같다(박영무 외, 1996; 송선옥, 2010).

1. 국어과

1) 직접 교수 모형

직접 교수 모형은 교사가 학생에게 지식을 직접 전달하고 학생이 이를 수용하고 학습하는 과정을 강조하는 교수법의 한 유형으로, 보통 설명하기 → 시범 보이기 → 발문하기 → 활동하기의 단계로 구성된다. 그러나 교사 중심으로 시범을 보이고 설명하거나 활동을 하면서 발문하는 등 융통성 있게 운영할 수 있다. 직접 교수법은 언어 사용 기능의 교수·학습에 주로 적용 한다(박기용, 2005).

이러한 모형은 교육 내용을 세부적으로 나눌 수 있고, 각 세부 요소에 대하여 교사가 구체적으로 시범을 보일 수 있는 경우 매우 유용하다. 즉 직접 교수 모형에서는 학습해야할 내용을 세분화, 구체화, 명시화하여 지도하기 때문에 장애학생을 대상으로 수업 목표에 도달하게 할 수 있는 적절한 모형이 된다.

① 설명하기	➡	② 시범보이기	➡	③ 발문하기	➡	④ 활동하기

① 주어진 목표를 달성하는 데 필요한 지식, 전략, 과정 등에 대한 구체적 설명
② 주어진 학습 과제를 성취하는데 필요한 사고의 과정을 구체적이고도 단순한 예를 통하여 교사가 직접 시범을 보여 주거나 모델을 제시하는 활동
③ 설명한 내용 및 시범 보인 내용을 더욱 구체적으로 이해시키기 위하여 주어진 학습 과제를 성취하는 데 필요한 지식, 전략, 과정 등에 관하여 세부 단계별로 명시적인 발문을 하고 대답하는 활동
④ 주어진 목표를 달성하기 위하여 이미 학습한 지식 및 전략을 사용하여 일정한 절차에 따라 언어 자료를 이해하기 위한 활동

2) 듣기 · 말하기 수업 모형

언어활동은 언어와 그 의미 간의 연결 과정이다. 따라서 언어 기능 신장 교육에서는 전달하고자 하는(또는 전달되는)내용 자체에 대한 관심과, 이 내용들을 전달하는 언어 모두에 관심을 갖도록 유도 하여야 한다. 더 나아가서 언어활동이 이루어지는 상황, 목적, 대상에 대해서도 관심을 소홀히 하지 않도록 유의하여야 한다. 본 모형의 특징은 듣기 · 말하기의 요령과 언어 기능 훈련 지도에 있다. 말하기는 생각 → 메모 → 내재 → 외현의 순으로 사고 과정에 의한 말하기가 되도록 하고, 듣기는 메모하면서 듣는 습관을 시범을 통하여 지도한다.

① 기초학습	➡	② 기본학습	➡	③ 통합적 학습	➡	③ 발전적 학습

① • 동기 유발: 선수 학습의 상기
• 목표 확인: 본시 학습 목표 제시

• 말하기 방법과 듣는 요령 예상: 말하기, 듣기의 요령지도
• 목표 기능 시범
② 문제의 해결: 문제 해결 방법 지도
③ 언어 기능의 훈련: 언어 기능 훈련지도
④ • 기초 기능의 심화 정착: 보충지도
• 원리의 적용
• 자기평가 및 상호평가: 성취 수준 파악시키기

3) 읽기 수업 모형

국어과 학습에서 '읽기'는 모든 교과의 기초를 이루며 종합적이고 포괄적인 특징으로 인해 다른 어느 영역보다도 중요하다. 보다 효과적인 읽기 지도를 위해서는 읽기의 관점을 분명히 제시하고 학습 목표에 따라 적절한 부분을 읽도록 해야 한다. 때로는 교재의 유형에 따라 읽는 방법을 달리하는 것도 효과적이다. 읽기 수업은 글의 줄거리, 문단나누기, 글의 주제 등 내용을 파악한 뒤 자신의 경험과 비교해 보고 비판적인 견해를 가질 수 있는 발전적인 단계가 되도록 해야 한다.

① 준비학습 → ② 전체적 접근 → ③ 부분적 접근 → ④ 통합적 접근

① • 예습과제의 확인: 과제 점검 확인 지도, 예습 과제의 점검 및 확인하기
• 동기유발 및 목표확인: 본시 학습 목표 제시, 본시 학습 문제에 대한 이야기 주고받기
② 전문읽기: 본시문제 예상하기, 교과서 읽을 범위 알기, 본시 눈세 생각하며 읽기, 직관으로 예상하기, 경험 살려 추리하기, 혼자 생각하여 해결사항 기록하기
③ 각종 지식 및 정보 문학의 기본 개념 이해: 각종 지식 이해시키기, 개인 학습 내용

맞대보기(비교 검토), 자료의 동원을 통한 생각하기, 구조 분석, 주제, 사상 내용 분석, 개개인의 경험 및 추리 결과 발표
④ 내용을 바르게 밝혀내기: 학습 결과 확인 지도, 공통으로 검증 확인하기

4) 글쓰기 수업 모형

글쓰기는 언어활동의 세 영역 중 가장 높은 기능이 필요한 영역이기 때문에 중요하면서도 지도하기 어려운 분야이다.

글쓰기 지도에서는 각자 개성적인 글을 짓는 활동도 중요하지만 어떻게 글을 쓰는가 하는 기본적인 기능을 길러 주어야 한다. 또 여러 가지 형식의 글을 쓸 수 있도록 다 같이 참여하고 활동하여 같은 기능을 학습하고 익혀야 한다.

① 준비활동 → ② 중심활동 → ③ 퇴고단계 (다듬고 고치기) → ④ 감상

① • 취재단계(글감 고르기): 모범 작품 읽고 이야기 해주기, 모범 작품을 읽거나 듣고 이야기하기, 자기 생활에서 소재를 찾기, 사실이나 이치에서 소재를 찾기, 경험과 상상에서 소재를 찾기
• 글감, 소재, 주제 정하기: 쓸거리를 발표하고 의견 나누기, 혼자 생각하는 시간을 충분히 갖고 난 뒤 소재, 주제 결정하기

② • 구상: 소재를 정리하고 글의 짜임 생각하기, 사건 · 시간 · 장소에 따라 구상하기, 창의적이고 감동적인 구상하기, 효과적인 주제 표현을 위한 줄거리 짜기
• 쓸 순서 정하기: 각자가 쓸 내용을 줄거리에 의한 순서 메모하기, 표현 의도에 따라 쓰기, 알기 쉽게 쓰기, 논지와 핵심이 뚜렷하게 쓰기, 감동을 주는 표현에 힘쓰기, 주제에 알맞은 어휘 조사하기, 글의 종류에 맞는 글 써보기
• 시쓰기 지도(서두지도): 제재에 맞는 문장으로, ①노래하듯이 ②속삭이듯이 ③간결하고 짧게 ④리듬을 생각하며 ⑤알맞은 말로 자유롭게 표현하기

- 정체지도: 서투른 대로 자기 나름대로 쓰기, 글을 쓰다가 도중에 막혔을 때에는 지도 받기
- 첨삭지도: 주제가 드러나도록 내용을 추가하거나 삭제하여 높은 차원으로 이끌기

③ 글다듬기 관점에 따라 지도하기: 전하려는 뜻이 잘 나타났는지 살피기, 표현이 어색한 곳 군더더기 말, 문형에 맞지 않는 곳 찾아내기, 원고지 사용법, 맞춤법에 어긋난 곳 찾아내기, 비유가 적절한지, 행과 연의 구별이 잘 되었는지 살피기, 서로 바꾸어서 읽고 조언해 주기, 다시 고쳐 원고지에 정리하기

④ 작품 발표시키기: 남의 작품을 보고 각자의 느낌 말해보기, 평가 관점에 맞추어 평가하기, 작품 처리하기

5) 역할놀이 학습 모형

이 모형은 학생들이 주어진 역할을 맡아 대화하고 행동하면서 자연스럽게 언어 능력을 기르고, 문학 작품의 이해를 향상시키는 데 목적이 있다.

역할놀이 학습 모형은 상황 설정하기→준비 및 연습하기→실연하기→평가하기의 단계로 구성된다. 실연 단계에서 교사가 지나치게 간섭하면 학습자의 표현욕구를 제한하여 틀에 박힌 수업으로 끝날 수 있다. 이를 해결하기 위하여 지원과 피드백을 아끼지 않으며 자유롭게 표현할 수 있는 학습 분위기를 조성해 주어야 한다(교육부, 2023)

역할놀이 학습은 학습자 자신의 감정뿐만 아니라 동료 학습자와 타인의 감정을 탐색하는 문학 영역 학습에 적절하다.

① 상황 설정하기 → ② 준비 및 연습하기 → ③ 실연하기 → ③ 평가하기

① 상황 설정하기: 학습 목표 설정, 학습할 내용의 이해, 역할과 상황 소개, 시나리오 제공, 역할놀이에 필요한 배경 지식 정보 제공, 규칙 안내

② 준비 및 연습하기: 역할 분담, 자신의 역할 이해, 역할의 특성 설명, 대사 연습 및 발음 교정, 동작 및 표정 연습, 상호작용 연습, 소품 및 의상 준비, 리허설 진행
③ 실연하기: 연기, 상호작용, 감정 표현, 무대 활용, 집중과 몰입, 협력과 조화, 시간 관리
④ 평가하기: 평가 기준 설정, 자기 평가, 동료 평가, 교사 평가, 협력과 팀워크 평가, 피드백 제공, 학습 내용 정리

6) 반응 중심 수업 모형

반응 중심 수업 모형은 학습자의 활동적인 참여와 관찰을 중심으로 구성된 교수법으로, 이 모형에서 교사는 학생을 편안하게 하고, 학생의 반응을 강화해야한다. 교사는 비판적인 태도로 학생들의 반응을 수용하고, 감정과 반응을 탐색할 수 있는 분위기를 창조해야 하며, 학생들의 작품에 대한 교사의 감정과 아이디어 및 작품의 수용과정을 진솔하게 표출하도록 해야 한다. 또한 학습자의 언어적 · 비언어적 감정 표현에 유의하여 텍스트에 대한 적절한 반응을 유도한다.

7) 시 감상 수업 모형

이 모형에서는 학습자가 시를 만나는 과정에서 자료와 경험을 공유하고 내용과 구조를 탐구하는 활동을 한다. 이 수업에서는 시의 소재, 주제, 지은이의 마음, 전체의 흐름과 생각에 유의해야 한다. 저학년은 내용 분석을 먼저 한 다음에 형식 분석 지도를 한다. 이 때 아름다운 시어, 아름다운 표현을 찾도록 한다. 고학년은 형식 분석 지도를 먼저 하고난 다음 내용 분석 지도를 한다. 특히 낭독할 때 어조, 성량, 속도에 유의한다. 이 모형에서는 좋은 시를 많이 읽고 그 내용을 음미하려는 마음이 우러나도록 지도하는 것이 중요하다.

① 기초준비학습 → ② 분석적 접근 → ③ 통합적 접근

① • 교사의 시범 낭독하기
• 시 낭독, 녹음으로 들려주기
• 학습목표 제시

② • 내용 분석: 시의 내용 파악 지도, 의미 해석시키기
• 형식 분석: 낭독시키기

③ • 형식과 내용의 관련지도
• 연의 형식과 의미와의 관계 이해시키기
• 감상지도

8) 낱말 지도 수업 모형

이 모형은 어려운 낱말이나 구절을 찾는 수업 지도 모형이다. 학생들은 국어사전을 찾아 의미를 확실히 알아보고, 짧은 글을 지어 보며, 유사한 예문을 통해서 의미를 파악하게 된다.

① 준비	→	② 부분적 접근	→	③ 표현	→	④ 전체적 접근

① • 어려운 낱말 찾기: 어려운 낱말이나 어려운 구절을 찾아본다. 중요한 낱말을 찾아본다.
  • 단서 찾기: 글의 전후 내용에서 실마리가 되는 글을 찾는다. 낱말 구조로 보아 실마리가 되는 글을 찾는다. 단어 간의 상호 관계를 안다.

② 유추하기: 글의 전후 문맥에서 뜻을 짐작하여 찾는다. 단서로 짐작한 것은 연관시켜 뜻을 생각한다. 낱말을 글에 적용한다.

③ 사전 활용: 사전을 찾아 의미를 확실히 확인시킨다. 사전에서 풀이된 내용을 발표해 본다.

④ • 글쓰기: 지적한 낱말을 넣어 짧은 글을 써본다. 유사한 예문을 통해서 의미 파악력을 기른다.
  • 동의어, 상대어 찾기: 주어진 낱말의 비슷한 말, 반대말을 찾는다. 주어진 낱말로 연상되는 낱말을 있는 대로 찾아 써본다.

9) 언어 기능 수업 모형

이 모형에서는 교사의 시범을 통하여 학생들이 학습한 듣기, 말하기, 읽기, 쓰기 등의 언어 사용 능력을 독자적으로 활용할 수 있도록 학습 활동을 진행한다. 교사는 학생의 지적 사고 활동을 촉진시키고, 자신의 언어 사용에 대하여 반성적 사고를 할 수 있도록 적절한 발문을 던져 학생들의 능동적인 활동을 유도하여야 한다. 이때 학생은 교사의 지도하에 연습을 하여야 한다.

① 기초학습 → ② 기본학습 → ③ 통합적 학습 → ④ 발전적 학습

① • 동기유발: 선수 학습을 상기시키기 위해 사실이나 경험한 사실을 이야기하게 하고 학습 문제에 대해 혼자 생각하기
• 목표확인: 본시 학습 목표 제시, 본시 학습에 내용 이야기 주고받기
• 말하기 방법과 듣는 요령 예상: 말하기 · 듣기의 요령지도, 말하는 방법과 태도 및 듣는 요령에 대하여 각자 자기의 생각을 기록하기
• 목표 기능의 시범

② 문제해결: 문제 해결 방법 지도, 정리된 개인 생각 맞대보기, 같은 생각끼리 묶어보기, 편 나누어 함께 생각하기, 해결방법 요약 정리하기, 정확하고 조리 있게 말하기, 메모를 통한 말하고 듣기, 내용을 파악하여 듣기

③ 언어 기능의 훈련: 언어 기능 훈련지도, 해결된 요령에 의한 말하고 듣는 활동의 전개, 말하고자 하는 요점을 간추려 순서대로 메모하기, 혼자서 입 속으로 말해보기, 소집단 내에서 발표하기, 메모해 나가면서 정확히 듣기

④ • 기초기능의 심화 정착: 보충 지도, 예화 및 보충교재를 통한 말하기, 메모하면서 듣기의 시범보이기, 교사의 사고와 비교하여 사고를 수정하여 발표하기
• 원리의 적용: 교사의 사고와 비교하여 사고를 수정하여 발표하기
• 자기평가 및 상호평가: 성취 수준 파악시키기, 성취 수준·관점에 의한 자기 평가하기, 잘되고 못된 점을 지적하여 상호 교정해 주기, 차시 학습 문제 설정하기

10) 이야기 교재 수업 모형

이야기 교재의 수업 모형은 학습자가 글을 읽고 낱말이나 구절을 해석한 후 각 문단을 요약하여 독후감을 작성하고 발표할 수 있도록 교수하는 방법이다.

① 준비 → ② 확인 → ③ 문제 해결 → ④ 접근: 2차 접근 → ⑤ 주제파악: 3차 접근 → ⑥ 정리

① 수업 전 활동: 출발 전 행동 고르기(책읽기 저항 해소)

② 성취목표의 확인, 학습방법 명시 및 확인
- 교재를 대충 살피고 학습 문제, 학습 내용 파악
- 학습 방법의 토의 및 결정
- 학습 문제 확인

③ 글 읽기, 문제 해결의 1차 접근
- 학습할 글 읽기
- 새 낱말의 풀이 및 구절풀이
- 글의 특색 이해
- 학습 문제의 해결

④ 2차 접근
- 소집단 활동–집단 협의
- 학습 내용의 발표

⑤ 3차 접근
- 상호 의견 교환–학급 전체 협의
- 주제 파악
- 공통 문제점 보완

⑥ 독후감의 발표–지명, 형성평가, 학습 내용 정리, 과제 제시

11) 동화교재 수업 모형

이 모형은 동화 작품의 구조를 분석하고, 주요 인물을 탐구하며 그들의 행동, 심성, 그리고 사건의 변화를 살펴보는 수업이다. 재미있는 대목을 골라 서술의 특색이나 표현기교를 살펴보고 각 장면이나 사건의 상호 관계를 알아보게 하는 것이 특징이다.

① 도입단계 → ② 심층분석단계 → ③ 통합 · 정리 단계 → ④ 평가단계

① • 글의 형식을 안다.
  • 제목에서 여러 가지로 연상하여 본다.
  • 삽화를 보고 이야기의 내용을 상상한다.
  • 단원 및 제재를 읽고 대상의 줄거리를 잡거나 주제를 생각해 본다.

② • 작품의 구성을 살펴본다.
  • 작품의 중심인물에 대하여 알아본다.
  • 중심인물과 그에 따르는 인물에 대하여 알아보고, 그 의미를 파악한다.
  • 생략된 사건이나 장면을 알아본다.
  • 재미있는 대목을 추려 본다.
  • 서술의 특색이나 표현 기교를 살펴본다.
  • 각 장면이나 사건의 상호 관계를 알아본다.

③ • 작품의 내용을 음미, 상상한다.
  • 주제를 다시 확인한다.
  • 작품에서 얻어지는 것이 무엇인가를 안다.
  • 감상문을 써 본다.

④ • 작품 내용의 이해 정도를 평가한다.
  • 주제 파악 정도를 평가 한다.

12) 문학 수업 모형

이 모형은 문학 작품을 읽고 작품의 형식과 내용을 이해하게 하여 인물들의 인간적 특성을 탐구하도록 유도하는 교수법이다. 본 모형은 문학 작품을 감수, 반응, 가치화, 조직화, 성격화하여 실사회의 모든 원동력이 되게 하는 데 있다.

① 감수 → ② 반응 → ③ 가치화 → ④ 조직화 → ⑤ 성격화

① • 동기유발
• 주의 집중하기
• 문학 작품을 감수하기 위한 의식을 가지게 한다.

② • 문학 작품의 형식이나 내용을 이해하게 한다.
• 자기만족을 얻게 한다.
• 작품을 읽으면서 언어가 뜻하는 대상마다 사건을 머리에 그리게 한다.
• 작품 속의 낱말, 구절, 문법적 구조를 이해한다.
• 문학이론의 개념과 원리를 작품의 해석에 적용한다.
• 인물의 인간적 특성이 사실적인지, 동적인지, 정적인지를 밝혀내게 한다.
• 장면이 인물의 성격이나 줄거리 전개와 어떤 관계인지 알아내게 한다.
• 작품속의 주요 요소들에 대해 각각 어떻게 느꼈는지 답하게 한다.
• 작품속의 어떤 인물에 대해 감탄, 동정, 존경 등의 정서적 반응을 하게 한다.
• 각 부분이나 전체가 주는 정서 사이에 어떤 관계가 있는지 검토하게 한다.

③ • 작품 이해 활동에 참여하여 얻는 결과를 자기 것으로 만들게 한다.
• 학습자 자신의 기존의 내면적 가치와 확신에 일치하게 한다.

④ 가치를 체계화, 개별화하여 복합적이고 고도한 가치로 조직하게 한다.

⑤ 가치의 영향을 받아 실 사회의 모든 원동력이 되게 한다.

13) 총체적 언어 학습 모형(정해동 외, 2010)

총체적 언어 접근법은 학생들이 일상생활에서 듣기, 말하기, 읽기, 쓰기를 통합적으로 학습할 수 있도록 도와주는 교수법과 학습전략을 의미한다. 또 언어학습을 포함한 교실에서 일어나는 모든 것, 즉 교육과정에 대한 신념체계를 뜻한다(이성은, 1998). 따라서 총체적 언어 접근법은 교수방법이라기 보다는 하나의 철학이라고 보는 것이 맞다. 그러나 방법론적 측면에서 보면, 총체적 언어교육에서는 읽고 쓰기를 비롯한 모든 언어 기술은 의미 전달을 위해 필요한 것이라고 주장한다. 즉 언어를 음소나 낱자 중

심으로 가르치는 것이 아니라 의미를 지닌 덩어리로 사용할 수 있도록 접근한다(교육과학기술부, 2009).

총체적 언어학습 모형은 하나의 구체적인 방법을 뛰어 넘어 총체적 언어교육의 철학이다. 따라서 전형적인 수업모델을 제시한다기보다는 총체적 언어학습에 대한 철학에 근거하여 다양하고 창의적으로 적용할 수 있다는 특징을 갖는다. 총체적 언어학습 모형을 적용할 경우 다음의 내용들을 반영해야 한다.

① 교육의 초점이 학습할 국어과의 내용이 아니라 학생에게 맞추어져야 하고, 이를 위해 교사는 학습의 동료자로서 역할을 해야 한다.

② 학생들로 하여금 학습에 대한 주체적인 책임감을 갖도록 지도함으로써 학생 스스로 학습에서 요구되는 능력들을 발휘할 수 있도록 해야 한다.

③ 허용적 분위기를 유지함으로써 학생들이 언어를 잘못 사용하거나 실수하는 것을 두려워하지 않고 오히려 그러한 과정을 통해 언어기술을 익히고 성장할 수 있도록 해야 한다.

④ 정확한 발음, 문법 등을 강조하고 교정하기 보다는 학생들이 전달하려는 내용 및 의미를 중시함으로써 학생의 언어적 사용을 방해하지 않는다.

⑤ 듣기, 말하기, 읽기, 쓰기 등의 활동이 상호적으로 통합될 수 있도록 한다.

⑥ 국어교육뿐만 아니라 수학, 과학, 사회과 등 교과들을 통합함으로써 그 안에 자연스럽게 필요한 언어의 사용이 이루어지도록 한다.

⑦ 가정 및 지역사회와 연계하여 학생이 다양한 환경과 상황 속에서 언어를 사용할 수 있도록 한다.

⑧ 국어과의 평가는 교사중심의 평가가 아니라 학생들 자신에게 정보를 제공하기 위한 목적으로 이루어지는 학생중심의 평가가 되어야 한다.

2. 사회과

1) 탐구 수업 모형

탐구란 진리나 법칙 등을 깊이 탐색하고 생각하는 것을 말한다. 탐구 학습이란 과학적 탐구 과정을 중요시하는 교수 방법으로 Suchaman은 '학생들로 하여금 스스로 어떤 현상을 설명하는 가설을 정하고 그 가설을 체계적으로 검증하여 그 결과를 터득하는 것'이라고 한다.

우리나라는 학문 중심 교육과정 시기부터 탐구 수업을 중시하였다.

탐구의 과정은 학생들이 자아 주도자, 비판적 사고자, 문제 해결자가 되도록 최대로 기여한다고 가정하고 교사는 촉진자로서의 발문에 익숙해야 한다.

① 문제 제기 → ② 가설 설정 → ③ 탐색 → ④ 증거제시 → ⑤ 결론 및 일반화

① 탐구 수업을 실시하는 첫 단계로서 학생들은 예습 과제의 내용을 살펴보거나 직접 현장을 답사하여 관찰한 내용을 찾아보고, 지도나 모형 등 학습 자료를 이용하여 학습할 과제를 찾아내거나, 교과서, 참고서, 신문, 방송 등을 통하여 얻어진 정보를 가지고 학습 문제를 찾아내는 단계이다. 이 단계에서 교사는 가르치려고 하는 사실이나 개념 또는 원리 법칙에 관하여 학생들이 문제를 파악하도록 도와주어야 한다. 학생들은 문제를 파악하는 데 있어 어떤 상황이 주어졌을 때, 그 상황이 평소에 가지고 있던 지식이나 신념과 불일치한다는 것을 인정하고 그 해결책이 무엇인지를 찾아내도록 해야 한다. 교사는 문제 파악이 잘 이루어지도록 다양한 자료를 제시하고 적절한 발문을 통하여 사고 활동이 활발하게 이루어질 수 있는 분위기를 만들어 주어야 한다.

② 탐구 문제에 대한 잠정적 결론이나 해결책을 마련한다. 학생은 문제의 제기에서 파악된 학습 문제에 대한 답을 예상하여 가설을 세운다. 교사는 여러 사회 현상에 적

용할 수 있는 인간관계, 상관관계 등을 보다 분명하게 표현하도록 도와주며, 개념과 개념 간의 관계를 통하여 가설을 세우도록 유도해 준다.

③ 학생들이 설정된 가설을 해결해 나가려는 모든 방안을 연역적으로 추론해 나가는 과정을 말한다. 탐구 수업에서는 직관을 통해 창의적인 아이디어로 개발하는 것을 매우 중요시하는 동시에 현상에 대한 구체적인 근거 자료에 기반하여 그 아이디어를 확인하는 과정이 중요시 된다. 그러므로 교사는 학생들이 논리적 사고를 하도록 유도해야 한다.

④ 증거 제시는 가설을 검증하기 위해서 자료 수집, 자료 조직 및 분석, 분류, 증거분석 등을 하는 것을 말한다. 이 단계에서 학생들은 설정된 가설을 입증 혹은 부정하는 증거를 찾아야 한다. 따라서 교사는 자료를 근거로 하여 학생들이 유사점과 차이점 찾기, 경향 및 관계 규칙들 인지하기, 가설과의 관계 찾기 등의 활동을 수행하도록 도와주어야 한다.

⑤ 탐구 학습의 마지막 단계로서 수집한 모든 정보에 입각하여 가장 조리 있는 결론을 내리는 단계이다. 사실을 요약하거나 일반적, 설명적, 상관적인 원리나 법칙을 명료화하여 증거와 가설사이의 관계를 평가하고, 새로운 자료나 경험에 결론을 적용하고, 가설을 긍정하거나 부정하는 등의 활동이 이루어진다.

2) 집단 탐구 수업 모형

집단 탐구 수업 모형은 학생들이 집단을 구성하여 공동으로 문제해결 활동에 참여하며, 이를 통해 다양한 주제를 효율적으로 다루고 바람직한 사회적 기능을 학습하게 하는 수업이다. 집단 탐구 수업을 효율적으로 운영하고, 학생들이 학문적 사실이나 법칙을 보다 잘 이해하려면 학문적 사실이나 법칙을 발견하는 활동과정에 직접 참여해야 한다. 이때, 학생들에게 흥미가 있는 문제들을 선택하여 그 해결 방안을 찾아보도록 하면 학생들의 지적 탐구와 호기심이 유발된다.

집단이 수행하는 문제해결 학습활동에 참여하여 동료들과 토의하게 되면 자신의 아이디어를 명료화하는 데 큰 도움이 되고, 다른 사람들과 함께 작업을 효율적으로 수행하는 데 필요한 사회적 기능을 학습할 수 있게 된다.

① 상황제기 및 탐구문제 설정 → ② 탐구의 계획 → ③ 탐구의 전개 → ④ 탐구결과의 정리 및 발표 → ⑤ 탐구에 대한 평가

① 학생들이 자신의 생각을 동료들에게 제시하고 발표한 의견을 존중하는 학습 분위기를 조성한다. 학생들이 자신의 생각과 느낌을 예의바르게 상호 교환할 수 있으려면 특별한 지도와 연습이 필요하다. 이러한 지도와 연습을 시키는 하나의 방법은 집단 탐구학습 활동을 전개하기에 앞서, 지도와 연습을 목적으로 하는 특별활동을 설계하는 일이다. 다른 방법으로는 교사가 집단 탐구 활동과정에 들어가서 학생들과 함께 직접 탐구활동에 참여하는 것이다. 이러한 지도와 연습을 마치고 나면 교사는 이야기, 녹화자료, 설명서 또는 시범 자료를 이용하여 학생들에게 흥미롭게 생각해야 되는 상황을 제시한다. 발문은 너무 길지 않게 하는 것이 좋다.

② 탐구활동을 시작하기 전에 학생들이 스스로 판단이나 결정을 내릴 수 있도록 용기를 북돋워 준다. 또 어떠한 제안이나 아이디어를 창안해 낼 수 있도록 시간적 여유를 준다. 탐구활동을 효율적으로 전개하기 위해서는 탐구 집단 조직에 대한 계획, 탐구할 발문에 대한 하위의 토의 주제 나열하기, 정보 수집에 필요한 자원 및 자료의 출처를 계획하기, 탐구 결과를 발표하는 방법의 결정, 개인이 책임질 과제 배당의 절차를 따르는 것이 좋다.

③ 실질적인 탐구는 학생들 스스로 수행해 나가는 것이지만, 교사는 학생들이 효율적으로 탐구활동을 수행해 나가고 있는지 또는 합리적으로 과제를 수행해 나가고 있는지를 계속적으로 확인해야 한다. 또 교사는 학생들이 과제를 어떻게 수행해 나가고 있는지를 주시하면서, 학생들이 탐구과정에서 어려운 문제에 직면하게 되면 즉시 도움을 주어야 하고, 학생들이 공동으로 과업을 수행해 나가도록 도와주어야 한다. 탐구수업 전개에서 교사는 촉매자, 자원인사, 상담자 또는 자문인사로 활동해야 한다. 이와 같은 역할을 수행하려면 첫째, 학생들이 어떤 과제를 수행해 나가는데 지도 조언이 필요하다면 필요한 기능을 개발할 수 있도록 도와주어야 한다. 둘째, 학생들이 특별한 자료와 기구를 필요로 하는 경우에 그것을 어디서 어떻게 얻을 수 있는가를 알려 준다. 셋째, 능률적으로 과제를 수행하기 위해서 시간을 조직하고 할당하고 운영하는 방법을 학생들에게 알려준다. 넷째, 인간관계 면에서 문제가 발생하게 되면 가장 적절한 방법을 제시해 준다.

④ 탐구 활동을 마치고 나면 학생들은 동료나 교사, 부모 등에게 그들의 탐구결과를 발표하게 된다. 결과의 정리는 탐구과정에서 얻어진 내용을 바로바로 메모해 두었다가

종합 정리하는 것이 좋으며 조별 토의를 통하여 다른 학생의 의견도 수렴하도록 지도한다.

⑤ 지금까지 학생들은 일련의 다양한 탐구활동을 하면서 문제의 발견, 문제의 구조화, 필요한 정보나 자료 등을 수집 분석하는 일, 탐구활동의 실행, 탐구 결과를 발표하는 일 등을 하였다. 비록 탐구활동이 끝난 후일지라도 학생들은 탐구경험을 반성해 보는 가운데 다양한 학습을 하게 된다.

3) 개념 수업 모형

개념이란 여러 표상 중에서 공통적이고 일반적인 요소를 추출하여 종합적으로 얻어낸 것을 뜻한다. 개념은 비슷한 표상들의 전체를 대표하고 일반화가 가능하며 다른 개념과는 구별이 되는 특징을 갖는다. 개념의 속성 수는 개념마다 각기 다르게 나타난다.

사회과에서 개념 학습은 학생들이 사회 현상과 관련된 여러 대상에서 공통된 특성을 찾아내고, 그 의미를 인식해 가는 과정이라고 할 수 있다. 즉, 사회 현상과 관련된 대상에 대한 심상을 확장하여 가는 과정인 것이다. 예컨대 학생들은 학교, 교실, 선생님, 의식주, 자연, 민주주의, 공동생활, 도시, 농촌 등과 같은 사회 현상과 관련된 여러 개념을 학습하면서 복잡한 사회 현상을 단순화시켜 볼 수 있고, 점차 사회를 바르게 바라보는 지식을 체계화 해나가게 된다. 사회과 수업의 많은 부분은 이러한 새로운 개념을 학습하는 데에 할당되어 있다.

개념 학습을 전개하는 데 있어서 교사가 유의해야 할 사항으로는 ① 학생 스스로 개념을 발견해야 하고 ② 한 개념을 가르치기 위해서 다양한 사례를 적용시켜 인지하도록 하며 ③ 탐구적인 방법을 통하여 발견하도록 한다. ④ 같은 개념이라도 교사가 생각하는 의미와 학생들이 알고 있는 의미는 서로 다를 수 있으므로 ⑤ 다각적인 측면에서 개념의 의미를 파악하도록 하고 ⑥ 다양한 방법으로 개념의 의미를 확장시켜 나가도록 해야 한다.

① 과제파악 → ② 탐색 → ③ 해결 → ④ 일반화 및 정착

① 학습자 성취 목표를 개념 학습의 결과로 기술한다. 즉 학생이 학습한 후 도달할 수 있는 성취 행동을 말한다. 이 성취 행동은 어떤 개념을 언어로 정의 짓는 것이 아니라, 그 개념에 해당되는 새로운 보기들을 정확하게 구분할 수 있는 것이다. 개념의 정의도 중요하지만 정의를 잘 기억하고 있는 학생도 개념의 예나 보기를 구분하거나 찾지 못하는 수가 있으므로 학습시킬 개념과 관련이 많은 유용한 언어 매체를 학습자에게 제공해야 한다. 개념 학습을 하기 전에 선행하는 개념에 대한 언어 매체 학습이 새로운 개념 학습의 출발점이 된다. 언어 학습과 개념 학습은 밀접한 관계를 가지고 있다. 그러므로 학생들이 아직도 개념 학습에 필요한 언어를 학습하지 못했다면 사전 학습으로 개념과 관련된 언어를 학습해야 한다.

② 학습시킬 개념의 사례를 제공해야 한다. 개념 학습에 있어서는 긍정적인 사례와 부정적인 사례를 제공하는 것이 개념 학습의 필요조건이 된다. 긍정적인 사례란 그 개념의 속성들이 내포된 것이고, 부정적인 사례란 속성이 포함되지 않은 것을 말한다. 긍정과 부정의 사례는 함께 제시하는 것이 좋다. 교사는 새로운 문제를 추상화하는데 필요한 소재, 조건, 범례, 자료 등을 제시해 주어야 한다. 이때 개념과 관련된 사례를 다양한 내용과 방법으로 계속적으로 동시에 제공해 주는 것이 좋다. 동시에 제시해 주는 것이 효과적인 이유는 학생들이 선행 사례에 대하여 기억을 할 필요가 없기 때문이다. 문제를 해결하는 과정에서 학생들은 대상들을 조작해 보고, 관찰, 조사하여 기록하고 토의해 보는 과정이 필요하다.

③ 전 단계에서 탐색해 본 내용들을 정리하여 공통의 속성을 발견하는 단계이다. 학생들은 공통의 속성을 찾기 위하여 학습된 개념에 이름붙이기, 정의와 규칙알기, 속성찾기, 전형적 · 구체적 사례 찾기, 속성간의 상호 관계 알아보기, 다른 개념들과의 관계 알아보기를 통하여 개념을 정착시키도록 노력해야 한다. 이때 문제 해결을 위하여 개인 → 소집단 → 전체→교사의 지도 순으로 학습하여 개념을 추구하는 것이 바람직하다. 또 문제가 해결되었을 때 검증을 해 보는 것도 중요하다. 교사는 전 단계에서 보여준 긍정적인 사례를 보여주고, 새로운 긍정적 사례를 보여 주어 이 사례가 같은 개념에 속하는 것인지 구분해 보도록 하고, 새로운 긍정적인 사례와 부정적 사례를 제시하여 긍정적 사례만을 찾을 수 있는지 알아본다.

④ 새로운 개념이 형성되면 확산적 사고 과정을 통하여 일반화할 필요가 있다. 기존의

개념체계에다 새로운 개념을 결합시켜 좀 더 나은 개념으로 수정해 가는 과정이 있어야 한다. 하나의 개념 속성은 개념자체가 변할 수 있으며 한 사람이 갖고 있는 개념은 그 개념 전체를 포괄하고 있다고 볼 수 없기 때문에 한 개체 속에서 개념의 수정은 지속적으로 이루어 져야 한다. 개념은 언어화하여 문장으로 기술될 수도 있으며, 기호화도 가능하지만 그렇지 않는 경우가 있으므로 개념에 대한 평가는 많은 연구가 필요하다.

4) 의사결정 수업 모형

의사결정 과정은 개인과 사회가 직면한 문제나 현대와 미래의 문제를 해결하는 데 적합한 학습 절차이다. 의사결정은 일반적으로 결정자가 판단을 하여 결론에 도달하는 행위 또는 과정이라 할 수 있다. 의사결정은 합리적 의사결정을 의미하며 이상과 현실 간의 최적을 구하는 것으로서 지적 탐구과정과 가치 판단의 과정이 동시에 고려된 종합적인 문제해결 과정이라고 할 수 있다.

① 문제인식 → ② 현상의 탐구 및 예측 → ③ 가치분석 → ④ 대안의 검토 → ⑤ 행위

① 의사 결정은 제반 학습 문제에 관심을 가지고 문제의 성격과 의미를 파악하는 단계이다. 과제 학습으로 현장 조사 활동을 하여 학습문제를 파악하는 데 도움이 되도록 한다.

② 문제 해결의 현 상황이나 앞으로의 전망, 해결책 등에 관한 제반 자료를 수집하는 일이다. 개별 및 조별로 조사한 내용을 토의하고, 현상을 바탕으로 한 제반 문제들을 예측해 보는 일이다. 그리고 가능한 대안의 제시로 복잡한 문제들을 해결 할 수 있는 의견들을 모두 수렴해 보는 과정을 거친다. 그리하여 토의 후 해결 방법을 찾는다.

③ 문제 해결의 방법들은 실행 가능성이 있는지 알아보아야 한다. '가치 분석'에 대하여는

앞의 관련 부분에서 설명한 바와 같으며 실행 가능성 여부에 주안점을 두어야 한다.

④ 탐구 및 예측의 결과에서 얻어진 정보 등을 종합하여 여러 대안을 종합적으로 확인하고 평가 검토한 후에 실현 가능한 방책이나 최적의 미래상을 결정한다. 검토과정에서 활용되는 기준에는 인생의 진실과 정의를 존중하는 도덕적 가치, 이익을 추구하는 경제적 가치, 실용성을 추구하는 실용적 가치, 미를 사랑하고 추구하는 심미적 가치, 쾌락을 추구하는 감각적 가치, 명성을 추구하는 가치, 초인간적인 것을 추구하는 정신적 가치 등이 있다. 결정에는 개인적 결정과 집단적 결정이 있다. 개인적 결정은 주로 개인의 선택의 문제로서 비교적 주관적인 결정이다. 그러나 개인적인 결정이라 하더라도 그 문제 자체가 공적인 성격을 띠고 있을 때는 가능한 객관적 기준에 의하여 결정에 이르도록 하여야 할 것이다. 집단적 결정은 개인의 목적과 동기에는 직접적인 관계가 없이 조직 또는 사회 전체의 목적이나 효과와의 관계에서, 참여자들의 객관적이며 민주적 의사 결정 방법에 의하여 이루어지도록 하여야 한다.

⑤ 여러 대안 중에서 합당한 절차를 거쳐 의사가 결정되었으면 실천을 해야 한다. 아무리 좋은 의사라도 그것이 실천되지 않는다면 의미 없는 학습이 된다. 우리들이 해야 할 일에 대한 다짐을 하고 실천에 옮기도록 노력해야 한다.

5) 반성적 사고 수업 모형

사회과는 학생들이 이미 알고 있는 개념을 바탕으로 문제에 접근하고 그 문제를 명확히 이해하여 해결 방향과 연구 결과를 검토할 수 있는 기준을 설정한다. 그리고 다음 단계에서는 다양한 학습 방법을 활용하여 질적 연구에 의한 주관적 이해와 양적 연구에 의한 객관적 이해의 과정을 거쳐, 보다 정확한 연구의 결과를 추출한다. 이렇게 하여 발견된 개념이나 지식은 자기가 알고 있는 기존의 개념과 통합하여 체계화하고, 동시에 새로운 문제에 접함으로써 계속적인 탐구를 수행하게 된다.

① 문제 파악 → ② 개념의 정의 → ③ 가설 → ④ 탐색 → ⑤ 증거 제시 → ⑥ 결론 및 일반화

① 학습될 사실이나 개념 또는 원리 법칙에 관한 문제를 학생들이 파악하도록 한다. 이 단계에서는 학생들이 주로 문제를 인지하게 되는데, 문제의 인지란 어떤 상황이 주어졌을 때 그 상황이 평소에 가지고 있던 지식이나 신념과 불일치한다는 것을 인정하고, 그 해결책이 무엇인지를 찾아내는 것이다. 요약, 중요한 점 찾기, 문제의 의미 말하기, 사실과 편견 가려내기, 유사한 점 찾아서 말하기 등의 활동을 전개한다. 교사는 다양한 자료를 제시하고 적절한 발문을 통하여 위와 같은 사고 활동이 활발하게 이루어지도록 한다.

② 개념의 정의는 주로 용어 형태의 개념학습을 하는 것으로, 문제 파악의 다음 단계에 제한된 것만은 아니다. 모든 탐구 단계에서 용어를 정확히 설명할 필요가 있기 때문이다. 개별적인 지식의 이해도 주로 인지-분류-정의의 단계로 표시되는데, 이 과정은 모호한 개념이 무엇인지를 확인하고 여러 대상을 분류한 다음 그 공통적인 특성을 찾아 조작적으로 정의한다.

③ 가설이란 제기된 문제에 대한 잠정적인 결론이나 해결책에 대한 언급이다. 여기서는, 분석, 유사 개념의 적용추론, 예측, 유추 등을 통하여 해결 방안을 모색한다. 여러 사회 현상에 적용할 수 있는 인과관계, 설명, 상관적 기술, 정책 등을 보다 분명하게 표현하도록 한다. 교사는 개념과 개념 간의 관계를 통하여 가설을 세우도록 유도해 낸다.

④ 탐색이란 가설에 관련지어 해결 할 수 있는 방안을 연역적으로 추론해 가는 것이다. 따라서 가설은 이 단계에 와서 논리적인 연역이나 암시를 통하여 더 신중하고 정교하게 설명된다. 교사는 학생으로 하여금 "만약~이~한다면~일 것이다"라는 논리적인 사고를 하도록 유도한다.

⑤ 증거 제시는 학생들이 가설을 입증 혹은 부정하는 증거를 찾게 도와준다. 이 단계에서는 증거의 소재확인, 증거의 수집, 정리, 증거의 번역, 증거 해석, 증거 분류, 증거 분석 등을 한다. 유사점과 차이점 찾기, 경향 및 관계 규칙들의 인지, 가설과의 관계 찾기, 요인의 분석, 요인간의 관계 분석 등을 한다.

⑥ 학생들은 학습의 정리를 위하여 사실을 요약하거나 상관적 · 일반적 · 설명적인 원리나 법칙을 명료하게 제시한다. 즉 학생들이 입수할 수 있는 모든 정보에 입각하여 문제에 대한 가장 조리 있는 결론을 내리는 것이다. 이 단계에서 학생들은 증거와 가설 사이의 관계평가, 결정의 제시, 새로운 자료나 경험에 결론을 적용하기, 사실의 긍정과 부정 등의 활동을 한다.

6) 가치 수용 수업 모형

가치 수용 수업 모형은 학생들이 사회적, 도덕적 또는 개인적인 가치를 이해하고 수용하는 과정을 중시하는 교수법이다. 사회적 지식을 배우는 과정에서 교사는 국가 사회의 당위적 가치에 관련된 문제가 제기될 때 학생들이 이해하고 받아들일 수 있도록 해야 한다. 당위적 가치란 보다 옳은 것, 또 당연히 수행하여야 할 가치들을 말하는 것이다. 이런 가치는 사회 안정과 발전을 위해 모든 사람이 따라야 할 행동 절차나 판단의 기준이다.

① 문제파악 → ② 수용 → ③ 유지

① 학생들에게 그 가치문제에 대하여 흥미를 가지게 하고 그에 관한 지적 배경을 이해시켜야 한다. 경제발전에 기여해야 하는 까닭, 절약, 저축 등에 깊은 관심을 갖게 하는 것이 그 예이다. 사례자료, 뉴스, 이야기, 특종사건, 극화된 자료 등은 가치문제에 대한 좋은 발상자료가 된다.
② 대부분의 사람들이 옳다고 생각하거나 당연히 수행하여야 할 가치를 학생들이 충분히 이해하고 받아들이는 과정을 말한다. 이 경우 교사는 토의, 설명 외에도 다양한 방법을 활용하여 그렇게 하지 않으면 안 되는 이유를 깨닫게 한다.
③ 가치 있는 일을 실천에 옮기려는 뚜렷한 신념을 갖도록 한다.

7) 융합적 수업 모형

이 모형에서는 개별 및 집단 학습에서 인지적 요소와 정의적 요소를 통합하는 다양한 활동을 사용한다. 또한, 심신의 조화가 중요시되며 이를 촉진하기 위해 감각적 지각 훈련이 포함된다. 이 모형의 목적은 전체적 지각의 개발과 통합을 촉진시키는 데 있다.

① 준비성–지각 → ② 인지적–정의적 경험의 통합

① 이 단계는 새로운 인지적 및 정의적인 개념을 도입할 때 요구된다. 즉, 학생이 특정 문제를 해결하는데 필요한 충분한 어휘력과 지식을 갖추고 있느냐에 관한 것이다. 모든 학습활동이 그러하듯이 준비가 잘 되어 있어야 본 학습이 원활하게 이루어 질 수 있는 것이다.

② 인지적 영역은 지적인 정신작용과 지식을 의미한다. 여기서는 학생들이 호기심을 가지고 있는 것에 관한 지식을 찾아내는 한편 인지적인 면의 이해를 확충시킬 수 있는 정의적인 경험도 생각해 낸다. 정의적인 영역에는 학습의 정서적인 측면이 포함되어 느낌과 태도와 가치관을 밝히는 데 초점을 맞추게 된다. 특히 정의적인 영역은 인지적인 영역에 대하여 어떤 개인적인 생생한 의미를 부여해 주는 것이라고 할 수 있다.

8) 현장 조사 수업 모형

일상적인 학습 공간인 교실을 벗어나 자연이나 사회 현장에서 직접 견학, 면담, 조사, 관찰 등을 통해 학습하는 방법이다. 지리 분야의 야외 관찰, 역사분야의 사적지답사, 사회분야의 현지학습에 알맞은 내용들은 현장 학습을 실시하기에 좋다. 또 관청, 공장, 시장, 조합, 농장 등의 견학, 답사, 소풍, 여행 등을 바로 이러한 학습 형태로 시도할 수 있다.

현상조사학습은 대체로 3단계로 나누어 이루어지는 것이 보통이나, 현장의 업무방해를 줄이는 방안으로 소인수, 혹은 하나의 소집단만 파견하는 경우에는 그렇지 않을 수도 있다. 그러나 이러한 경우에도 계획 단계와 정리 단계에는 학급 학생 모두가 참여 하는 것이 좋을 것이다.

① 계획단계 → **② 현장조사 학습전개 단계** → **③ 정리, 결과 분석, 반성**

① 계획 단계에서는 현장 조사 계획안을 수립하고, 그 계획을 사전에 확인하는 활동을 한다. 현장조사 학습에서의 계획단계는 이 다음 단계인 학습전개 단계보다도 더욱 중요할 수 있다. 교실을 떠나면 교사를 포함한 학급 구성원간의 의사소통이 어렵고, 돌발적인 사태가 발생 할 수도 있기 때문이다. 평소의 학습에서는 고려하지 않았던 장소의 이동에 따른 안전사고 예방책도 준비해야 한다. 학습자들은 새로운 환경에 접하면 주의가 산만하여지기 마련인데, 이런 사항은 계획 단계에서 충분히 검토하고 학생에게 숙지시켜야 한다.

② 학습자가 현장에 임하여 계획에 따라 구체적인 조사활동을 수행하는 단계이다. 이 학습은 주로 관찰, 문제점 파악, 현장 관계자의 설명 청취 및 토의, 교사와의 토의, 자료의 수집 등이 활동의 중심이 되는데, 저학년에서는 관찰이 중요하다. 교사는 학생들의 활동을 지켜보면서 조사상의 오류, 그리고 활동상의 위험에 항상 대비하여야 한다.

③ 현장 조사가 끝나고, 교실로 돌아와 조사한 자료를 검토하고 정리하며, 그것을 학급에 발표하고, 조사결과에 대한 미비점을 보완하고 학습과정을 반성하는 단계이다. 현장 보고서 양식은 학생 스스로 만들어 쓰게 하거나 담임교사가 지역의 특성과 학습 내용에 따라 적절히 구안하여 사용해도 좋다. 그리고 보고서 작성에서 반성의 기회를 갖도록 한다. 반성 단계에서는 조사 학습의 준비도, 태도, 질서, 결과 산출 등을 함께 반성함으로써 다음의 현장 학습이 좀 더 발전되도록 한다. 넓은 의미에서 현장 학습은 조사학습의 영역에 속한다고 할 수 있다. 조사를 해서 보고서를 작성하여 토의해 보는 수업의 형태로 현장 학습 이외에 많은 유형들이 있다. 이들은 수업을 전개해 나가는 과정이 현장학습과 유사하며 이름만 소개하면 다음과 같다.

- 문헌조사수업모형
- 지도수업모형
- 사료수업모형
- 참여관찰수업모형
- 사례수업모형
- 인물연구수업모형
- 표본조사수업모형

9) 토의 수업 모형

특정의 주제나 문제에 대하여 학생 상호간에 의견을 교환하는 학습 활동이다. 이 수업에서는 자신의 의사를 명확하게 발표하고 전달할 수 있는 능력, 객관적으로 사고하는 능력, 그리고 타인의 의견을 존중하고 수용하는 자주적 판단력을 길러야 할 것이다.

토의 학습은 특정 주제를 결정하고, 조사활동 단계를 거쳐 토의를 전개한 후 토의 결과를 정리하는 삼단계로 진행된다.

① 토의상황 및 주제결정 → ② 토의전개 → ③ 토의정리

① 토의를 어떠한 방법으로 전개할 것인가의 계획을 세우도록 한다. 그리고 주제는 어떠한 것으로 정할 것인가 교사가 인도하여야 한다. 이야기자료, 그림, 삽화, 사진 등을 이용하여 학생 스스로 결정하도록 하는 것이 중요하다.

② 토의의 과정은 소집단을 구성하여 소집단별로 의견이 일치된 부분을 전체 토의시간에 조별 대표가 발표하는 형태를 취하는 것이 좋다. 토의의 순서는 주제에 따른 문제점을 추출하여 문제점들을 모두 기록하고 중요성의 정도에 따라 서열을 정하여 너무 많은 문제가 나오지 않도록 조정을 해야 한다. 문제점이 제기되었으면 이를 해결할 수 있는 방안을 토의를 통해 찾아내야 한다.

③ 소집단별로 종합 정리된 주제 해결방안에 대하여 전체 토의로 의견을 교환하고 실천 의지를 갖도록 한다.

3. 도덕과

1) 역할놀이 수업 모형

역할놀이는 학생이 어떤 역할을 직접 해보는 것이다. 이 방법은 학생들에게 구체적인 상황을 실제로 경험해 볼 수 있는 기회를 제공함으로써 학생 스스로가 지닌 '가치'나 '의견'을 좀 더 분명히 깨닫게 하고 또 사람들이 어떻게 타인의 행동에 영향을 미치는가를 더 잘 이해할 수 있게 해 준다. 역할놀이 수업모형을 통해 학생들은 일상생활에서 일반화 시킬 수 있는 인간의 행동에 관한 여러 개념을 습득하게 될 것이다.

① 역할 놀이 상황설정 → ② 역할 놀이 준비 → ③ 역할 놀이 참가자 선정 → ④ 청중의 자세준비 → ⑤ 역할 놀이 시행 → ⑥ 역할 토론

① 자신들의 경험에서 주제를 설정한다. 상황이나 문제는 여러 가지로 해석될 수 있고 결말이 여러 가지로 나올 수 있는 자료를 제시한다.

② 상황 설명과 장면을 설정하고 자유로운 분위기로 배역을 읽고 이해시킨다. 간단한 소품을 준비한다.

③ 역할의 특성을 살려 역할을 타진하고 개인의 의사와 전체적인 의사에 의해 배역을 선정한다.

④ 자세에 대한 주의 사항 예시하기, 예의 지키기, 내용 메모하기, 등장인물의 성격알기, 잘된 행동과 잘못된 행동을 알게 한다.

⑤ 자연스런 자세로 연기하게 하여 문제의 다양한 해결 방안을 탐색하고 역할놀이의 초점을 알게 한다. 관람하는 학생은 자연스런 분위기가 되게 한다.

⑥ 역할놀이에 대한 토의를 시키고 평가한다. 충분한 토의를 거쳐 아이디어와 사실성에 대하여 평가하게 한다.

2) 가치갈등 수업 모형

우리가 도덕 생활에서 지켜야 할 규범들은 각각 별개로서 의미를 가지는 것이 아니라 서로 관련된 것이다. 그러한 규범의 체제는 매우 복잡하고, 또 명백하게 인식되기도 어렵기 때문에 가치의 우열이 쉽게 분별되지 않는다. 그리고 일상생활의 구체적인 장면에서는 흔히 둘 혹은 그 이상의 규범(가치)들이 적용되기 때문에 우리는 어느 것을 준수해야 하느냐로 인한 갈등을 경험하기도 한다. 이 경우에 학생들로 하여금 올바르게 선택하고 판단하는 능력을 길러 주는 일이 중요하다.

① 문제의식 → ② 문제의 추구 및 선택 → ③ 실천 의욕화

① 둘이상의 규범이나 덕목간의 갈등을 포함하는 사례를 제시하여 각자의 입장을 뒷받침해 주는 충분한 사실적 정보와 상황이 복합적으로 설정 되도록 한다.
② 구체적인 문제 사례에 관련되어 있는 규범이나 덕목을 찾아 여러 관점에서 규범들간의 관계, 차이점을 발견하여 갈등을 확인함으로써 스스로 문제를 선택하도록 한다. 또한 자기 입장에서 충분한 근거를 가지고 선택한 관점을 발표하게 하고 논리적 일관성과 객관성, 타당성을 검토하게 한다. 다른 관점의 근거를 들고 장점을 찾아보고 자기의견에 대한 상대방의 입장을 예상한다.
③ 공정과 관련된 가상적인 예를 통해 논의된 의미가 분명한지 검토해 보고 학생과 함께 체계적으로 정리한다.

3) 가치명료화 수업 모형

민주주의 사회에서 살아가면서 우리는 많은 선택의 기회를 갖게 된다. 이 모형은 가치화 과정을 통해 혼란을 감소시키고, 일관된 가치 체계를 형성하도록 하기 위하여 시도된 것이다. 가치화 과정이란 하나의 가치가 개인에게 내면화되는 과정, 즉 선택부

터 행동 패턴이 되기까지의 과정을 말하는데, Raths 등은 적절한 가치화 과정을 거쳐서 내면화된 가치는 개인에게 확고하게 작용할 것이라고 본다.

① 주의 → ② 선택 → ③ 수용 → ④ 존중 → ⑤ 태도

① 자료 제시를 통하여 경험을 상기시키고 자유롭게 문제를 파악하게 하여 두 가지 의견을 깊이 이해하게 한다.
② 다양한 가능성을 고려하여 신중한 선택을 할 수 있게 하고 결과에 대해 숙고하게 한다.
③ 자기가 선택한 가치가 어떤 면에서 중요하며 왜 그 가치를 선택하였는가를 알고 다른 사람의 의견도 수용할 수 있게 한다.
④ 두 가지 의견에서 가장 합리적인 의견을 찾고, 자신의 의견이 어떤 점에서 귀중하며 인정받을 수 있는가를 알아 심사숙고하여 합리적 결정을 할 수 있게 한다.
⑤ 자기의 생활을 반성해 보고 앞으로 각오한 점 또는 행동으로 실천하겠다고 마음먹은 점을 발표하고 실천 의욕을 갖게 한다.

4) 콜버그(Kohlberg)의 토론 수업 모형

3수준 6단계라는 도덕 발달 이론을 제시했던 콜버그는 도덕 발달을 촉진시킬 수 있는 도덕 교육에 지대한 관심을 가지고 있었다. 그가 제시한 도덕 교육의 방향은 크게 두 가지로 나누어볼 수 있는데, 교실에서 토론을 통한 방법과 학교생활 자체의 잠재적 교육 과정을 통한 방법이 그것이다. 교실 활동을 통한 도덕 교육은 우리의 도덕과 수업과 완전히 일치하는 상황은 아니지만 교사와 학생간의 언어적 상호작용이 주가 된다는 점에서 우리의 도덕과 수업에도 크게 도움을 줄 수 있을 것이다.

콜버그는 토론을 통해서 토론 참가자들이 인지적 갈등을 일으키게 되면 도덕적 변화가 일어날 수 있다고 보았다. 학생들은 하나의 도덕문제에 관해 자신의 단계보다

더 높은 단계의 사고를 접하게 되면, 자신의 본래 입장이 과연 적절한 것인지를 검토해 본다고 하였다. 이렇게 되면 그 학생은 자신의 도덕적 추론을 재구성하기 시작한다. 콜버그에 의하면, 도덕 수업에서 교사들이 해야 할 일은 학생들이 보다 복잡한 사고를 할 수 있도록 기회를 제공하는 것이다. 즉 학생들의 '도덕적 숙고'를 자극하고 격려하는 것이다. 도덕적 숙고가 가장 잘 일어나는 경우는 학생들이 자신의 단계보다 한 단계위의 (+1 단계)사고에 접했을 때이다. 즉, 학생들은 복잡한 사고에 접했을 때 '인지적 불균형'을 경험하게 되고 이러한 인지적 불균형을 자주 경험함으로써 학생들은 보다 높은 단계로의 발달을 자극받게 된다는 것이다.

콜버그의 토론 수업은 도덕적 딜레마의 제시로부터 시작된다. 딜레마는 가상적인 것일 수도 있고, 현실적인 것일 수도 있다. 그는 이 딜레마를 통해 수업을 성공적으로 이끄는 요체는 교사의 발문 제기에 달려 있다고 보았다. 토론 수업에서 교사의 주된 역할은 바로 학생들에게 적절한 발문을 제기하는 것이다. 발문의 단계는 적어도 두 단계가 있다고 본다. 하나는 '도입 단계'로서 학생들이 도덕 문제에 관한 토론을 시작하게 하고, 학생들의 도덕적 의식을 일깨우는 것이다. 다른 하나는 '심화 단계'로 학생들의 도덕적 추론의 변화를 유도하기 위한 토론의 요소들에 초점을 둔다.

도입단계의 발문 전략

① 다루고자 하는 도덕적 딜레마나 문제 사태를 학생들이 이해하는지 확인한다.
② 학생들이 판단에 대한 이유나 근거를 이끌어 낸다.
③ 서로 다른 근거를 댄 학생들에게 서로 토론을 하도록 격려한다.

이 역할들을 잘 해내기 위해서 요구되는 발문으로는 다음의 것들을 들 수 있다.

- 도덕적 문제를 부각시키기: 학생들에게 주어진 문제에 대한 '하나의 도덕적 입장'을 표명하도록 요구한다. 이를 위해서 교사는 "철수는 도둑질을 해야만 했을까?" 등과 같은 당위적 발문을 제기한다.
- '왜'라는 발문을 하기: 학생의 도덕적 입장에 대한 지지 근거를 제시하라고 요구한

다. 예컨대, "너의 해결 방안이 왜 좋다고 생각하니?" 같은 발문이 그것이다. 이를 통해 학생들은 동일한 입장을 표명하면서도 그 지지 이유는 다를 수 있음을 배우게 된다. 그 '차이'가 학생들의 흥미를 자극하게 되고, 대화를 시작하게 한다.

• 상황을 복잡하게 제시하기: 주어진 문제 해결을 위한 다양한 측면들을 생각해 보게 한다. 한 가지 방법은 본래의 상황에 새로운 정보를 끌어들이는 것이다. "하인즈의 부인이 그에게 약을 훔쳐달라고 특별히 부탁하면, 너의 입장은 달라지겠느냐?"와 같은 발문을 제기한다. 이상의 도입 단계의 발문들은 도덕 문제의 폭을 부각시키기 위한 것이다.

심화단계의 발문파악

심화 단계의 도덕적 토론에서는 도덕 문제의 '깊이'에 초점을 둔다. 심화단계의 발문들은 학생들로 하여금 서로 대립되는 주장과 근거들을 깊이 있게 따져보도록 한다. 심화 단계의 일반적인 발문 전략으로는 다음과 같은 네 가지가 있다.

① 다듬기 발문들: 발문들은 동일한 문제의 여러 측면들을 탐색하도록 제기해야 한다. 단계 변화를 자극하기에는 하나의 발문만으로는 충분하지 못하다. 학생들은 확대되고 심화된 논의를 통해서 다른 사람이 하는 주장의 근거를 이해하고 또 그것에 도전할 수 있어야 한다. 이것을 위해 다음과 같은 5가지 전략이 효과적이다.

• 명료화를 위한 발문: 진술의 의미를 분명하게 하기 위한 발문을 연다.

• 특정한 문제에 대한 발문: 그 문제 사태와 관련된 하나의 도덕적 문제, 예컨대 권위, 애정의 역할, 계약의 의무, 생명의 가치 중에서 하나의 문제를 더 깊이 탐색해 보도록 한다. 이렇게 함으로써 학생들은 자신의 신념을 더 깊이 이해할 수 있다.

• 갈등 해소를 위한 발문: 두 가지 도덕적 문제들간의 갈등 해소를 자극하기 위한 발문을 제시한다. 갈등 해소는 결국 대립되는 가치들 간의 우선순위를 정하는 것이라 하겠다. 가치들의 우선순위는 도덕적 발달 단계를 반영하는 경우가 많다. 예컨대, 3단계의 학생들이 '우정'에 큰 비중을 두는 반면에, 2단계의 학생들은 자신의 이익 보호에 더 큰 비중을 둔다. 이 과정을 통해 학생들은 자신의 가치 체계의 적절성을 검토해 볼 수 있다.

• 역할을 바꾸어 보기: 학생이 취하고 있는 것과는 다른 사람의 관점을 취해 보도록 한다. 예컨대, 이제까지 '아들'의 입장이었다면 '아버지'의 입장이 되어 생각해 보

라고 요구한다. 이렇게 함으로써 학생들은 '다른 사람의 눈'을 통해서 그 문제 사태에 접근할 수 있다.

- 보편적인 적용의 결과를 생각해 보기: 민약 학생이 취한 입장을 모든 사람이 따르게 된다면 어떤 일이 생길 것인지를 가상해 보게 한다. 예컨대, "모든 사람들이 법에 복종하지 않는다면 어떻게 될까?" 등의 발문이 그것이다. 이 과정은 학생의 판단이 보편성을 갖는 것인지를 검토하기 위한 것이다.

② 인접한 단계(+1단계)의 논의를 부각시키기: 앞에서 언급했다시피 학생들의 도덕 발달을 가장 크게 자극하는 것은 그 학생의 수준보다 바로 위의 단계에 있는 사고이다. 그러므로 교사는 토론의 과정에서 +1단계의 논의를 부각시킬 필요가 있다. 어떤 학생이 +1단계에 속하는 수상을 세시하먼, 교사는 자연스럽게 디른 학생들이 그 학생의 주장에 귀를 기울이도록 유도한다. 만약 그 반 전체의 학생이 아무도 +1단계의 주장을 제시하지 않으면 교사가 제시한다.

③ 명료화와 요약하기: 심화 단계에서 교사의 역할은 발문을 적절히 제시하는 것뿐만 아니라, 토론의 진행을 도와 학생들의 발언을 명료화하거나 요약하는 일도 포함한다.

④ 역할 채택을 위한 발문: 역할채택을 위한 발문은 앞의 과정에서도 제시된 바 있는데, 여기서 역할 채택을 특히 강조하는 것은 학생들을 자아 중심적 수준으로부터 타인의 사고, 감정 그리고 권리 등을 고려하도록 가르치기 위해서다. 초등학교 수준에서 역할 채택은 가족 관계 등 학생과 가까운 인간관계를 중심으로 시도하는 것이 효과적일 것이다.

4. 수학과

1) 개념 학습 모형

개념이란 여러 사물 상징 또는 사건들이 가지고 있는 공통적인 특성을 추출하고 종합하여 얻어낸 것을 말한다. 그러므로 개념 학습은 개념의 속성을 확인하는 것이라

볼 수 있는데, 개념을 학습하기 위해서는 학생들에게 그 개념을 구체화시킬 수 있는 다수의 경험에 접하게 해야 한다. 개념 학습은 다음의 단계로 이루어진다(교육부, 2023).

① 과제파악 → ② 탐색 → ③ 해결 → ④ 일반화 → ⑤ 정착

① 과제파악단계는 선수학습 요소 해결, 목표 인지의 과정을 거친다. 선수학습요소 해결에서는 전시 학습 내용을 회상하고 본시 학습문제 해결에 필요한 기초요소를 파악한다. 목표인지 단계에서는 학습 목표를 확인하게 된다.

② 탐색 단계에서는 선수학습 경험을 토대로 계획을 수립하고, 문제해결 방법을 탐색하고 구체화 한다. 이때 조작, 관찰, 기록, 토의 등 다양한 방법으로 성취 의욕을 강화하도록 한다.

③ 해결 단계에서는 구체물의 조작 안내와 조작활동으로 공통적인 속성을 발견하게 한다. 그리고 수학적인 용어로 개념화 하고 문제를 해결하게 한다.

④ 일반화 단계에서는 문제 해결에 적용했던 학습내용을 재음미하고 새 개념을 활용하도록 한다. 이때 개념을 정확히 언어화, 문자화, 기호화 할 수 있도록 지도하도록 한다.

⑤ 정착 단계에서는 유사한 문제에 학습한 개념을 적용하여 본다. 이때 목표 도달자에게는 발전적 과제를, 미달자에게는 기초적 과제를 제시해 주는 것이 좋다. 예습과제는 가능한 노작중심의 학습과제를 제시한다.

2) 발견 수업 모형

발견학습은 학생들이 새로운 정보를 찾고, 새로운 결론에 도달하기 위해 정보를 탐구하고 조작하여 변환하는 과정에서 일어난다.

발견학습의 기본 요소는 새로운 지식 형성에 학생들이 능동적으로 참여하는 것이다. 이같이 하기 위해서 교사는 계획하고 지시하며 발견활동을 제공해야 한다. 발견학

습은 모든 연령의 학생들에게 적합하며, 정보를 분석하고 종합 평가를 함으로써 일반화 할 수 있게 하여야 한다.

① 문제파악 → ② 예상 → ③ 검증 → ④ 일반화 → ⑤ 적용

① 문제파악 단계에서는 선수학습 요소를 확인하고 학습문제를 명확하게 제시한다.
② 예상 단계에서는 자기 나름대로 해결 방법을 구상하고, 해결 방법에 따른 결과를 예상하며, 직관적 사고에 의하여 해결방향과 순서를 정한다.
③ 검증 단계에서는 수립된 해결 계획에 따라 문제를 해결하고 예상결과와 비교해 본다. 그리하여 논리적 추론에 따라 결론을 이끌어 낸다.
④ 일반화 단계에서는 결론을 다른 문제에 적용하여 타당성을 검토하고 발견한 원리, 법칙, 성질, 공식 등을 말, 문자, 기호로 나타낸다.
⑤ 적용 단계에서는 연습문제 해결을 통해 개념, 원리, 법칙을 응용해 보도록 한다. 그리고 본시 학습 도달자에게는 발전적 과제를, 미달자에게는 기초적 과제를 제시하고 노작중심의 예습과제를 부과한다.

3) 문제해결 수업 모형

문제해결이 수학교육에서 차지하고 있는 위치는 매우 중요하다. 문제해결 수업 모형은 구체적인 문제나 상황을 수학적으로 표현하고, 이를 해결하기 위해 수학적 조작을 사용하며, 그 결과를 해석하는 과정이다.

해결과정을 통하여 문제를 해결하는 종합적인 능력은 신장되고 수학적 표현력과 조작 기능이 향상되며, 적절한 착안점을 택해서 해결 방법을 예상하거나 조리 있게 사고할 수 있게 된다.

① 과제파악 → ② 해결방법 탐색 → ③ 문제해결 → ④ 평가

① 과제파악에서는 주어진 문제를 읽고 새 문제 해결에 필요한 선수학습 요소를 확인한다.
② 탐색 과정에서는 목표를 설정하고 문제해결 방법과 결과를 예상한다. 그리고 문제해결에 필요한 개념, 원리, 법칙의 자료나 정보를 수집한다.
③ 문제해결 단계에서는 탐색했던 내용에 따라 논리적 추론으로 과제를 해결한다. 그리고 해결과정을 다양한 방법으로 검토해 본다. 이때 중요한 공식은 외우도록 한다.
④ 평가 단계에서는 연습문제를 제시하여 해결함으로써 문제해결에 적용했던 학습내용을 재음미 한다. 본시 과제 역시 학습목표 도달 여부에 따라 발전적, 기초적 과제로 나누어 제시한다.

4) 연산영역 수업 모형

연산영역 수업은 정확하고 신속하게 계산하는 능력을 향상시키는 것을 주된 목표로 한다. 연산기능은 먼저 경험을 통해서 학생의 몸에 배도록 하고, 그 다음으로 논리를 추구하여 지식을 얻도록 지도한다.

① 문제파악 → ② 예상 → ③ 검증 → ④ 일반화

① 문제파악 단계에서는 이미 배운 내용을 할 수 있는지 선수학습 요소를 확인하고 학습문제를 명확히 한다.
② 예상 단계에서는 토의, 발문, 협의를 통해서 문제해결 방안을 예상해 본다.
③ 검증 단계에서는 해결 방안에 따라 문제를 해결한다. 자기의 해결 방안에 따라 답을 구하기도 하고 계산과정을 식으로 나타내며, 각자의 계산과정을 비교하여 가장 쉽고

정확한 방법을 선택해 보기도 한다. 이후 조작활동에서 알아낸 계산 원리를 형식화하여 결론을 도출한다.

④ 일반화 단계에서는 개념, 원리, 법칙을 응용하여 발선문제를 풀어보고, 형성평가를 시행한다. 이때 성취도가 낮은 학생은 보충지도 하여야 한다.

5) 수영역 수업 모형

수는 집합의 크기를 표현하거나 순서를 나타내는 역할을 한다. 전자는 집합 수, 후자는 순서수라 부른다. 수의 초기 도입 단계에서는 집합수에서 순서수의 개념으로, 순서수에서 집합수의 개념으로 도입하는 두 가지 방법이 있는데, 어느 방법이 효율적이냐 하는 것에 대해서는 아직까지 연구 중에 있다.

학생들이 '삼'이라는 수사를 듣거나 '3'이라는 숫자를 보았을 때 머릿속에는 하나의 상이 떠오르게 된다. 이 상의 하나를 사물의 집합이라고 할 수 있다. 수 학습에서는 그 수를 생각나게 하는 모체인 물건의 집합, 그 수를 나타내는 언어인 수사, 그 수를 나타내는 기호인 숫자의 세 가지를 올바르게 결합하여 해석해야 한다.

① 과제파악 → ② 탐색 → ③ 해결

① 과제파악에서는 전시 학습내용을 회상하고 본시 학습문제 해결에 필요한 기초 요소를 파악한다. 교과서문제, 예습과제, 교사 자작 문제를 중심으로 학습목표를 확인한다.

② 탐색 단계에서는 기본 개념을 동원하여 해결 계획을 수립하고 구체물을 조작하여 공통적인 속성을 발견한다. 수립된 해결계획에 따라 문제를 해결하면서 개념을 확실히 하게 된다.

③ 해결 단계에서는 지금까지 문제해결에 적용했던 학습내용을 다시 살펴보고 새로운 개념을 활용하여 다른 문제에도 적용해 본다. 복습과제는 발전적 과제와 기본적 과제로 나누어 제시해 주어야 한다.

6) 경험 수업 모형

경험 수업 모형은 피아제(J. Piaget)의 인지 발달 이론을 바탕으로 개발된 것이다. 이 수업에서는 학생의 발달 수준을 고려하여 이론적 사고 능력을 학습하고 발전시킬 수 있는 학습경험을 제공한다. 이 모형에서는 학생들의 지식 발견과 사고기능 개발에 있어서 환경과의 상호작용을 매우 중요하게 생각하고 있다. 그러므로 경험 수업 모형의 기본과정은 사고과정을 촉진 할 수 있는 구성, 흥미와 경험을 토대로 한 학습계획, 지식 정보의 효율적 동화로 이루어진다.

초등학교 학생들의 발달단계는 전 조작단계에서 부터 구체적 조작단계에 속하므로 투입하는 학습 자료는 구체적인 것이라야 높은 학습 효과를 거둘 수 있다. 여기에서 교사의 역할은 지식 전달이 아닌 학생들이 직접 조사할 수 있는 자료를 제공해 주어서 공동적으로 학습할 수 있게 하고, 사고과정을 도와주어 경험을 할 수 있게 하며, 이러한 과정을 통하여 지식, 정보를 효과적으로 학습하게 하는 것이다.

① 자유로운 탐색 → **② 안내된 탐색** → **③ 분류 세우기**

① 자유로운 탐색에서는 전시학습 내용을 확인하고 난 후 본시 목표를 제시한다.
② 안내된 탐색 단계에서는 방법을 예견시키고 조작활동을 하면서 정의를 내리게 한다.
③ 분류세우기 단계에서는 개념이나 원리를 조작을 통하여 확인하고 그 내용을 정리하도록 한다.

5. 과학과

1) 경험 수업 모형

경험 수업 모형은 구체적 조작기 전 단계에 속하는 초등학교 저학년의 학습지도에 적합한 모형으로 과학학습의 초보단계에 적용하기 좋다.

과학과 학습에서 개념을 일반화하거나 실험으로 가설을 검증하는 과정을 거치지 않고 학습자의 구체적인 활동을 통해 자연과 사물의 현상을 직접 경험할 수 있는 수업 형태이다.

① 자유탐색 → ② 탐색결과 발표 → ③ 교사의 인도에 따른 탐색 → ④ 탐색결과 정리

① 주어진 학습 자료를 자유로이 만져 보고, 모양이나 색 등을 살펴보고, 두드려 보고, 맛과 냄새를 맡아 보는 등 여러 방법으로 탐색해 보게 하는 단계이다.
② 자유 탐색 단계에서 여러 가지 방법으로 탐색한 내용을 발표해 보게 하는 단계이다. 이 단계를 통하여 학생들의 탐색 활동이 적절하였는지 알 수 있고 의사 전달 능력을 길러 줄 수 있다.
③ 교사가 학생들의 발표를 듣고 계획된 학습 내용에 미치지 못하는 부분을 교사의 인도에 따라 다시 탐색해 보는 단계이다.
④ 그 동안 관찰한 내용을 토의를 통하여 정리하게 한다. 학습 소재에 따라서 관찰, 측정된 내용을 분류하여 정리할 수 있도록 하여야 한다.

2) 발견 수업 모형

발견 수업 모형은 경험 수업 모형 이후의 발단 단계에 해당한다. 이 수업은 자연 현상과 사물을 관찰하여 얻은 경험을 일반화하는 과정으로, 초등학교부터 중학교 이상의 과학 학습을 지도하기에 적합한 형태이다. 이 수업모형은 학생들이 자연 현상을 관찰 분석하고 규칙성을 찾아 개념을 형성하고 일반화하는데 있다. 이때 교사는 필요한 발문을 던지고 자료의 중요한 부분을 암시적으로 강조함으로써 학생의 개념 형성 과정을 촉진시켜 주어야 한다.

① 문제파악 → ② 관찰, 탐색 → ③ 개념 정의 → ④ 적용

① 주어진 학습 자료를 탐색하고 학습문제가 무엇인지를 파악하는 단계이다. 교사는 주어진 학습 자료를 통하여 학생들이 문제를 파악할 수 있도록 도와주어야 한다. 이러한 학습 문제는 교실 안이 아닌 자연현상을 접하게 하여 파악할 수 있도록 유도하여야 한다.

② 교사는 새로운 문제를 해결하는데 필요한 자료를 제시하고, 해결방법을 구상토록 하며, 탐색을 할 수 있는 기회와 방법을 제시하여야 한다.

③ 관찰과 탐색 활동을 통하여 얻어진 자료를 토의한다. 토의를 통하여 얻어진 결과로 규칙성을 발견하여 일반화하는 단계이다. 학생들이 규칙성을 발견하는데 어려움이 있으면 피드백 과정을 통하여 다시 관찰과 탐색활동을 하도록 한다.

④ 학습과정에서 정리된 개념을 새로운 사태에 적용하여 유추해 보거나 실생활에 적용 또는 응용해 보는 단계이다.

3) 탐구 수업 모형

탐구 수업 모형은 초등학교 고학년 이상의 형식적 조작단계에 있는 학생에게 적용할 때 효과적이다.

탐구 수업 모형에서는 학생들이 실험과정에 직접 참여하여 실험을 통한 어떤 특성이나 규칙성을 찾게 된다. 이 모형에서는 문제가 제시되고 먼저 학생이 문제 해결을 위한 가설을 설정한다. 그리고 자료를 수집하고 분석하여 가설을 검증하고 결론을 도출하게 된다.

① 탐색 및 문제파악 → ② 가설 설정 → ③ 실험 설계 → ④ 실험 → ⑤ 가설 검증 → ⑥ 적용

① 본시 학습을 위한 선행 경험 활동을 바탕으로 이해를 유도하고, 본시의 교과서 문제, 예습 과제, 교사 자작 문제를 중심으로 학습할 내용을 인지하도록 한다.

② 도출된 학습 문제를 해결하기 위하여 각자가 예상을 하고, 토의를 통하여 구체적인 가설을 세운다. 교사는 가설과 학습한 결과가 일치할 수 있도록 유도한다.

③ 설정된 가설을 검증하기 위하여 실험계획을 세워야 한다. 무슨 실험기구를 어떤 방법으로 사용할지, 역할 분담을 정하고, 변인 통제와 실험상의 유의점을 알도록 한다.

④ 실험 설계에 따라 실험을 하고 결과에 대하여 기록한다. 기록된 정보를 조별로 토의한 후, 종합된 의견을 전체 토의 시간에 발표한다.

⑤ 예상했던 것과 비교하고, 차이가 있으면 그 원인을 분석해 보는 것이 중요하다. 예상과 실험결과가 일치하면 결론을 내리고 개념을 형성할 수 있도록 교사는 도와주어야 한다.

⑥ 실험결과에 대한 정보가 우리 생활과 어떤 관련성이 있는지를 알아보고 적용할 수 있는 방법을 토의해 본다.

4) 관찰 중심 수업 모형

관찰은 학생이 주위 환경을 보고 이해하는 가장 초보적이고 직접적인 활동이다. 관찰중심수업모형은 초등학교 저학년에서 주로 사용한다. 이것은 주위의 환경과 물체를 오관을 통해 간단히 표현하는 관찰능력을 배우는 학습 모형이다.

관찰은 주위 환경과 물체의 색깔이나 모양, 냄새, 촉감 등을 눈, 코, 입, 귀, 피부 등 학생의 오관을 통하여 관찰한 것을 주관이 배제된 객관성을 유지하여 표현하고 기록하는 활동이다. 그러나 관찰 대상을 하나만을 보고 전체를 개념 짓기에는 문제가 있다. 그러므로 다양하고 정밀한 관찰이 요구된다.

① 예상계획 → **② 관찰** → **③ 발표, 토의** → **④ 관찰결과의 고찰**

① 관찰하고자 하는 대상물에 대하여 예측해 보는 단계이다. 관찰 대상물의 특성에 따라 관찰 방법을 계획하고 관찰할 때에 주의할 점을 알아본다. 관찰할 장소, 대상, 시기, 도구의 사용 등에 관하여 미리 계획을 세워 본다.

② 관찰 대상에 적절한 도구를 사용하여 관찰 요령에 맞게 차례차례 관찰한다. 관찰에 필요한 여러 가지 도구의 사용방법을 익히고, 관찰한 내용을 기록한다. 관찰한 것에 대하여 사실만을 기록하도록 한다.

③ 관찰한 결과를 객관적 사실에 해당하는 부분만 발표하게 한다. 관찰 결과가 서로 의견이 맞지 않을 때는 다시 관찰하도록 하고 공통점을 찾는 데에 노력 하도록 한다. 종합 토의된 관찰 결과는 하나의 개념으로 정착되도록 한다.

④ 관찰한 결과를 새로운 대상물의 관찰에 활용하고 일반화시킨다. 관찰 결과와 우리의 생활과 관련성 여부를 탐색하여 일상생활에 적용시켜 본다.

5) 분류 중심 수업 모형

분류 중심 수업 모형은 분류 능력을 신장시키는데 그 목적이 있다. 과학적 탐구력 가운데 중요한 능력의 하나인 분류 능력은 의사 전달을 위한 기본 기능일 뿐만 아니라 생물·원소 등을 분류·정리, 수집하는데 필요한 기본 기능이다.

이 수업은 사물의 특성을 이해하고 적절한 기준에 따라 유사한 것끼리 분류해 보는 과정이다. 따라서 대체로 초등학교 저학년에서 이루어진다. 이 때 그 기준이 모호해서는 안 되고 기준에 어떤 사물을 정확히 유목화시키는데 어려움이 있을 때 교사가 조정을 해 줄 필요가 있다.

관찰 기능과 밀접한 관계가 있는 분류중심 학습에서 학습자는 관찰한 결과를 정확하고 명료하게 전달하여 다른 사람에게 물체를 식별할 수 있도록 정보를 제공할 수 있어야 한다. 따라서 분류모형 학습에서는 분류능력 그 자체가 아니라 분류능력을 신장시켜 의사 전달 기술을 넓혀 주는 데에도 주안점을 두어야 한다.

① 문제파악 → ② 관찰 → ③ 분류 → ④ 토의 → ⑤ 적용 · 발전

① 학습하고자 하는 문제를 파악하고 분류의 관점을 토의한 후 분류하도록 한다.
② 관찰할 대상들을 색깔, 모양, 크기, 성질 등에 맞추어 관찰해 보고 본 대로 느낀 대로 기록해 보는 것이 중요하다. 자기가 관찰한 내용이 다른 학생들과 다르더라도 문제가 되지 않는다.
③ 관찰할 때 정한 물체의 특성에 따라 분류 기준을 정하여 관찰한 대상을 분류해 본다. 대상 물체들의 분류기준은 학생 스스로 정해 보는 것이 중요하고 여러 가지 다른 각도의 기준을 정하여 분류해 봄으로써 다양한 경험을 얻도록 한다. 대상 물체를 정해진 기준에 맞추어 보는 것보다는 분류기준을 정하는 과정에 학습의 초점을 맞추어야 한다.
④ 스스로 정한 분류기준에 따라 여러 가지 물체의 특성을 발표해 본다. 분류된 내용이 서로 맞지 않을 때는 그 원인을 토의해 보고 공통의 분류기준을 정하여 다시 분류해

본다. 그리고 공통점이 발견되면 물체의 성질에 따른 개념을 정립하도록 한다. 개념 지어진 것에 따라 다른 물체의 속성을 규정해 보도록 한다.

⑤ 개념 지어진 물체와 다른 물체를 상호 비교하면서 여러 가지 다른 물체들에 대하여 속성별로 분류해 본다. 주변의 모든 사물은 여러 가지 독특한 속성을 가지고 있으며 비슷한 속성을 지닌 물체들을 분류 정리해 본다.

6) 측정 중심 수업 모형

과학교육에서 자연 현상을 막연히 관찰하는 것은 의미가 없다고 생각할 수 있다. 관찰하고 실험한 결과에 대하여 계량화 해야만 과학으로서 의미를 부여할 수 있다.

측정은 시각을 통해서 하되, 주관적인 추리를 배제시켜 정량적인 단위를 사용해야 한다. 또한, 조건을 엄격히 통제하여 측정하고 데이터를 어떻게 과학적으로 분석하여야 하는가에 중점을 두어야 한다.

① 문제파악 → ② 예상계획 → ③ 측정 및 기록 → ④ 토의 → ⑤ 적용 · 발전

① 전 차시의 학습 내용을 상기하면서, 본 차시에 학습될 내용을 탐색한다. 측정의 중요성을 인식하고 측정할 대상을 파악한다.

② 측정 대상을 추정하기 전에 예상해 본다. 예상과 실측 사이에 편차가 크더라도 개의치 말고 예상은 예상으로 끝나야 한다. 측정한 결과에 거의 맞도록 예상하도록 한다면 학습에 흥미를 잃을 수 있다. 예상한 것과 측정된 수치를 상호 비교하면서 편차가 크게 나는 이유를 탐색해 보는 것이 더욱 중요하다.

③ 측정 대상을 파악하고 그 특성에 따라 측정 도구를 선정하여 측정 방법을 익힌다. 측정은 정확해야 하고, 측정된 결과를 객관적 사실로 기록하도록 한다. 측정 과정에서 오차를 줄이기 위한 방안을 모색하고 측정 결과가 다른 학생과 다르면 원인이 무엇인가를 분석하도록 한다. 측정된 수치와 예상과의 관계를 상호 비교하여 차이가

왜 발생했는지 검토하도록 한다.

④ 측정된 결과와 예상 사이에 오차는 충분히 있을 수 있는 일임을 인식하고 측정의 중요성을 깨닫도록 한다. 측정된 정보를 상호 토의하여 일반화된 개념을 정립하도록 한다.

⑤ 측정된 정보를 일생생활에서 개념 짓고, 개념화된 사실을 자연 현상에 비추어 적용할 수 있는 방안을 모색해 보게 한다. 여러 가지 측정 도구를 일상생활에 응용해 볼 수 있는 기회를 마련해 본다.

7) 예상 중심 수업 모형

예상중심수업모형에서 예상이란 어떤 현상을 보고 그 결과가 어떻게 되리라고 미리 생각하는 것으로서 관찰이나 경험을 토대로 해야 한다. 이 수업에서는 관찰된 사실과 자료에 의해서 예상을 하고, 예상을 검증하기 위해서 더 관찰·측정하고, 이렇게 관찰·측정된 결과를 가지고 추리의 타당성을 검증하거나 예상을 수정하는 학습을 하게 된다.

관찰은 본 것을 객관적으로 솔직하게 표현하면 되지만, 예상은 학생의 사고력을 충분히 발휘할 수 있도록 해야 하기 때문에 창의력을 높이기 위한 최적의 수업모형이라 할 수 있다.

① 문제 파악 → ② 계획 → ③ 예상 → ④ 실험 및 관찰 → ⑤ 결과 확인 → ⑥ 정착

① 전시 학습의 내용이 무엇인가를 생각하면서 본시에서 학습하고자 하는 내용을 파악한다. 학습 문제를 교사의 유도에 따라 스스로 정해 보도록 노력한다.

② 실험 기구의 올바른 사용법을 알고 측정 계획을 세운다. 학습 문제를 해결하기 위한 실험 문제는 무엇이며 어떤 측정 도구를 사용할 것인가에 대하여 조별 토의를 통하

여 계획을 수립한다.

③ 어떻게 하면 예상된 실험 결과를 얻을 수 있을까를 생각하도록 한다. 예상은 과학적 이론에 바탕을 두어야 한다. 아무 이론적 근거가 없는 예상은 학습에 아무런 의미가 없다.

④ 예상한 대로 실험하기, 순서에 맞게 실험하기, 역할 분담으로 자기 일 맡기, 관찰하면서 실험하기, 실험의 조건 통제 지키기 등으로 실험의 정확성을 기해야 하며, 실험 도중에 발견된 사실이나 데이터를 그때그때 기록하도록 한다.

⑤ 각 조별로 실험 결과를 협의하여 정리한다. 정리된 결과에 대하여 토의하고, 예상과 실험, 관찰된 결과물과의 차이점을 토의한다. 실험 결과 개념화된 이론을 바탕으로 다른 과학적 사실도 유추해 볼 수 있다.

⑥ 자연 현상에 대한 일반적 사실을 과학적으로 유추하여 일상생활에 적용할 수 있음을 알고 다른 현상에 대해서도 예상하여 보는 기회를 갖도록 한다.

8) 순환 학습 수업 모형

이 수업 모형은 경험주의와 피아제의 인지 발달 이론을 기반으로 한 것으로서 학습자가 개념을 세분화하고 다른 개념으로 바꾸는 과정을 효과적으로 설명해 준다. 카플러스는 환경과의 능동적인 상호작용, 개인의 직관을 통한 문제 접근, 그리고 시행착오를 통해 지식을 발견하는 것을 중시하는 수업 방법을 제안하였다.

로슨(Lowson) 등은 오개념 연구 결과를 바탕으로 이전 학습에서 형성한 개념을 표현하고 토론하는 과정을 통하여 인지적 불균형을 유발하고 더욱 적절한 개념과 사고 패턴을 발달시킬 수 있다고 보았다. 따라서 인지적 불균형, 인지 구조의 자율 조정, 직관적인 문제 해결, 기존 개념의 고려, 환경과의 상호 작용 등은 순환 학습에서 핵심 개념들에 해당한다.

순환 학습 수업 모형은 탐색(exploration), 용어 도입(term introduction), 그리고 개념 적용(concept application)으로 구성되며, 각 단계에서 이루어지는 활동들은 연속적으로 이루어지는 나선형 형태를 가지게 된다(교육부, 2023).

① 탐색	② 용어 도입	③ 개념 적용

① • 학생들은 새로운 상황에서 행동하고 반응하면서 학습한다.
• 학생은 최소한의 안내를 통해 새로운 자료와 생각을 탐색한다.
• 익숙한 방식으로 해결하기 어려운 문제나 인지적 갈등이 있을 때, 그 속에서 새로운 규칙을 찾아낼 수 있어야 한다.
• 교사는 열린 탐색 활동을 통해 학생의 기초 이해와 사전 개념을 파악한다.
• 교사는 학생이 기존 지식과 새로운 지식을 연결할 수 있도록 도와준다.
• 개인 또는 모둠 활동을 통해 다양한 관점과 질문을 공유한다.

② • 탐색 단계에서 발견한 규칙을 새로운 용어로 설명할 수 있도록 한다.
• 교사, 교과서, 시청각 매체 등에서 소개된 용어를 활용할 수 있다.
• 탐색 활동에서 발견한 규칙성과 직접 관련지어야 한다.
• 학생들이 가능한 많은 새로운 규칙성을 확인하도록 격려한다.

③ • 새로운 개념을 더 넓은 범위에 적용할 수 있는 활동을 제공한다.
• 습득한 개념을 일반화할 수 있도록 한다.
• 개념 적용 활동은 개념 재조직이 느리거나 교사의 설명을 자신의 경험과 연결하지 못하는 학생들에게 도움이 된다.

9) STS 학습 수업 모형

STS는 과학-기술-사회(Science-Technology-Society)의 약자로, 학교 과학 교육의 방향을 재검토하고 새롭게 정의하려는 시도를 나타낸다. 이는 과학이 단순한 학문이 아니라 기술과 사회와 연관되어 있다는 것을 의미한다.

따라서 STS 교육은 과학과 기술, 사회의 상호 관련성을 강조하며, 인간의 경험에 기반한 과학 학습을 중요시하고 과학적 소양을 기르는 것을 목표로 한다. 또한 의사결정과 문제 해결 능력을 중요시하며, 과학자나 과학 관련자뿐만 아니라 모든 사람을 위한 과학 학습을 지향한다. STS 수업 모형은 일반적으로 다음의 단계로 진행된다(교육부, 2023).

① 문제로의 초대 → **② 탐색** → **③ 설명, 해결 방안 제시** → **④ 실행**

① 과학과 관련된 일상생활이나 사회 문제를 제기하고 문제의 심각성을 인식한다.
② 문제를 깊이 있게 이해하고 관련 과학 이론이나 개념을 조사하여 해결 방안을 찾는다.
③ 모색한 해결 방안을 구체화하고 토의를 통하여 가장 효과적인 방안을 함께 찾는다.
④ 실행 단계에서는 직접 실천하거나 관련 사람들에게 영향을 미치는 행동을 한다. 예를 들어, 국회의원이나 제조업체 사장에게 편지를 보내는 방법 등이 그것이다.

10) 가설 검증 수업 모형

가설 검증 수업 모형은 활동을 기반으로 한다. 이 수업은 관찰과 예상으로 얻어진 개념과 일반화에 기초한 가설을 자기 생각으로 설명하고 직접 실험과정에 참여하여 과학의 특성을 알 수 있는 통찰력을 가지도록 하는 학습과정이다.

학습과정에서 가설을 세우고 이를 검증하기 위하여 실험을 해보는 절차로 진행이 되고 초등학교 고학년 이상에 적용할 때 효과적이다.

① 탐색 및 문제파악 → **② 가설 설정** → **③ 실험 설계** → **④ 실험** → **⑤ 가설 검증** → **⑥ 적용 및 새로운 문제발견**

① 관찰 활동과 자료 탐색을 통하여 문제를 파악한다. 준비된 자료를 자유탐색하고 발문을 통하여 찾아낸 문제를 추구할 수 있도록 동기를 유발시킨다.
② 탐색 단계에서 제기된 문제에 대해 학생들은 그 문제의 잠정적 해답으로 볼 수 있는

가설을 설정한다. 이 때 추구하는 문제와 상충되지 않더라도 의사를 존중해 주는 뜻에서 수용하고 실험과정에서 스스로 깨닫고 가설을 수정하도록 유도한다.

③ 설정된 가설을 검증하기 위해 어떤 변인이 있고 그 변인을 어떻게 통제할 것이며, 사용되는 기구는 무엇이고 과정은 어떠해야 할 것인지 계획을 세운다.

④ 실험 단계에서는 위에서 확인한 변인을 통제 하면서 실험하여 데이터를 얻는다. 실험 과정에서 얻어지는 정보는 객관성이 유지되어야 하며 어떤 오류가 발생했을 때는 원인을 규명 해보는 일도 학습의 과정으로 중요하다.

⑤ 실험 활동을 통하여 얻은 자료를 해석하여 가설을 수용 또는 수정하는 단계이다. 가설을 수정하였을 경우에는 실험 설계 단계로부터 다시 시작하여 수정된 가설을 검증할 수 있도록 하여야 한다.

⑥ 검증 단계에서 얻은 이론이나 법칙을 실제 상황에 적용하고 설명하며 응용하는 단계이다. 이러한 활동을 통하여 새로운 문제를 발견할 수 있으며, 오류가 발견될 때에는, 가설 설정 단계로 되돌아가 다시 과정을 밟는다. 검증에 의하여 개념화되고 일반화된 사실들은 실제 생활에 적용해 보려는 노력과 태도가 있어야 한다.

6. 실과[1]

1) 기능 학습 모형

실과 교육에서 기능은 실습과 연습을 통해 습득된다. 따라서 개인차를 고려한 개별화 수업을 추구하고 학생들이 자율적으로 문제를 해결할 수 있는 과정을 중시하여야 한다. 기능 학습은 일반적으로 의미 파악 → 학습자 참여 → 연습 → 피드백 → 적용 → 유지의 여섯 단계 학습과정으로 전개된다(이방자 외, 2004).

1) 교육과학기술부(2013). 특수교육 기본 교육과정 초등학교 실과 교사용 지도서. pp. 21-24의 내용을 수정한 것임.

① 의미파악	→	② 학습자 참여	→	③ 연습	→	④ 피드백	→	⑤ 적용	→	⑥ 유지

① 그 기능이 무엇에 대한 것이고, 그것을 수행하는 데에 무엇이 포함되며, 그 기능이 어떻게 사용될 것이고, 그것이 무엇을 위하여 유용한가를 이해한다면 기능 학습이 용이하게 이루어진다.
② 높은 수준의 기능을 숙달하려면 학습자들은 기능 익히기 과정에 깊이 참여하여야 한다.
③ 기능 학습의 초기 단계에서는 연습을 세심히 보살펴 주는 것이 중요하다.
④ 적극적인 피드백은 성공적인 학습을 촉진시키고 높은 수준의 동기를 유발하여 기능을 촉진시킨다.
⑤ 기능 개발을 위해서는 기능을 사용할 기회를 제공하는 것이 필수적이다.
⑥ 기능을 계속 사용함으로써 그 기능을 유지할 수 있다.

2) 홈 프로젝트 학습 모형

홈 프로젝트 모형은 학습의 중심을 학교에서 가정으로 옮겨, 가정 환경의 다양한 요소를 학습에 효과적으로 활용하는 방법이다(전국교육대학교 실과교과교육연구회, 2011). 홈 프로젝트는 실과 교육이 일상생활에서 접하는 생활 교육이라는 측면에서 매우 중요하게 다룰 필요가 있다. 학교 현장에서는 충분한 시설이나 환경을 제공하지 못하지만 홈 프로젝트 학습에서는 학교 실습의 결손을 보완하고 자연스럽게 학습의 장을 가정으로 끌어들일 수도 있다(정성봉, 2002).

교사는 결과보다는 과정의 중요함을 인식시키고, 면밀한 사전 계획, 가족의 이해와 협조 아래에 성공적인 홈 프로젝트 학습의 효과를 기대할 수 있다(대전광역시 동부교육지원청, 2003). 가정 실습형 홈 프로젝트 모형은 학습 장소에 따라 학교와 가정으로 나누어 다음과 같이 이루어진다.

①문제 제기 → ②실습 계획수립 → ③시범 실습 → ④홈프로젝트과제제시 → ⑤실습 준비 → ⑥실습 → ⑦반성 · 평가 → ⑧정리

【학교】

① • 관련 경험 상기
 • 학습 목표 제시 및 확인
 • 실습과제 파악

② • 계획 수립하기
 • 요소 기능 파악
 • 재료, 용구의 준비 및 사용법

③ • 교사의 시범, 실습 또는 슬라이드, OHP 실습과정 보기
 • 실습상 유의점 제시

④ • 홈프로젝트 과제 제시 및 활동 요령 익히기
 • 홈프로젝트 학습지 및 반성 평가지 배부

【가정】

⑤ • 관련 경험 상기
 • 학습 목표 제시 및 확인
 • 실습 과제 파악

⑥ • 학교에서 세운 실습 계획에 따라 실습하기
 • 실습 도중 문제점을 가족의 도움을 받아 해결

⑦ • 실습 뒷정리
 • 실습 결과를 홈 프로젝트 학습지 및 반성 평가지에 기록
 • 생활화하기

【정리】

⑧ • 개인별 발표
 • 상호 비교 수정 · 보완

3) 현장 견학 과정 모형

실과는 실용주의적 성격이 매우 강한 교과이다. 따라서 경험형 활동이 강조된다. 이를 위해서는 지역 사회의 인적·물적·환경 자원을 적절하게 활용할 필요가 있다. 학생들은 지역 사회 현장 견학을 통해 미래 직업 선택에 대한 전망을 확장할 수 있기 때문이다(대전광역시 동부교육지원청, 2003). 특히 장소나 상황에 따른 일반화에 어려움을 겪는 특수교육대상학생들의 경우, 학습 장면을 지역 사회와 산업 현장 등으로 확대하여 보다 실제적인 체험을 할 수 있도록 지도할 필요가 있다.

이 모형을 적용하기 위해서는 사전 정보를 꼼꼼히 수집하고 사전 협조 절차를 충분히 의논하여야 한다. '현장 견학 과정 모형'의 일반적인 절차에 따른 단계별 내용(대전광역시 동부교육지원청, 2003)을 살펴보면 다음과 같다.

① 도입(목표 확인) → ② 전개(계획, 실행) → ③ 정리(확인, 실천)

① • 선수 경험 확인/학습 문제 인지

② • 견학 계획 수립/견학 방법 견학상 유의점 파악

• 상황조사 및 기록/자원 인사 면담

③ • 학습 정리 및 결과 확인

• 실천 의지

7. 체육과[2)]

1) 움직임 교육 모형

움직임 교육 모형에서는 학생의 발달 상황을 고려하여 최대한의 신체적 잠재력을 개발하고 창의적이고 발전적인 경험을 제공할 수 있는 내용을 선정한다. 그러기 위해서는 학생의 연령이나 발달 상태에 따라 놀이를 통한 유희적 요소를 고려한 수업 운영이 바람직하다.

이 모형을 적용할 때 교사는 학생의 성숙 정도와 운동 경험에 따라 과제를 제시할 수 있어야 한다. 반복 훈련에서 탈피하여 움직임을 탐구하는 방향으로 과제를 제시하는 것이 바람직하다. 그리고 각 단원을 가르치면서 교사는 동작의 수행을 도와주는 주요 개념들에 대해 강조하고 지적해 주어야 한다. 또 학생들에게 가장 유용한 개념적 지식이 어떤 것인지를 선별해 내어 학생들이 그것을 깨닫도록 하여야 한다.

움직임 교육은 자기의 신체 능력을 이해하고, 체력을 발달시키며, 동시에 놀이, 일 및 창조적 표현에서 움직임을 효과적으로 사용하게 하는 것이다. 움직임 교육에 입각한 체육 교사는 우선 어린이들에게 기본적인 동작을 충분히 가르친 뒤, 그 기초를 바탕으로 이해 중심의 놀이와 스포츠 기술을 지도한다. 그렇게 함으로써 이해의 차원에서 운동 기술을 효과적으로 배울 수 있다. 기본적 움직임을 강조하면서 놀이와 비슷한 환경에 자주 적응하는 법을 배우도록 함으로써 학습자는 실망이나 좌절보다는 성공이나 기쁨을 경험할 수 있다.

2) 교육과학기술부(2013). 특수교육 기본 교육과정 초등학교 1~2학년 체육 교사용 지도서. pp. 16-27의 내용을 수정한 것임.

2) 직접 교수 모형

직접 교수 모형에서 교사는 학생의 요구나 특성을 반영하여 단원에 포함될 내용, 학습 과제의 순서, 학생의 내용 숙달에 대한 수행 기준 등 내용 선정에 모든 권한을 가진다. 즉, 교사는 지도할 단원에 대한 관리 계획, 수업 방침, 세부적인 행동을 결정하게 되는 것이다.

이 모형에서 교사는 시청각 자료들을 통해 학생이 수행해야 할 기능이나 학습과제에 대한 시각적·언어적 설명을 제공할 수 있다. 또 교사는 보강 피드백을 제공하는 주요 제공자이고 수업의 모든 질의응답을 주관한다. 학습의 진도 또한 교사가 결정하게 되는데, 교사는 학생이 연습을 할 때, 특히 초기 학습 과제에서 학습 진도를 엄격하게 통제한다. 교사가 정한 과제 숙달 기준에 이르게 되면 교사는 다음 학습 과제로 수업을 전개한다.

이 모형을 적용할 때 교사는 과제 제시, 과제 구조, 시간 배치, 공간과 장비, 내용 전개, 평가, 시간 등을 세심하게 계획해야 한다. 그리고 항상 복합적이고 예측 불허한 다양한 학습 환경의 측면을 총 지휘하여 수업에 할당된 시간을 극대화하도록 애써야 한다.

수업 시 교사는 학생에게 학습 활동을 정확하게 수행하기 위해 숙달해야 할 기술, 움직임 개념에 대한 명확한 상을 제공해야 한다. 과제를 제시할 때 이동식 스크린과 빔프로젝트 등 교수 공학을 이용하는 것이 매우 효율적이다. 그리고 학생이 이해했는지 명확한 언어로 자주 점검해야 한다.

3) 개별화 지도 모형

이 모형을 적용할 때 교사는 학생의 수준과 내용의 계열성에 따라 학습 내용을 선정한다. 그리고 수업계획, 규칙, 구체적 진행 절차를 결정하여 효율적인 수업을 운영하여야 한다.

교사가 과제를 제시할 때에는 문서와 시각 자료의 형태로 학생들에게 전달한다. 개별화 지도 모형의 원칙에 따라 학생 개인은 다른 학생으로부터 독립적으로 연습한다. 대부분 개별적으로 연습하지만 일부 학습 과제에서는 또래나 소집단 규모로 참여할 수도 있다. 이때 교사는 학생에게 수업 중에 '개별화 지도 시간'을 제공하고 과제 완성을 위한 피드백을 수시로 제시해야 한다.

수업시 교사는 학생의 연습 시작, 종료 시기, 연습 시도 횟수 및 시간을 학습 과제에 따라 탄력적으로 운영하여 자신만의 진도를 결정한다. 그리고 학생은 각자의 능력과 노력에 따라 단원 내용 속에서 각자의 진도를 결정하게 된다.

효과적인 교수를 위하여 교사는 수업 계획을 수립할 때 단원 수준에서 실질적인 계획을 세워야 한다. 즉 수업 운영 시간을 학생에게 맞게 편성하고 과제 제시와 과제 구조 정보를 선정하며 제작하는 방법에 대해 알아야 한다. 또 교사는 의사소통을 통하여 다양한 종류의 피드백을 제공하는 훌륭한 기술을 가지고 교수적 상호 작용이 발생하도록 하여야 한다.

8. 음악과[3)]

1) 달크로즈 교수법

달크로즈(Dalcroze)는 스위스의 음악 교육자이다. 그는 음악이 사람의 정신, 감정, 육체에 매우 중요한 영향을 끼친다고 생각하여 음악을 통해 몸의 균형, 감정의 안정, 기억, 창의적인 기능 등을 조화시키고자 하였다. 즉 음악의 원천은 인간의 정신세계와 연결되어 있어서 귀로 인지된 음악은 내적 감정을 자극하고, 이를 통해 몸의 근육과

3) 교육부(2014). 특수교육 기본 교육과정 초등학교 1~2학년 음악 교사용 지도서. pp. 44-51의 내용을 수정한 것임.

신경 기능이 반응한다고 주장하였다.

달크로즈 교수법은 특수교육대상학생에게 효과적으로 적용될 수 있다. 이 방법은 음악을 신체적 움직임과 연계하여 가르치기 때문에 개별 맞춤형 지도를 통하여 리듬 운동, 감각 통합 활동, 창의적 표현을 장려하여 신체적, 정서적, 사회적 발달을 촉진시킬 수 있다(교육부, 2023).

2) 코다이 교수법

졸탄 코다이(Zoltan Kodaly)는 헝가리의 교육자이다. 그는 음악은 어릴 때부터 모국어를 배우듯이 익히고 경험해야 하며 발달 단계를 고려한 체계적인 학습 원리에 따른 합리적인 교수법을 강조하였다.

코다이는 음악을 가르칠 때 쉬운 것부터 어려운 것으로 단계적으로 지도할 것을 주장하며 리듬과 가락의 지도 단계를 제시하였다. 리듬 지도 단계는 4분음표로 시작하여 점점 복잡한 리듬으로 진행하고, 가락은 단3도인 '솔-미', '라-솔-미', '라-솔-미-도' 등의 단계로 지도하도록 하였다.

그는 음악적 개념을 쉽게 습득하고 학습과정을 용이하게 하기 위하여 노랫말에 따라 동작을 넣어 표현하는 활동, 즉 노래에 맞추어 손뼉치기, 발 구르기 등의 신체 표현을 하는 것이 좋다고 하였다. 또 시각적 보조 자료를 많이 사용하는 것도 특수교육대상학생들에게 적합하다고 하였다.

코다이 교수법을 통하여 특수교육 대상 학생들은 음악적 이해 요소를 신체 표현을 통해서 창의적으로 학습할 수 있다. 특히 음악적 자료의 시각화를 강조하는 것은 인지능력이 낮고 개념 형성에 어려움을 겪는 학습자들에게 공간적 개념과 음정의 개념을 익히는 데 도움을 줄 수 있다. 따라서 교수·학습 상황에서 그림, 만화, 신체 표현을 다양하게 적용한다면 학습 효과는 더욱 높아질 것이다.

3) 오르프(Carl Orff) 교수법

오르프는 음악성은 단계적으로 발달하므로 인간의 성장 발달 패턴에 따라 음악 교육이 이루어져야 한다고 하였다. 그는 리듬 지도를 언어 리듬과 신체 리듬으로 구분하여 접근하였다.

언어 리듬은 학생들이 쉽게 표현할 수 있는 모든 언어를 사용한다. 특수교육대상학생은 언어 능력과 신체 표현 능력에 따라 일상적인 대화, 학생의 이름, 호칭, 사물, 장소 등 친숙한 일상 단어에 리듬을 붙이고 신체 리듬이나 여러 가지 동작을 곁들여 놀이 활동을 할 수 있다. 신체리듬은 신체의 자연스런 동작을 통해 음악적 개념과 연결시키고 리듬을 느끼게 하는 방법으로서 손가락 튕기기, 손뼉 치기, 무릎 치기, 발 구르기 등을 이용한 기초 리듬 활동이다. 특수교육대상학생의 경우 운동능력이나 신체적 특성을 고려하여 부분적으로 참여할 수 있도록 한다.

4) 고든(Edwin Gorden) 교수법

고든은 누구나 음악적 소질을 갖고 태어난다는 입장이다. 음악을 배우는 과정은 말을 배우는 것과 같으며, 습득의 시기가 중요하고 리듬과 음정 패턴을 중요시 한다.

고든의 음악 이론 수업은 일반수업과 학습계열화 활동으로 이루어진다. 일반수업 활동이란 노래 부르기, 감상, 기악 연주 등 일반적인 수업 활동을 말한다. 학습계열화 활동이란 학생들의 기본능력을 기르기 위해 매 수업시간 마다 첫 10분간 리듬패턴과 음고 패턴을 고든 방법으로 가르치는 것을 말한다. 교수・학습 활동이 이루어졌으면 학습 목표를 어느 정도 달성했는지, 학습자의 능력에 따라 어떤 변화가 일어났는지를 면밀히 측정해 가면서 교수・학습의 입력 요인을 조정해 가면서 수업을 진행한다.

5) 컴퓨터를 활용한 음악 지도 방법

여러 가지 음악과 효과음, 방송의 광고음악이나 영화의 배경음악 등 오늘날 학교와 가정에서는 컴퓨터로 구현할 수 있는 음악이 많다. 이러한 컴퓨터 음악의 큰 장점은 '완벽한 음악'을 추구한다는 점이다.

컴퓨터와 신디사이저 같은 전자 건반 악기는 음악 수업에서 특히 자주 활용할 수 있다. 컴퓨터를 활용한 음악 수업은 개별화 학습과 즉각적인 피드백을 통해 청음 능력, 음악적인 기술, 창의력을 증진시키며 높은 단계의 사고력도 발전시킬 수 있다. 그러나 전자음을 사용한 음악은 학생들의 심미감 형성을 저해할 수 있으므로, 음악 수업에서는 전자음을 보충하여 음악의 본질적인 심미적 감각을 강화하고 학습 효과를 높이는 방향으로 진행되어야 한다(교육과학기술부, 2009).

9. 미술과[4)]

1) 귀납적 사고 모형

귀납적 사고법은 체험과 감상 영역의 미적 인식 능력을 기르기 위한 방법이다. 지식을 전달하는 것이 아니라 주변의 자연환경과 시각 문화 환경, 미술 작품에서 미적 사고를 형성, 조형 요소의 원리나 특징, 미술적 개념과 사실을 발견하도록 사고력 개발에 초점을 맞추어 지도한다.

4) 교육부(2014). 특수교육 기본 교육과정 초등학교 3~4학년 미술 교사용 지도서. pp. 36-38의 내용을 수정한 것임.

① 문제 인식	→	② 관계 탐색	→	③ 개념 발견	→	④ 개념 적용	→	⑤ 정리 및 발전

① 학습 자료를 통해 학습 문제를 파악하고 탐구하는 단계이다. 교사는 학습 문제에 관심을 고조시키고, 학생들의 기존 사고 체계를 변화시킬 학습 자료를 준비한다.
② 인식된 문제와 관련하여 제시된 자료를 탐색하는 단계이다. 다양한 관찰과 탐색의 기회를 제공함으로서 학습 주제에 대한 생각을 명확하게 하며, 자신의 의미와 언어를 다른 학생의 것과 대비시켜 정교화 한다.
③ 탐색한 사실을 근거로 상호 관계를 찾아 규칙성을 발견하는 단계이다. 개념은 언어를 통해 형성되므로 용어의 정의를 통해 추상 개념을 언어화할 수 있도록 한다.
④ 형성된 개념을 다양한 상황에 적용, 확장, 응용하는 단계이다. 실생활이나 표현 활동에 적용시키도록 유도한다.
⑤ 학습 과정의 반성 단계로 학습한 개념에 대해 학습자의 이해력을 높이고, 학습자의 삶에 의미 있게 응용하도록 이끈다.

2) 직접 교수 모형

직접 교수법은 교사 중심 수업 전략으로 학습 과제를 수행하는 방법, 원리나 절차를 설명하거나 시범을 보이며 지도하는 방법이다. 교사 중심 전략이지만 학생들은 스스로 문제 해결이나 연습을 통해 창작이나 추상적 사고 및 창의성을 개발하게 된다.

① 문제 인식	→	② 설명 및 시범	→	③ 질의 응답	→	④ 연습 활동	→	⑤ 작품 제작	→	⑥ 정리 및 발전

① 문제 인식 과정에서 목표, 제재, 성취 수준 등을 알려 주고 동기를 유발하는 단계이다.
② 교사가 학습 과제의 수행 방법을 제시하는 과정이다.
③ 학습자의 이해 정도를 확인하는 단계이다. 이 과정 없이 다음 단계의 연습 활동을 관찰하여 학습자들의 이해 정도를 확인하고 피드백을 할 수도 있다.

④ 앞에서 이해된 학습 내용에 대하여 연습하는 활동 단계로 학생 수준에 맞는 안내된 연습을 하게 된다.
⑤ 단계적 학습을 통해 습득한 표현 재료와 용구, 표현 방법에 대한 기능이나 능력을 충분히 활용하여 학생들의 작품을 제작하는 단계이다. 개별 또는 모둠별로 ②와 ④의 과정을 반복함으로써 제작 과정을 더 발전시킬 수 있다.
⑥ 작품이 완료되면 이를 정리한다.

3) 창의적 문제해결 모형

창의적 문제해결법은 학생이 새로운 도전에 대하여 문제를 이해하고 여러 가지 방법을 모색하여 그것을 해결해나가는 능력을 길러주는 것이다. 교사는 이를 위해 다양한 자료를 준비하고 학생들이 즉각적으로 활용할 수 있도록 돕는다.

① 문제 인식 → ② 아이디어 탐색 → ③ 아이디어 정교화 → ④ 아이디어 적용 → ⑤ 종합 및 재검토

① 교사는 문제의 배경을 간략하게 설명한다. 학생은 제시된 문제를 인식하고, 그 해결에 필요한 단서를 파악하기 위해 다양한 자료나 정보를 모아 문제나 주제를 검토, 해체, 분류한다.
② 학생은 문제해결을 위해 브레인스토밍 등을 통해 독창적인 아이디어를 가능한 많이 구상한다.
③ 탐색한 아이디어를 분석하고 정교화하며, 아이디어의 시각화를 위해 스케치하거나 여러 가지 아이디어를 대상으로 최선의 선택을 하고 재검토, 보완한다.
④ 정교화된 아이디어를 표현 활동에 적용하는 단계로 독창적인 아이디어를 적절한 재료와 표현 방법을 통해 명확한 형태로 변형시킨다.
⑤ 아이디어가 작품에 잘 반영되었는지 감상, 분석하며 새로운 선택의 가능성도 생각해 볼 수 있다.

4) 반응 중심 학습법

반응 중심법은 미적 체험이나 감상 능력을 기르고자 할 때에 활용할 수 있는 방법이다. 교사는 학생들이 자유롭게 반응하고 표현을 할 수 있도록 격려하고 수용적인 상황을 제공해야 한다. 미술과의 각 단원에서 완성 작품을 감상하거나 체험활동의 도입 부분에서 활용할 수 있다.

① 반응 형성 → ② 반응 명료화 → ③ 반응 심화 → ④ 정리 및 발전

① 시각적 대상이나 현상을 탐색하면서 학생의 경험과 선지식을 자극하여 반응 형성을 적극적으로 유도한다.
② 형성된 반응을 교사와 학생, 학생과 학생 간의 발문, 토의, 반성 등의 상호 작용을 통해 명료화한다.
③ 관련 작품을 탐색하거나 새로운 시각으로 대상이나 현상을 재파악하는 과정으로, 표현 활동과 연계하여 반응의 심화를 이끌어 낸다.
④ 반응의 내면화 과정이다. 학생의 미술적 반응에 대한 의미와 가치를 부여하는 단계로 체험의 확대와 심화에 대한 긍정적 태도를 형성되도록 한다.

연구과제

1. 본 장에 제시된 교과별 수업모형의 원리에 대해 생각해 보자.
2. 본 장에 제시된 교과별 수업모형의 원리를 적용해 보자.
3. 본 장에 제시된 교과별 수업모형의 원리를 특수교육 교수 · 학습 활동에 적용해 보자.

교수 · 학습과정안 구성

제3장

학습목표

1. 교수 · 학습과정안 관점을 이해할 수 있다.
2. 교수·학습과정안 요소별 관점을 이해할 수 있다.
3. 교수·학습 과정안 양식을 알 수 있다.

교사는 효율적인 수업을 위하여 수업 이전에 학생들의 선수학습 정도, 지식 · 기능 · 태도 및 정의적 특성을 체계적으로 파악해야 한다. 그리고 이를 바탕으로 수업목표 설정, 교수 · 학습모형 선택, 발문 방시, 판서와 매체 활용, 형성평가 계획을 삽입하여 교수 · 학습과정안을 작성한다(정동영 외, 2012).

교수 · 학습과정안을 섬세하고 바람직하게 작성했다 하더라도 수업이 반드시 성공적으로 이루어진다는 보장은 없다. 그러나 집을 지을 때 설계도를 잘 그려야 쓸모 있고 좋은 집을 지을 수 있듯이, 교수 · 학습과정안을 잘 작성해야 질 높은 수업을 기대할 수 있다(심덕보, 1995).

1. 교수 · 학습과정안 관점

1) 교수 · 학습과정안 구성 조건

교수 · 학습과정안이란 단위 시간에 이루어질 수업에 대하여 어떤 목표와 내용, 과정과 방법으로 지도할 것인가를 기록한 실제 수업의 설계도이다. 교수 · 학습과정안은 형식적인 틀에 구애받지 않으며, 교과, 학습제재, 학습내용, 교과별 수업모형, 학습자의 요구수준, 학습 환경 등의 특성을 고려해서 융통성 있게 작성하여야 한다.

교수 · 학습과정안은 수업계획의 필요성에 따라 주안, 일안, 시안으로 작성하거나, 설계방법에 따라 세안과 약안으로 구분하여 작성한다. 세안은 수업에 관한 자세하고 구체적인 계획서로 주로 연구수업, 공개수업, 대표수업 등을 할 경우에 작성한다. 교사는 지도과정이 명료한 세안을 작성함으로써 학생들에게 가르쳐야할 중심요소들을 빠짐없이 지도 할 수 있고, 학생의 학습활동 및 기대효과까지도 분명하게 알 수 있으므로 가급적 세안을 작성하는 것이 적절하다(심덕보, 1995). 반면, 약안은 간략한 교수 ·

학습과정안으로서 세안에 포함된 단원의 개관, 단원의 목표, 차시별 지도 계획, 단원의 평가계획 등은 생략하고 본시 교수 · 학습과정안만을 작성한다. 대부분의 일상적인 수업에서는 약안을 작성하여 사용한다(한국특수교육교과교육학회, 2010).

이러한 교수 · 학습과정안을 작성하는데 고려하여야 할 조건을 정리하면 다음과 같다(이정용, 고영희, 1971).

① 학습목표는 학습 후에 나타나는 학습 결과로 진술해야 한다.
② 학습목표는 그 시간에 달성할 수 있고 가치가 있어야 한다.
③ 제재의 중심가치가 분명히 파악되어야 한다.
④ 도입단계에서는 전시학습상기, 동기유발, 학습목표를 제시해야 한다.
⑤ 수업목표와 학습내용이 일치되어야 한다.
⑥ 학습내용은 학생의 생활경험에서 가져 오고 시간배정이 적절해야 한다.
⑦ 교수 · 학습과정안은 제재의 특성에 따라 조직되고 적용되어야 한다.
⑧ 학생을 보상할 수 있는 적절한 방안이 준비되어야 한다.
⑨ 학생의 흥미 지속과 개인차를 고려해야 한다.
⑩ 교수 · 학습활동 매체의 수집과 활용이 적절해야 한다.
⑪ 판서계획이 고려되어야 한다.
⑫ 다음 학습의 계획과 준비가 고려되어야 한다.

2) 교수 · 학습과정안 작성

교수 · 학습과정안은 일반적으로 특정한 형식에 구애받지 않지만, 보통 다음과 같은 내용으로 작성한다(심덕보, 1995; 한국특수교육교과교육학회, 2010; 박남수 외, 2012).

① 단원: 교과서나 교사용지도서에 제시된 단원명을 기록한다.
② 단원의 개관
- 사회면: 단원과 관련하여 시대적 · 사회적으로 요구되는 내용 및 가치 등을 기술한다.

- 학생면: 학생의 발달단계, 과거의 경험과 생활과의 관계, 개인차와 흥미 및 욕구, 교재 내용의 수용성 및 저항성, 학생에 따른 교육적 접근이 필요한 이유 등을 기술한다.
- 교재면: 단원의 본질 및 성격규명, 교재의 교육적 가치, 학생의 특성 및 발달 등과 관련된 내용을 기술한다.
- 지도면: 단원의 내용과 관련하여 학생들을 어떻게 지도해야 하는지에 대한 교사의 지도대책을 기술한다.

③ 단원의 목표

- 교육과정이나 교사용 지도서에 기술된 목표 중에서 선택하여 기술한다.
- 일반적으로 한 단원이 끝났을 때 학생이 성취해야 하는 목표를 기술한다.
- 단원의 목표 진술문장 내에 둘 이상의 행동 요소가 포함되지 않는 것이 좋다.
- 지식 · 기능 · 태도면을 구분하여 기술하되 교과별 특성에 따라 다음과 같이 기술한다.

〈표 3-1〉 **교과별 단원의 목표 제시 영역**

교과	국어, 수학, 과학, 음악, 실과, 진로와 직업	사회	체육, 미술	창의적 체험활동
단원의 목표 제시	인지적 영역	지식 · 이해	심동적 영역	인지적 영역
	기능적 영역	기능	인지적 영역	행동적 영역
	정의적 영역	가치 · 태도	정의적 영역	정의적 영역

출처: 박남수 외(2012). 특수교육 교수설계 모형 개발 연구. 충남: 국립특수교육원. p. 114에 수록된 내용을 수정하였음

④ 단원의 구성

- 단원의 구조: 단원의 중심 가치와 기본요소를 생활경험과 통합하여 논리적인 계열에 따른 학습의 순서와 체계를 구조도(구조화)로 나타낸다.
- 단원의 관련: 본 단원과 관련이 있는 계열 또는 범위를 밝히는데 크게 종적관

련, 횡적관련으로 구분하여 기술한다.

- 종적 관련: 본 단원의 학습 내용 위계를 고려하여 선수학습 내용, 본 단원의 학습 내용, 후속 학습의 내용을 제시한다.
- 횡적관련: 본 단원을 통합하여 지도할 때 다른 교과와 어떤 연계를 지니고 있는지를 파악한다. 학습내용이 타 교과와 어떤 관련성을 갖는지, 다른 교과에서는 해당 단원이 어떻게 활용될 수 있는지를 기술한다(박남수 외, 2012).

⑤ 단원의 지도 계획: 단원학습의 전체계획으로서 단원을 시간으로 나눈 내용의 조직을 말한다.

- 차시: 단원을 구성하고 있는 기본적인 요소를 그 성격이나 특성에 따라 나누어서 한 시간으로 묶어 학습의 순서를 정한다. 해당되는 차시 란에 '본시'라고 표기한다.
- 제재: 단원이 지닌 가치를 고려하여 제재를 찾아 단원을 시간으로 나눈 차시에 맞게 제재를 선정하여 기술한다.
- 지도내용: 차시별로 제재에 관련 있는 지도내용을 기술한다.
- 관련 교과: 본 단원을 지도할 때 통합하여 지도할 관련이 있는 교과를 기입한다.
- 자료: 교수 · 학습활동에서 필요로 하는 기자재, 학생자료, 교사자료 등을 기록한다.

⑥ 지도상의 유의점: 본 단원의 교수 · 학습활동 시 자료 활용, 학생의 돌발 사태, 안전문제, 지도시기, 특수교육보조원 관리, 현장학습 등에서 일어날 수 있는 유의점을 기록한다.

⑦ 단원의 평가 계획: 단원을 학습하고 난 뒤 목표 도달도가 어느 정도인가를 평가하는 것을 말한다. 단원의 목표와 일관성 있게 기술하되 평가영역을 이해, 기능, 태도로 나누어 기술한다. 단 교과에 따라 평가영역을 다르게 기술할 수도 있다.

⑧ 본시 지도 계획

- 단원: 앞에서 제시한 단원의 번호와 단원명을 기술한다.
- 제재: 단원의 지도 계획에서 제시한 본시 제재를 기술한다.

- 차시, 일시, 장소, 대상, 지도교사를 기록한다.
- 개별학습목표: 본시 수업에 달성 가능한 목표를 수준별로 나누어 기술한다.
- 수업전략: 수업모형, 학습 집단, 체험활동, 문제행동 관리, 학습활동참여 촉진, 특수교육보조원 활용 등을 기술한다.
- 교수 · 학습자료: 단원의 지도 계획에서 제시한 본시 자료를 기술한다.
- 교수 · 학습활동: 도입, 전개, 정리에 따라 동기유발, 학습목표 제시, 교사와 학생의 활동, 수업매체활용 등을 상세히 기술한다.
- 판서계획: 판서할 내용의 요점을 구조화하여 계획한다.
- 형성평가계획: 단원의 수업목표를 향하여 학습이 형성되어가는 과정중의 평가활동이다. 단위 시간의 학습목표 성취경향을 점검해보고, 교수 · 학습 방법 개선에 활용한다.
- 차시예고: 다음 시간과 관련하여 학습내용, 학습자료, 학습방법, 학습과제 등을 안내한다. 차시예고는 구체적으로 안내하는 것이 좋다.

3) 교수 · 학습과정안 양식

○○과 교수 · 학습과정안(예시)

1. 단원:

2. 단원의 개관

가. 사회면　　나. 학생면　　다. 교재면　　라. 지도면

3. 단원의 목표

가. 지식　　나. 기능　　다. 태도

4. 단원의 구성

가. 단원의 구조

나. 단원의 관련

1) 종적 관련

선수학습	본 단원 학습	후속학습

2) 횡적 관련

관련 교과	관련 단원

5. 단원의 지도 계획

차시	제재	지도내용	관련 교과	자료

6. 지도상의 유의점

7. 단원의 평가 계획

8. 본시 지도 계획

가. 본시 관련 학생의 실태

순	이름	성별	본시관련 수행능력 수준	행동 특성	집단편성	비고

나. 본시 학습의 실제

<table>
<tr><td>단 원</td><td colspan="2"></td><td>제 재</td><td colspan="4"></td><td>차 시</td><td></td></tr>
<tr><td>일 시</td><td colspan="2"></td><td>장 소</td><td></td><td>대 상</td><td></td><td>지도교사</td><td></td></tr>
<tr><td rowspan="3">개별학습 목표</td><td>가</td><td>○○○</td><td colspan="7"></td></tr>
<tr><td>나</td><td>○○○</td><td colspan="7"></td></tr>
<tr><td>다</td><td>○○○</td><td colspan="7"></td></tr>
<tr><td rowspan="3">수업전략</td><td colspan="2">수업모형</td><td colspan="7"></td></tr>
<tr><td colspan="2">학습집단</td><td colspan="7"></td></tr>
<tr><td colspan="2">체험활동</td><td colspan="7"></td></tr>
<tr><td rowspan="3">교수 · 학습 자료</td><td colspan="2">기자재</td><td colspan="7"></td></tr>
<tr><td colspan="2">교사자료</td><td colspan="7"></td></tr>
<tr><td colspan="2">학생자료</td><td colspan="7"></td></tr>
<tr><td rowspan="3">단계</td><td rowspan="3">학습 활동</td><td colspan="5">교수 · 학습 활동</td><td rowspan="3">시간</td><td rowspan="3">자료 및 유의점</td></tr>
<tr><td rowspan="2">교사</td><td colspan="4">학생</td></tr>
<tr><td>가</td><td colspan="2">나</td><td>다</td></tr>
<tr><td></td><td></td><td></td><td colspan="4"></td><td></td><td></td></tr>
</table>

다. 본시 학습의 평가

2. 교수 · 학습과정안 요소별 관점

1) 수업목표

교육은 의도적이고 계획적인 행위로, 바람직한 인간을 형성하기 위하여 교육목적, 교육목표, 그리고 수업목표를 설정한다. 교육목적은 추상적인 성격을 띠며 교육활동의 방향을 제시해 주고 학습과정을 통해서 학생들에게 이루고자 하는 행동의 변화를 의미한다. 교육목표는 교육목적을 달성하는데 필요한 구체적인 교육방법을 적용하고 진술 형식에서도 교육목적보다 더 구체적인 용어를 사용하며, 교육목적과 수업목표의 중간 위치에서 양쪽의 관계를 상호 연결시켜 주는 역할을 한다(권택환 외, 2010). 따라서 수업목표는 교육 현장에서 교사와 학생의 가르치고 배우는 과정을 이끌어 주는 가장 구체적인 교육목표가 된다.

수업목표를 명확하게 제시하면 교사는 시간낭비를 줄일 수 있고 학생은 학습주의력을 높이게 되어 학습밀도가 높아진다. 올바른 수업목표 진술요령을 기술하면 다음과 같다(임인제, 1976; 김종서, 이영덕, 홍정순, 1992).

첫째, 수업목표는 명세적 동사(행동 영역을 자세하게 구분)로 진술한다.

Bloom은 수업목표 진술 방법으로 행동 영역을 자세하게 구분하여 진술하였다. Bloom은 행동을 인지적 영역, 정의적 영역, 기능적 영역 세 가지 하위 영역으로 구분하였다. 따라서 각 영역을 간단히 설명하고 수업목표 진술에서 사용되는 용어를 다음과 같이 일반 동사와 명세적 동사로 구분하여 제시하였다. Bloom은 일반 동사보다는 명세적 동사로 진술하도록 권하고 있다.

(1) 인지적 영역

인지적 행동은 가장 단순한 행동에서부터 가장 복잡한 행동까지 6가지로 분류할 수 있다(정석기, 2015; 심덕보, 1995).

① 지식: 과거에 학습된 자료를 기억해 내는 능력을 의미한다.

② 이해: 자료의 의미를 파악하는 능력을 의미한다.

③ 적용: 과거에 학습된 자료를 새로운 구체적 사태에 사용하는 능력을 의미한다.

④ 분석: 주어진 자료의 조직적인 구조가 이해될 수 있도록 이를 부분적인 구성요소로 나누는 능력을 의미한다.

⑤ 종합: 한 자료의 구성요소나 부분을 결합하여 새로운 전체를 구성하는 능력을 의미한다.

⑥ 평가: 주어진 목적에 비추어 연구보고서, 작품 등의 자료를 보고 가치를 판단하는 능력을 의미한다.

〈표 3-2〉 **인지적 영역 수업목표 진술**

구분	일반적 동사	명세적 동사
지식	• 방법을 안다.	• 방법을 기술한다.
이해	• 원리를 이해한다.	• 원리를 설명한다.
적용	• 법칙을 실제적 상황에 응용한다.	• 법칙을 실제적 상황에 이용한다.
분석	• 자료의 적합성을 알아본다.	• 자료의 적합성을 분석한다.
종합	• 실험계획을 제안한다.	• 실험계획을 세운다.
평가	• 결론이 타당한가를 판단한다.	• 결론이 타당한가를 설명한다.

(2) 정의적 영역

한 개인이 어떤 외적인 현상이나 가치를 인식하고 적극적으로 반응하면서 자신의 내적인 세계로 내면화, 조직하하는 과정을 말한다(정석기, 2015; 심덕보, 1995).

① 수용: 어떤 현상이나 자극에 대해서 즐겁게 주의를 기울이는 행동형성을 의미한다.

② 반응: 어떤 자극이나 현상에 대하여 주의를 기울이고 반응하는 단계를 의미한다.

③ 가치화: 어떤 현상이나 행동에 대해서 그 의의와 가치를 부여하는 내면화의 정도를 나타내는 단계를 의미한다.

④ 조직화: 여러 종류의 가치를 종합하고 그간의 갈등을 해결하며 일관성 있는 가치체계의 확립을 위한 출발단계를 의미한다.

⑤ 인격화: 하나의 특정한 가치관이 오랫동안 한 개인의 생활을 지배하게 됨으로써 그 개인의 독특한 생활양식을 갖게 되는 단계를 의미한다.

〈표 3-3〉 **정의적 영역 수업목표 진술**

구분	일반적 동사	명세적 동사
수용	• 주의 깊게 듣는다.	• 주의를 집중한다.
반응	• 토의에 참석한다.	• 토의한다.
가치화	• 문학작품을 감상한다.	• 문학작품의 차이를 구별한다.
조직화	• 문제 해결에 적합한 계획서를 인정한다.	• 문제 해결에 적합한 계획서를 완성한다.
인격화	• 좋은 건강 습관을 유지한다.	• 좋은 건강 습관을 실행한다.

(3) 심리 운동적 영역

Bloom은 기능적 영역의 목표를 언어기능, 운동기능, 수공기능, 서사기능과 같은 것이 포함된다고 하면서 이 영역의 목표에 대해서는 구체적인 분류는 하지 않았다(김종서, 이영덕, 홍순정, 1992). 이러한 Bloom의 기능적 영역은 여러 학자들에 의하여 다르게 연구, 풀이되고 있다. 정석기(2015)는 이 영역을 운동기능적 영역으로 설정하여 반사적 운동, 초보적 기초운동, 운동지각능력, 신체적 기능, 숙련된 운동기능, 동작적 의사소통으로 분류하였다. 그리고 신은희(2012)는 심리운동적 영역으로 설정하여 반사 운동, 기본 운동, 운동 지각능력, 신체적 능력, 숙련된 활동, 가시적인 의사소통으로 분류하였다. 또, 권순황 외(2013)는 심리 운동적 영역으로 설정하여 지각, 태세, 유도된 반응, 기계화된 반응, 복합 외현 반응, 적응, 창안으로 분류하였다.

권순황 외(2013)가 설정한 심리 운동적 영역은 예체능이나 기술 등의 교과에 주로 적용이 되고 많은 학습과 훈련을 요구한다. 그러나 교육에서 심리 운동적 영역의 본질적인 애매함과 복잡함 때문에 타당성은 부족한 편이다. 심리 운동적 영역의 하위 영역을 살펴보면 다음과 같다(권순황 외, 2013; 권택환 외 2010).

① 지각: 동작을 유발시키는 단서를 얻기 위한 감각 기관의 사용을 의미한다.

② 태세: 특정 동작을 취하기 위한 준비를 의미한다.

③ 유도된 반응: 복잡한 기능을 학습하는 초기 단계를 의미한다.

④ 기계화된 반응: 학습 반응이 습관화되어 동작이 안정되면서 민첩하게 수행될 수 있는 행동 수행을 의미한다.

⑤ 복합 외현 반응: 불확실한 것을 주저 없이 수행하는 것을 의미한다.

⑥ 적응: 특별한 요구에 맞추거나 문제 상황에 직면할 때 동작을 수정할 수 있도록 개발된 기능을 의미한다.

⑦ 창안: 특정한 상황이나 특정 문제에 적합한 새로운 동작 형태를 창조하는 것을 의미한다.

〈표 3-4〉 **심리 운동적 영역 수업목표 진술**

구분	일반적 동사	명세적 동사
지각	• 음악을 독특한 춤 스텝에 관련 지운다.	• 음악을 독특한 춤 스텝과 관련하여 설명한다.
태세	• 형태에 대한 요구를 효과적으로 나타낸다.	• 형태에 대한 요구를 효과적으로 보여준다.
유도된 반응	• 식사를 준비하기 위한 최적의 절차를 결정한다.	• 식사를 준비하기 위한 최적의 절차를 나타낸다.
기계화된 반응	• 알기 쉽고 매끄럽게 글을 쓴다.	• 알기 쉽고 매끄럽게 글을 구성한다.
복합 외현 반응	• 수영에서 바른 자세를 보여준다.	• 수영에서 바른 자세를 연마한다.
적응	• 거친 물결에 맞추어 수영법을 변경한다.	• 거친 물결에 맞추어 수영법을 적용한다.

구분	일반적 동사	명세적 동사
창안	• 춤 동작을 창작한다.	• 춤 동작을 구성한다.

출처: 권순황 외(2013). 최신 특수교육 교과교재 연구 및 지도법. 서울: 일문사. p. 271에 수록된 내용을 수정하였음

둘째, 수업목표에는 학습내용과 도착점 행동을 동시에 진술해야 한다. Tyler는 수업목표 속에는 다루어야 할 내용영역과 추구해야 할 행동영역이 동시에 표시되어야 함을 강조하였다. 즉, 무엇을 어떻게 가르칠 것인지를 분명하게 나타낼 수 있는 상세화된 진술문이어야 하고 교육내용을 가르친 이후 학습자의 행동 역시 명료하게 제시할 것을 요구한다(권순황 외, 2013). 또한 도착점 행동을 나타내는 용어의 동사 어미를 '안다.' '이해한다.' 등과 같은 암시적 동사보다는 '말할 수 있다.', '열거할 수 있다.' 등과 같은 직접관찰 될 수 있는 명시적 동사로 진술한다.

〈표 3-5〉 Tyler의 수업목표 진술방법의 예

• 나의 몸을 살펴보고 (학습 내용)	몸의 생김새를 말할 수 있다. (도착점 행동)
• 사각형의 의미와 특징에 맞게 (학습 내용)	기하판 위에 사각형을 만들 수 있다. (도착점 행동)

Tyler가 제시한 수업목표 진술시 대체로 범하기 쉬운 오류의 예를 들고 이를 바르게 진술해 보면 다음과 같다(심덕보, 1995).

① 교사의 수업활동으로 진술하는 오류

(오류) '과일과 채소를 잘라 살펴보게 한다.' (수업활동)

(개선) '과일과 채소를 잘라 단면의 모양을 그림으로 나타낼 수 있다.' (학습결과)

② 학습과정으로 진술하는 오류

(오류) '말의 재미를 느끼며 여러 가지 말놀이를 배우게 한다.' (수업과정)
(개선) '귓속말로 말전하기 놀이를 할 수 있다.' (학습결과)

③ 두개 이상의 도착점 행동을 포함하여 진술하는 오류

(오류) '우리고장에 있는 공공시설물을 알고, 이를 바르게 이용할 수 있다.'(2개의 행동 진술)
(개선) '우리고장에 있는 공공시설물을 세 가지 이상 말할 수 있다.'
'공공시설물을 올바르게 이용하는 방법을 설명할 수 있다.'

셋째, 수업목표는 성취행동, 조건, 도달기준이 포함되도록 진술해야 한다.

Mager에 의하면 모든 목표는 관찰 가능한 외연적 행동을 나타내는 명시적 용어로 진술할 것을 권하고 있다. 그러면서 수업목표는 수업의 결과로서 기대되는 ① 성취행동, 그 행동이 일어나는 상황으로서의 ② 조건, 학습결과를 받아들일 수 있는 ③ 도달기준의 세 가지 요소가 포함되도록 진술되어야 한다고 말하였다. Mager가 수업목표 진술에 포함되어야 한다고 제시한 요소에 대해 구체적으로 살펴보면 다음과 같다(김종서, 이영덕, 홍순정, 1992; 문애선, 2003).

㉠ 수업목표는 명시적으로 진술되어야 한다.

어떤 동사가 명시적인지, 암시적인지 구별하는 기준은 수업목표의 진술에 사용된 동사의 성질에 달려 있다고 했다. 이를테면 '안다', '이해한다', '깨닫는다' 등의 동사는 막연하고 애매하기 때문에 여러 가지 뜻으로 해석될 수 있다. 따라서 이런 동사로 진술한 수업목표는 암시적 목표가 된다. 이에 비해 '쓴다', '답을 찾아낸다', '열거하다' 등의 동사는 비교적 한 가지 해석이 가능하므로 명시적 수업목표라 할 수 있다.

㉡ 수업목표는 성취행동으로 진술되어야 한다.

수업목표는 수업이 끝났을 때 학습자가 무엇을 할 수 있는지 학습자는 물론 제삼자가 확인할 수 있도록 성취적인 용어로 진술해야 한다. 이것은 가네(Gagne)의 견해와도 일치한다.

㉢ 수업목표는 조건이 포함되어 진술되어야 한다.

수업목표는 기대되는 성취행동이 어떤 조건에서 나타나야 할 것인지를 밝혀야 한다. 즉 수업목표를 학습자가 시연할 때 있어야 하거나 혹은 제거해야 하는 학습자료, 교재, 도구, 보조물이나 제한사항을 말한다. 학습자가 학습된 행동을 평가받을 때 제공되는 장면이나 상황과도 같다고 할 수 있다(정석기, 2015).

㉣ 수업목표는 도달기준이 포함되어 진술되어야 한다.

도달기준이란 학습한 행동을 얼마나 잘 해야 수업목표가 달성되었다고 볼 수 있는지 그 기준을 의미한다(정석기, 2015). 예를 들면 "100m를 달릴 수 있다"는 목표에 도달기준이 포함되어 있지 않다. 즉 "100m를 달릴 수 있다"는 것은 성취행동을 나타내기는 하나, 여러 가지 다른 기준으로 생각할 수 있는 여지가 있다. 따라서 보다 완벽한 수업목표를 진술하려면 "100m를 20초 이내에 달릴 수 있다"는 식으로 표시하여야 한다(김종서, 이영덕, 홍순정, 1992).

> Mager가 제시한 성취행동(A), 조건(B), 도달기준(C)이 포함된 수업목표 진술방법의 예는 다음과 같다(정석기, 2015).
>
> * 수업목표: <u>운동장 100m 트랙을</u> <u>20초 이내에</u> <u>달릴 수 있다.</u>
>
> (B) (C) (A)

2) 교사의 발문

아무리 훌륭한 학생, 교사, 교재, 교수 · 학습 지료, 교수 · 하습 과정안이 있다 하더라도 교사와 학생이 서로 의사소통하지 않으면 바람직한 교수 · 학습활동이 이루어지기 어렵다. 이에 발문과 질문의 정의, 발문내용의 구성 절차, 발문의 유형, 발문 방법 등을 기술하면 다음과 같다(심덕보, 1995; 송인성, 1992).

(1) 발문의 의미

발문과 질문은 물어본다는 공통점이 있지만 다음과 같은 차이점이 있다.

발문은 교사가 학생들의 학습활동을 조성하기 위해서 던지는 문제의 제기로서 주로 교수 · 학습활동에서 이루어지는 특징이 있다. 즉 문제를 발견하고, 흥미를 유발하며, 토의를 이끌고, 사고를 자극 · 유지 · 발전시키기 위해 주로 사용하고 교사의 언어적 능력에 크게 좌우되기도 한다. 반면, 질문은 모르는 사람이 아는 사람에게 던지는 물음으로 특정 정보의 제공을 기대하면서 물어보는 것으로서 질문에 대한 정답이 제공되면 그것으로 만족한다. 때로는 발문과 질문이 혼용되어 사용되기도 하는데 대체로 교사가 학생에게 하는 물음은 단편적인 지식을 요하는 물음이라도 가장 낮은 수준의 발문으로, 학생이 교사를 향한 물음은 질문으로 간주하면 된다. 우수한 발문을 하는 교사는 교육의 주체이자 매개체로서 좋은 교사의 역할을 동시에 수행한다고 볼 수 있다(전병운, 유재연, 2013).

(2) 발문의 유형

발문은 교육의 목적이나 목표, 수업목표를 달성하기 위헤 상호보완적으로 적용되며, 교수 · 학습활동의 흐름에 따라 교사는 다양한 형태의 발문을 사용한다. 신덕보(1995)와 권순황 외(2013)는 교수 · 학습활동에서 가장 일반적으로 적용하는 발문의 유형을 재생적 발문, 추론적 발문, 적용적 발문으로 보고 다음과 같이 설명하였다.

① 재생적 발문

학습했던 내용이나 경험한 사실을 알아보기 위한 것으로 단순한 지식과 사실의 확인을 위한 발문이다. 재생적 발문은 방법과 원리, 열거, 계산 등에 관한 것으로 일문일답의 형태를 취한다. 대개 수업의 도입단계, 학생의 낮은 능력수준에서 사용한다.

예 동물 사진을 보여주면서 '이것은 호랑인가요? 사자인가요?

② 추론적 발문

학생의 지식, 정보 등을 이용하여 비교, 대조, 분석, 종합해서 응답하게 하는 발문유형이다. 추론적 발문은 학생의 사고를 촉진하는 특징을 갖고 있고 주로 수업의 전개과정에서 많이 사용한다.

예 교통사고를 줄이려면 어떻게 하여야 할까요?

③ 적용적 발문

학생들이 지금까지 학습한 결과를 기반으로 하여 보다 확산적인사고 활동을 촉진하는 발문이다. 적용적 발문의 특징은 학생들의 확산적 사고를 계발하기 위하여 새로운 사태에 적용, 예언, 가설을 설정하도록 하는 발문이다. 대개 수업의 정리단계에서 많이 사용한다.

예 수업 중에 자리에서 일어나 돌아다니면 다른 학생들에게 어떤 영향을 가져올까요?

(3) 수업의 효과를 높여줄 수 있는 발문

수업의 효과를 높여줄 수 있는 발문 방법을 기술하면 다음과 같다(심덕보, 1992).

첫째, 학생들이 생각하게 만드는 발문

① 근거나 이유를 묻는 '왜'라는 발문과 사고의 과정에 대해서 묻는 "어떻게"라는 것이 잘 조화된 발문
② 학생들이 비교를 하도록 만드는 발문
③ 일부러 정답을 구할 수 없는 발문을 하고, 학생들로 하여금 왜 그 발문이 성립되지 않는가를 찾도록 하는 발문
④ 학생들이 가능한 모든 경우를 다 따지다 보면 답을 발견하게 만드는 발문
⑤ 학생들이 통합을 하도록 하거나 결론을 내리도록 요구하는 발문
⑥ 각자가 문제해결 또는 표현 방법을 여러 가지 찾도록 하는 발문
⑦ 그냥 넘어가기 쉬운 문제에 대해서 의문을 갖도록 해주는 발문

둘째, 학생들의 흥미를 유발하는데 효과가 높은 발문
① 학생들의 생활 및 경험과 관련된 것부터 시작하는 발문
② 학습문제에 교과서의 사진이나 삽화를 연결시켜 하는 발문
③ 놀이 형식의 발문
④ 행동으로 흥미를 유발시킨 후 발문하는 방법
⑤ 발문에 대한 답을 행동으로 표현하게 하는 방법
⑥ 학생들이 조금만 생각하면 쉽게 답할 수 있는 발문

셋째, 학생들이 답변을 쉽게 하도록 하는 발문
① 발문을 단계적으로 풀어서 하는 방법
② 처음에 답변하는 학생에게서 완전한 답변을 요구하기보다는, 일단 생각나는 대로 답변하게 한 후 다른 학생들이 보충해 나가도록 하는 방법
③ 교사가 발문을 한 의도를 설명해 주는 방법
④ 가설적인 상황을 상상하게 함으로써, 그런 상황이라면 어떻게 답변할지를 쉽게 이야기할 수 있게 해주는 방법
⑤ 추상적인 설명 대신 예를 들도록 발문하는 방법
⑥ 답을 상기시키는 단서를 제공하는 방법

⑦ 발문에 답변하는 요령부터 설명한 후 발문을 하는 방법

⑧ 새로운 학습내용을 공부하는 경우, 앞서 학습 자료를 가지고 조사할 수 있는 기회를 주는 방법

⑨ 교사가 어떤 개념과 관련된 여러 가지 명제를 제시하고, 학생들이 그 명제가 맞는지 틀리는지를 말하도록 하는 발문을 계속해 나감으로써 학생들이 어려운 개념의 특성을 확실히 인식할 수 있도록 하는 방법

(4) 비효율적인 발문

수업효과를 낮추는 것으로 나타나는 비효율적인 발문에는 발문내용상 문제가 있는 경우와 발문기술상 문제가 있는 경우가 있다(심덕보, 1992).

첫째, 발문내용상 문제가 있는 발문

① 기계적으로 답이 나오기는 하지만 어떤 답변이 나오건 별 의미가 없거나, 아니면 어떤 답변이 나올지 너무나 분명한 발문

② 지나치게 상세한 사실을 묻거나, 교과서에 다 있는 단순한 내용들을 확인하는 발문

③ 무엇을 요구하는지가 분명치 않은 막연한 발문

④ 규격화된 정답을 요구하는 발문

둘째, 발문기술상 문제가 있는 발문

① 적절한 시기를 놓친 발문

② 발문을 한 후에 교사가 학생들을 바라보는 대신에 딴 일을 하는 경우

③ 습관적인 자문자답 형식의 발문

④ 습관적으로 같은 말을 몇 번씩 반복하는 발문

⑤ 똑같은 발문을 여러 차례 반복하는 경우

⑥ 답변의 형식을 지나치게 강조하는 발문

(5) 학생의 답변에 대한 교사의 반응방법

학생의 답변에 대한 교사의 반응방법은 효율적인 방법과 비효율적인 방법으로 나눌 수 있는데, 이를 기술하면 다음과 같다(심덕보, 1995).

① 효율적인 반응방법

- 학생의 답변이 잘 나오지 않을 때는 학생들의 자존심을 부추겨주거나, 답변할 용기를 북돋아준다.
- 틀린 답변이 나왔을 때는 가능한 한 간접적으로 지적하여, 학생들의 자존심이 상하지 않도록 한다. 그리고 교사가 틀린 이유를 직접 조언하지 않고 그 답대로 하면 어떤 문제점이 생길지를 생각하게 하는 발문을 하여, 학생들이 틀렸다는 사실과 틀린 이유를 스스로 알게 한다.
- 부적절하거나 모호하거나 불충분한 답변에 대한 반응방법은 교사가 보충발문을 해줌으로써 정확한 답변을 유도해 낸다.
- 맞는 답변에 대한 반응방법은 학생의 답에 대한 이유나 근거 등을 물음으로써 다른 학생들에게 이론적 사고력의 계발기회를 준다.

② 비효율적인 반응방법

- 답을 성급하게 구하는 방법
- 학생의 답변을 얻는 것에 지나치게 집착하는 행동

(6) 특수교육에서 발문의 방법

효과적인 발문 전략으로는 3초 이상 기다려 주기, 답변을 잘 못할 때 추가적 정보를 제공하여 수정 발문하기, 지속적인 격려와 관심 주기, 학생의 답변을 보다 상위 수준으로 유도하기 위한 추가적 발문 등이 있다. Mercer & Mercer(2005)은 과제 학습에 관심이 적거나 어려움을 가지고 있는 학생들을 위해 다음과 같은 발문을 제안하였다 (전병운, 유재연, 2013).

① 학생이 사전에 알고 있는 내용을 확인하는 발문을 한다.
② 학생에게 친숙한 내용의 구체적인 예시를 사용한다.
③ 단순한 발문에서 점차로 복잡한 단계로 발문한다.
④ 발문 후 학생의 응답이 나올 때까지 최소 3초에서 5초정도 기다린다.
⑤ 개별화 교육을 위한 발문을 한다(성취도가 낮은 학생에게는 확산적 발문보다 수렴적 발문을 더 많이 한다).
⑥ 수업 내용의 이해도를 확인하기 위한 발문을 자주 사용한다.
⑦ 집단의 주의를 끌기 위해서 발문한 후에 한 학생을 지명하여 응답하게 한다.
⑧ 학생의 틀린 대답에 대해 대답을 격려하고 도와주는 방법으로 반응해 준다.
⑨ 하나의 정답보다는 다양한 응답이 나올 수 있는 발문으로 학생의 높은 수준의 사고를 촉구한다.
⑩ 토론 중 올바르게 대답하는 학생에게 관심을 갖고 주의집중 하도록 한다.

3) 수업매체 활용

수업매체란 교수·학습활동에서 교사와 학생 사이에 전달될 내용을 운반하는 수단을 총칭한다(정석기, 2015). 교실에서 이용할 수 있는 수업매체는 실물, 모형, 융판, 녹음기, 전자저작물, 스마트보드(전자칠판), 실물화상기, 교재, 학습자료, 컴퓨터 등에 이르기까지 매우 다양하다. 이러한 수업매체의 역할과 수업매체를 선정할 때 고려할 점 및 수업매체 활용상의 유의점을 알아보면 다음과 같다.

(1) 수업매체의 역할

수업매체는 새로운 정보나 지식을 학생들에게 신속하게 전달할 수 있다. 뿐만 아니라 동기를 유발하여 학습을 보다 효과적으로 이끌어 준다(김종서, 이영덕, 홍순정, 1992). 교수・학습활동에서 수업매체의 역할을 구체적으로 살펴보면 다음과 같다(홍순정, 1995; 정석기, 2015; 권순황 외, 2013).

① 매개적 보조기능

매개적 보조기능은 교사가 학생을 가르칠 때 보조수단으로 매체를 사용하는 기능을 의미한다. 매체를 사용하는 교사의 기술이나 상황에 따라 크게 좌우되기 때문에 매체의 활용 방법에 따라 학습효과가 다르게 나타날 수 있다.

② 학습자의 주의 집중

주의 집중을 위한 방법은 생생한 자극이나, 변화가 심한 자료를 제시하는 것이 효과적이다. 따라서 학습문제를 동영상이나 실물로 제시한다면 학생들을 학습에 매우 효과적으로 주의집중 시킬 수 있다.

③ 선행 학습 재생 자극

전 시간에 학습한 내용을 교사가 말로 이야기 한다면 학생들은 전 시간에 학습한 내용을 기억하는 데 어려움을 겪을 것이다. 그러나 동영상이나 PPT 자료를 통해 제시한다면 선행학습을 기억하는데 효과적일 것이다.

④ 학습을 위한 자극 제공

새로운 학습 과제를 해결 할 때는 시발점 역할을 할 자극 또는 단서를 제공하여야 한다. 예를 들면 식별 학습에 관한 학습 과제일 때는 정확한 자극과 부정확한 자극이 잘 구별되도록 하여야 하므로 구체물, 반구체물, 융판, 동영상 등을 이용하면 효과적이다.

⑤ 학습 안내

학생들이 학습활동을 바르게 하기 위해서는 학습활동을 하기 전에 학습과정을 충분히 알아야 한다. 교사가 말로 설명하여 학습 안내를 한다면 학생들은 학습과정을 이해하는데 어려움을 겪게 된다. 특히 학습능력이 지체된 학생들은 더욱 그렇다. 그러나 동영상이나 PPT 자료를 통해 안내하면 학생들은 학습과정을 바르게 이해하고 학습활동에 적극적으로 참여하여 학습목표를 성취하는데 효과적일 것이다.

⑥ 학습의 직접화 및 즉시화

학습의 직접화 및 즉시화는 사회에서 일어나고 있는 사건 내용을 매체에 담아 교수 · 학습에 활용하면 최신 정보나 사건을 교수 · 학습활동에 즉시, 그리고 직접적으로 전달할 수 있다.

⑦ 효과적인 수업 소요 시간 사용

교사는 매체를 통해 짧은 시간에 많은 양의 정보를 학생에게 전할 수 있기 때문에 교사가 시간을 효과적으로 사용하는데 매우 효과적이다. 또한 매체가 내용의 설명을 맡으면 교사는 지식의 전달자에서 벗어나 수업의 운영자, 설계자, 상담자의 입장으로도 전환될 수 있다.

⑧ 풍부한 학습경험 제공

다양한 매체를 활용하면 학생들은 흥미를 갖게 되어 수업에 적극적으로 참여하게 되며, 또한 학생들의 학습경험을 풍부하게 할 수 있어 지적 활동을 효과적으로 자극할 수 있다.

⑨ 학습 성취 확인

본시 교수 · 학습활동이 끝나면 학생이 학습목표를 성취했는지 형성평가를 하게 된다. 형성평가는 지필고사를 통해서도 할 수 있지만 동영상을 통해 문제 장면을 제시하고 교사가 여러 가지 방식의 구두 발문을 제시하면 더욱 효과적일 것이다.

⑩ 피드백 제공

학습자의 반응에 대하여 정・오 판단을 하여 결과를 학습자에게 알려주는 것은 학습을 증진시킨다. 학습의 결과 중에는 쉽게 판정되는 것도 있지만 그렇지 않은 것도 있다. 학습 결과를 평정하기가 어려울 때는 학생들이 이해하기 쉬운 실물이나 동영상 등의 매체를 활용하여야 한다.

(2) 수업매체 선정에서 고려할 점

수업매체를 선정할 때에는 수업목표나 수업기능 뿐만 아니라 실제적인 몇 가지 조건을 고려해야 한다(정석기, 2015). 대체로 수업매체를 선정하는 기준은 다음과 같다(심덕보, 1995; 정동영 외, 2015; 정석기, 2015).

① 지도 내용과 시간에 맞추어 매체 준비량도 적절해야 한다.
② 매체가 학습과제 해결에 도움이 되어야 한다.
③ 매체의 이용 가능성을 고려해야 한다.
④ 매체가 질적으로 양호해야 한다.
⑤ 매체가 학생들이 사용하기에 편리하고 안전해야 한다.
⑥ 매체의 난이도가 학생들의 수준에 적절해야 한다.
⑦ 매체의 경제성을 고려해야 한다.
⑧ 매체별 특성과 장・단점을 살펴보아야 한다.
⑨ 매체는 구입, 제작, 대여 등 준비가 가능해야 한다.

(3) 수업매체 활용상의 유의점

수업매체를 적절하게 선정했다 하더라도 교수・학습활동에 효율적으로 활용하지 않는다면 학습목표를 성취하는데 어려움이 따른다. 수업매체를 활용하는데 일반적으로 요구되는 4가지 원칙은 첫째, 좋은 매체를 둘째, 적당한 시간에 셋째, 적당한 장소에서 넷째, 적당한 방법으로 활용해야 한다는 것이다(심덕보, 1995).

첫째, '좋은 매체'는 한 시간의 수업과정에서 ①도입에서는 발문의 제기, 학습의욕 상기, 흥미 유발 등의 매체 ②전개단계에는 이해 및 문제해결에 도움이 되는 매체와 요점의 사고력 신장, 개념의 획득 등에 도움을 주는 매체 ③정리단계에서는 결과의 정리, 이해의 심화, 적용, 발전의 강화에 적합한 매체를 말한다.

둘째, '적당한 시간'이란 도입, 전개, 정리단계 중 어느 단계에서 활용할 것이냐, 또 어느 시간만큼 활용할 것이냐 하는 것이다. 도입 단계에서 약 5분간 활용할 매체를 정리 시간이 다 되도록 제시해 놓았다면 수업의 효과에 어떤 영향을 미칠 것인가를 생각해야 한다. 수업매체를 일정한 시간동안 활용하였으면 제거하는 것도 고려하여야 한다.

셋째, '적당한 장소'란 수업매체를 어느 장소에 배치하여야 학생들에게 잘 보이고, 편안하며, 효과적인가를 고려하여야 한다는 것이다. 칠판의 정면에 배치할 것인가? 좌측 또는 우측에 배치할 것인가?와 더불어 학생들의 시력, 좌석배치에 따라 활용장소를 결정해야 한다.

넷째, '적당한 방법'이란 매체를 한꺼번에 제시하고 활용할 것인가? 또는 하나하나 나누어서 제시하면서 활용할 것인가? 작게 또는 크게, 밝게 또는 어둡게 활용할 것인가? 교사가 설명할 것인가? 학생들에게 발표하게 할 것인가? 등 매체 사용의 다양한 방법을 말한다.

또 한국특수교육교과교육학회(2010)는 장애학생 교수・학습활동에서 교재・교구의 활용 방법을 다음과 같이 제시하였다.

① 장애학생이 활용하는 교재・교구라는 점이다. 이는 대상에 적합한 실물적 효용

성을 지닌 종합적인 매체로 활용되어야 한다.

② 장애의 유형에 적합한 교재・교구의 선정을 통해 직접적・입체적으로 활용되어야 한다.

③ 자연물에서 관찰되거나 만들어 낼 수 있는 교재・교구를 활용하여 실생활과 결부시켜 준다.

④ 잔존능력과 감각을 최대한 살려내기 위한 방안을 중시하며 본인의 감각으로 직접 체득하게 한다.

⑤ 사용한 교재・교구는 평가를 거쳐 발생된 문제점에 대해 보완하고 활용도를 높이기 위한 방안을 마련한다.

4) 판서

판서는 학습내용을 전달하기 위하여 사용하는 중요한 수단중 하나로 교사가 별다른 부담을 갖지 않고 누구나 쉽게 활용할 수 있다. 보통 판서는 문장이나 그림, 혹은 이것들을 혼합하여 사용한다. 판서의 요건과 판서의 실제기법을 제시하면 다음과 같다(심덕보, 1995; 한국특수교육교과교육학회, 2010; 정석기, 2015).

(1) 판서의 요건

판서가 갖추어할 요건을 몇 가지로 요약하면 다음과 같다.

① 수업의 흐름을 한눈에 알 수 있을 만큼 내용이 명료해야 한다.

② 판서의 내용과, 판서의 양, 판서의 시기 등을 사전에 계획해야 한다.

③ 수업목표에 밀착된 간결한 내용이어야 한다.

④ 교재의 본질에 맞으면서 학생의 사고를 자극하는 내용이어야 한다.

(2) 판서의 실제기법

① 판서의 위치

- 많을 때: 칠판을 2, 3등분하여 좌상우하 순으로 쓴다.
- 적을 때: 중앙부에 쓴다.
- 학생의 판서가 예견될 때: 교사는 상반부에, 학생은 중앙부에 쓴다.

② 판서 방법

- 글씨 크기는 대체로 다음 기준에 맞게 하되 교실의 크기에 따라 조절할 수 있다(한국특수교육교과교육학회, 2010).
  - 저학년의 판서 크기 16~18cm
  - 중학년의 판서 크기 12~14cm
  - 고학년의 판서 크기 8~10cm
- 판서의 문자는 정자로 쓴다.
- 글씨는 정확하게 필순에 따라 쓴다.
- 내용을 명확하고 정확하게 쓴다.
- 색분필의 혼용으로 시각적 효과를 높인다.
- 설명과 판서는 가능한 동시에 하는 것이 좋다.

(3) 판서 구조화 방법

판서의 구조화 방법을 기술하면 다음과 같다.

- 판서 형태는 병열형, 대조형, 구조형, 귀납형 등으로 한다.
- 핵심 내용을 구조화 하여 그림, 도표를 사용하여 나타낸다.
- 화살표를 이용하여 순환적 판서를 한다.
- 빈칸으로 된 도표를 사용하여 수업을 진행해가면서 칸을 채워간다.

• 핵심 내용 중 몇 개 단어 자리를 괄호로 하여 형성평가로 활용한다.

5) 형성평가

(1) 형성평가의 기능

형성평가는 최종의 수업목표를 향하여 학습이 형성되어가는 과정 중에 실시하는 평가활동을 말한다. 이러한 형성평가의 중요한 기능을 살펴보면 다음과 같다(심덕보, 1995; 한국특수교육교과교육학회, 2009).

첫째, 학생들은 형성평가를 통하여 학습의 방향과 무엇이 바람직한 학습행동인가에 대해서 시사를 받게 된다.

둘째, 수업의 각 단계에서 필요한 학습요소를 학습했는가를 점검함으로써 교수 · 학습활동이 효과적으로 이루어진다.

셋째, 학습의 각 단계에서 바람직한 행동이 나타났을 때 이를 즉각적으로 강화해주는 역할을 하게 된다.

넷째, 형성평가는 피드백의 기능을 갖게 되는데 맞았을 때는 강화해주고 틀렸을 때는 교정해 주는 역할을 하게 된다.

다섯째, 형성평가는 수시로 정보를 제공하여 교수 · 학습방법을 개선하는데 도움을 줄 수 있다.

(2) 형성평가의 특징

형성평가의 특징을 살펴보면 다음과 같다(심덕보, 1995; 한국특수교육교과교육학회, 2009)

첫째, 형성평가는 학습 진행 과정 중의 평가이다.

둘째, 형성평가의 근본 목적은 학습행동을 강화하여 학습동기를 유발하는데 있으므로 평가의 결과는 채점은 하되 성적에 포함시키지 않는다.

셋째, 형성평가 결과는 학생 자신이, 또는 학생 상호간 검토하고, 토의하는 학습과정의 일부로 활용하여 학습자체에 흥미를 갖게 할 수 있다.

넷째, 형성평가는 반드시 필답시험에만 의존하지 않고 다양한 방법으로 실시한다.

다섯째, 형성평가에서 높은 성취를 얻은 학생은 형성평가의 결과만으로도 충분한 보상을 받을 수 있다.

연구과제

1. 본 장에 제시된 교수 · 학습 과정안 구성 조건에 대해 생각해 보자.
2. 본 장에 제시된 교수 · 학습 과정안 5개 요소에 대하여 생각해 보자.

교과별 교수 · 학습과정안

제4장

학습목표

1. 교과별 교수 · 학습과정안 예시를 보고 영역별 내용을 알 수 있다.
2. 교과별 교수 · 학습과정안 예시를 보고 교수 · 학습과정안을 작성할 수 있다.
3. 자신의 교수 · 학습과정안과 예시를 비교하여 장단점을 파악할 수 있다.

1. 국어과

1) 단원: 7. 우리가족

2) 단원의 개관

(1) 사회면

가족은 사랑을 바탕으로 맺어진 집단으로서 우리가 생활하고 있는 공동사회의 가장 작은 단위이다. 인간은 세상에 태어나서 그 사회의 문화를 가정에서 최초로 접하게 된다. 즉 인간은 가족을 통해 사랑과 협력을 배우며 살아가는데 필요한 기능을 배우면서 완전한 인격체로 성장하게 되는 것이다.

(2) 학생면

특수교육대상학생들은 본인도 가족의 구성원임을 알고, 자신이 소중한 존재임을 인식해야 한다. 또한 특수교육대상학생들도 다른 사람의 존재를 소중히 생각할 수 있어야 한다. 이러한 기능은 사회생활을 형성하는데 밑바탕이 된다.

(3) 교재면

본 단원은 가정에서 함께 생활하는 가족들의 호칭을 알고, 그 역할을 이해하며, 장차 학교교육을 마치고 사회에 나아가 사회생활을 바르게 할 수 있도록 가장 기초가 되는 가정생활의 중요성을 인식시키기 위해 설정되었다.

(4) 지도면

특수교육대상학생들이 가족과의 원만한 관계 및 소속감을 갖고 가족의 일원으로서 역할을 잘 해나갈 수 있도록 개별 학생의 특성과 교육적 요구 및 수준에 맞게 교육을 실시하여 가족의 역할과 학생 자신의 역할을 익히도록 지도하고자 한다. 또 가정에서 매일 사용하는 물건이 어떤 가족 구성원에게 필요하고 어떻게 쓰이는지 그 용도에 대한 정확한 이해를 돕고자 한다.

3) 단원의 목표

영역	내용
지식	가. 가족이 자주 사용하는 물건을 말할 수 있다. 나. 각 구성원의 역할을 상황에 맞게 문장(그림)으로 표현할 수 있다.
기능	가. 가족을 소개할 수 있다. 나. 가족신문을 통하여 가족을 표현할 수 있다.
태도	가. 가족들이 사용하는 물건의 용도에 관심을 가질 수 있다. 나. 나를 포함한 가족 구성원의 역할에 관심을 가질 수 있다.

4) 단원의 구성

(1) 단원의 구조

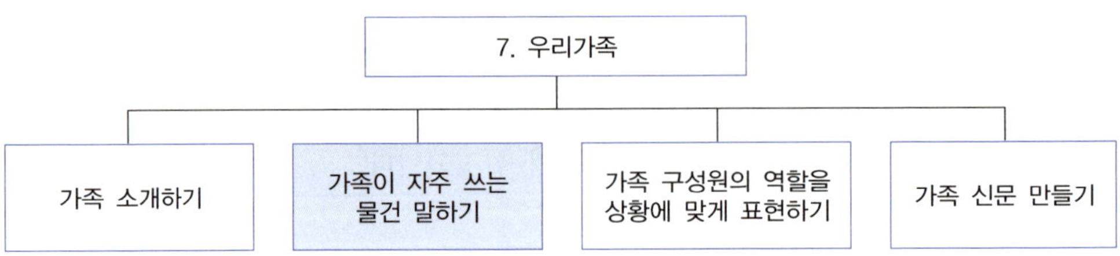

(2) 단원의 관련

① 종적 관련

선수학습	이 단원의 학습	후속학습
1. 나의 몸 신체 부위 명칭 말하고, 읽고, 쓰기 2. 나의 감정과 기분 말하기 3. 나의 물건 목록 만들기 4. 나의 소중한 물건 이야기하기	1. 가족 소개하기 2. 가족이 자주 쓰는 물건 말하기 3. 가족 구성원의 역할을 상황에 맞게 표현하기 4. 가족 신문 만들기	1. 집에 있는 물건 이름 말하고 읽고 쓰기 2. 집에서 내가 할 수 있는 일 말하기 3. 우리 집 주소 및 전화번호 말하고 읽고 쓰기

② 횡적 관련

관련 교과	관련 단원
사회	• 어른과 친구를 구별하기 • 가족 구성원을 알고 호칭 바르게 사용하기 • 생활에 필요한 물건 알기
수학	• 한 가지 준거로 사물 모으기 • 1대 1로 짝짓기 • 네모, 세모, 동그라미 모양알기
과학	• 물체의 종류알기 • 물체의 용도 알기 • 생활용구의 종류 알기
체육	• 다른 사람의 동작을 모방하여 표현하기
음악	• 노래와 율동하기
미술	• 사물의 모양을 보고 구별하기 • 그리기 • 만들기와 꾸미기

5) 단원의 지도 계획

차시	제재	지도내용	관련 교과	자료
1/4	◦가족 소개하기	• 우리 가족은 누구인지 살펴보기 • 가족의 호칭 말하기 • 가족사진을 보면서 가족소개하기 • '예/아니요' 게임하기 • 가족 호칭 연결하기	사회, 수학 체육, 음악	• 우리가족 사진 • 가족호칭 낱말카드
2/4 (본시)	◦가족이 자주 쓰는 물건 말하기	• 스마트보드로 가족의 생활용품 소개하기 • "요기 여기" 노래 부르며 생활용품 이름 말하기 • 가족들이 가정에서 여러 가지 생활용품을 사용하면서 일하는 모습 소개하기 • 잡지책에서 가족이 자주 쓰는 물건 찾아 밑그림 꾸미기	사회, 과학, 음악, 미술	• 스마트보드 • 생활용품 • MR • 가족이 일하는 모습 사진 • 잡지책
3/4	◦가족 구성원의 역할을 상황에 맞게 표현하기	• 가족과 관련된 노래 부르면서 동작 모방하기 • 그림을 보며 가족이 하는 일 살펴보기 • 가족이 대화하는 그림을 보고 짧은 말 따라 하기 • 소꿉놀이하기	사회, 과학 체육, 음악	• MR • 가족이 일과 대화하는 모습 사진 • 소꿉놀이 세트
4/4	◦가족 신문 만들기	• 가족 신문 만들기	사회, 과학	• 가족신문 자료

6) 지도상의 유의점

① 듣기, 말하기, 읽기, 쓰기 활동이 유기적 관련을 맺도록 한다.

② 학생의 정서를 고려하여 학생에게 무리한 요구를 하기 보다는 자발적으로 참여할 수 있도록 동기와 흥미를 유발한다.

③ 가정과 연계될 수 있도록 지도한다.

④ 학생들의 개인차를 고려하여 여러 가지 방법으로 언어를 표현 할 수 있도록 한다.

⑤ 같이 살고 있지 않은 가족의 호칭을 무리하게 지도하려고 하지 말고 다른 가족도 있다는 정도로 알게 한다.

⑥ 생활 용품의 이름을 단순히 알기보다는 활동이나 상황을 중심으로 자연스럽게 알도록 한다.

⑦ 소꿉놀이를 할 때와 지시를 할 때는 화자의 말에 주의를 기울일 수 있도록 말소리의 높낮이와 빠르기를 다르게 하여 다양한 방법으로 제시한다.

⑧ 학생이 할 수 있는 역할을 부여하고 잘 수행할 수 있게 격려하며, 하는 일을 완성된 문장으로 설명하여 준다.

7) 단원의 평가 계획

영역	내용
지식	가. 가족이 자주 사용하는 물건을 말할 수 있는가? 나. 각 구성원의 역할을 상황에 맞게 문장(그림)으로 표현할 수 있는가?
기능	가. 가족을 소개할 수 있는가? 나. 가족신문을 통하여 가족을 표현할 수 있는가?
태도	가. 가족들이 사용하는 물건의 용도에 관심을 가질 수 있는가? 나. 나를 포함한 가족 구성원의 역할에 관심을 가질 수 있는가?

8) 본시 지도 계획

(1) 본시 관련 학생의 실태

순	이름	성별	본시관련 수행능력 수준	행동 특성	집단 편성	비고
1	신○철	남	• 가족 구성원의 호칭과 이름을 말하고 쓸 수 있음. • 그림을 보고 주변에서 흔히 사용하는 물건의 명칭을 말할 수 있음. • 문장을 읽고 쓸 수 있음.	• 다른 능력에 비해 표현 언어가 부족함. • 자신의 뜻대로 일이 이루어지지 않을 경우 친구를 때림.	가	자폐성장애
2	김○수	남	• 사진을 보고 가족의 호칭을 바르게 말할 수 있음. • 그림을 보고 주변에서 흔히 사용하는 물건의 명칭을 말할 수 있음.	• 수업시간에 자주 휴지를 가지고 장난함. • 목소리가 작고 자신감이 부족함.	가	지적장애
3	김○진	여	• 사진을 보고 가족의 호칭을 바르게 말할 수 있음. • 그림을 보고 주변에서 흔히 사용하는 물건의 명칭을 말할 수 있음.	• 앞에 나와서 활동하는 것을 좋아하고, 칭찬을 받으면 더욱 열심히 수업에 참여함. • 발음이 부정확함.	나	지적장애 의사소통장애
4	박○훈	남	• 사진을 보고 가족의 호칭을 바르게 말할 수 있음. • 그림을 보고 주변에서 흔히 사용하는 물건의 명칭을 말할 수 있음.	• 앞에 나와서 활동하는 것을 좋아하고, 칭찬을 받으면 더욱 열심히 수업에 참여함. • 한 번 고집을 피우면 말을 하지 않고 고개를 숙이면서 자신의 잘못을 인정하지 않음.	나	지적장애 (다운증후군)
5	김○규	남	• 사진을 보고 가족 호칭의 물음에 따라 바르게 지적할 수 있음. • 교사가 지켜보는 가운데 교사의 지시에 따라 과제를 수행할 수 있음.	• 앞에 나와서 활동하는 것을 좋아하고, 칭찬을 받으면 더욱 열심히 수업에 참여함. • 다른 친구의 행동에 참견을 많이 함.	나	지적장애 의사소통장애

순	이름	성별	본시관련 수행능력 수준	행동 특성	집단 편성	비고
6	최○석	남	• 교사의 도움을 받아 과제를 수행하는 것을 거부하지 않음. • 몇 가지 낱말을 지시에 따라 발음할 수 있음.	• 수업에 관심을 보이지 않으나 이름을 부를 때 교사를 바라봄. • 휠체어와 학습지에 강한 집착을 보임.	다	지적장애 자폐성장애

(2) 본시 학습의 실제

단원	7. 우리가족		제재	가족이 자주 쓰는 물건 말하기		차시	2/4
일시	20○○.04.15.(수) 1교시		장소	초등부 4-2	대상 남 5, 여 1, 계 6명	교사	임○희
개별 학습 목표	가	신○철, 김○수	가족이 자주 쓰는 물건의 용도를 2가지 이상 말할 수 있다.				
	나	김○진, 박○훈, 김○규	가족이 자주 쓰는 물건을 3가지 이상 말할 수 있다.				
	다	최○석	가족과 관련된 물건과 같은 그림을 찾을 수 있다.				
수업 전략	수업모형		듣기 · 말하기 수업모형				
	학습집단		소집단 및 개별학습				
교수 · 학습 자료	기자재		스마트보드(전자칠판), 컴퓨터				
	교사자료		가족그림사진, 손가락인형, 그림자료, PPT				
	학생자료		그림카드, 밑그림, 잡지책, 생활용품 그림사진, 가위, 풀, 학습지				

단계	학습활동	교수 · 학습 활동				시간	자료 및 유의점
		교사	학생				
			가	나	다		
준비 활동	인사	• 인사하기	• 바른자세로 "안녕하세요" 말하며 인사하기	• "안녕하세요" 말하며 인사하기	• 인사하기	8′	• PPT • 가족사진 • 손가락인형
	전시학습 상기	• 가족사진 제시하기	• 사진보고 가족 소개하기	• 사진보고 가족 호칭 말하기	• 사진보고 가족 지적하기		

<table>
<tr><th rowspan="3">단계</th><th rowspan="3">학습활동</th><th colspan="4">교수 · 학습 활동</th><th rowspan="3">시간</th><th rowspan="3">자료 및 유의점</th></tr>
<tr><th rowspan="2">교사</th><th colspan="3">학생</th></tr>
<tr><th>가</th><th>나</th><th>다</th></tr>
<tr><td rowspan="2"></td><td>동기유발</td><td>• 동영상 제시하기</td><td>• 가족이 가정에서 물건 사용하는 모습 바른 자세로 동영상 시청하기</td><td>• 가족이 가정에서 물건 사용하는 모습 동영상 시청하기</td><td>• 가족이 가정에서 물건 사용하는 모습 교사와 함께 동영상 시청하기</td><td rowspan="2"></td><td rowspan="2">• 동영상

*의사소통장애학생이 분명한 입모양을 보고 말할 수 있도록 한다.</td></tr>
<tr><td>학습목표 제시</td><td>• 스마트보드와 손가락 인형으로 학습목표 제시하기</td><td>• 가족이 자주 쓰는 물건의 용도를 2가지 이상 말할 수 있다.</td><td>• 가족이 자주 쓰는 물건을 3가지 이상 말할 수 있다.</td><td>• 가족과 관련된 물건과 같은 그림을 찾을 수 있다.</td></tr>
<tr><td rowspan="5">중심 활동</td><td rowspan="2">활동 1
생활용품 명칭 알기</td><td>• 스마트보드 보여주기</td><td colspan="3">• 가족의 생활용품 보고 이야기하기</td><td rowspan="5">24′</td><td rowspan="2">• PPT
• 그림자료
• 그림카드</td></tr>
<tr><td>• “요기 여기” 노래 부르며 생활용품 이름 묻기</td><td colspan="2">• 노래에 따라 맞는 그림 지적하며 말하기</td><td>• 친구와 함께 맞는그림 지적하기</td></tr>
<tr><td rowspan="2">활동 2
가족이 자주 사용하는 생활용품 알기</td><td>• 스마트보드 보여주기</td><td colspan="3">• 가족들이 가정에서 여러 가지 생활용품을 사용하면서 일하는 모습 보고 이야기하기</td><td rowspan="2">*말을 잘 하지 못하거나 발음이 정확하지 않은 경우에는 그림을 지적하게 한다.</td></tr>
<tr><td>• 그림을보여주면서 가족의 생활용품 발문하기</td><td>• 가족이 자주 쓰는 물건의 용도를 말하기</td><td>• 가족이 자주 쓰는 물건 말하기</td><td>• 교사가 제시한 그림과 같은 그림 찾기</td></tr>
<tr><td>활동3
가족이 자주 쓰는 물건 찾아 밑그림 꾸미기</td><td>• 활동설명 및 자료 제시하기</td><td>• 잡지에서 생활용품 오리기
• 가족이 자주 쓰는생활용품의 용도를 말하며 생활용품이 있어야 할 곳에 사진 붙이기</td><td>• 가족이 자주 쓰는 생활용품의 사진을 보며 말하기(지적하기)
• 생활용품이 있어야 할 적당한 곳에 사진 붙이기</td><td>• 제시한 그림과 같은 생활용품을 찾아 붙이기</td><td>• 밑그림
• 생활용품사진
• 가위, 풀
• 그림카드
*도움이 필요한 학생은 언어 및 신체적 촉진으로 지원한다.</td></tr>
<tr><td>정리</td><td>확인하기</td><td>• 동영상 보고 발표하게 하기</td><td colspan="3">• 가족들이 가정에서 여러 가지 생활용품을 사용하면서 일하는 모습 보고 이야기하기</td><td>8′</td><td>• PPT
• 그림자료</td></tr>
</table>

<table>
<tr><th rowspan="3">단계</th><th rowspan="3">학습활동</th><th colspan="4">교수 · 학습 활동</th><th rowspan="3">시간</th><th rowspan="3">자료 및 유의점</th></tr>
<tr><th rowspan="2">교사</th><th colspan="3">학생</th></tr>
<tr><th>가</th><th>나</th><th>다</th></tr>
<tr><td rowspan="4">활동</td><td>평가하기</td><td>• 다양한 평가 자료 활용하여 평가하기</td><td>• 가족이 자주 쓰는 물건의 용도를 2가지 이상 말하기</td><td>• 가족이 자주 쓰는물건을3가지 이상 말하기</td><td>• 가족과 관련된 물건과 같은 그림 찾기</td><td rowspan="4"></td><td>• 그림카드
• 학습지</td></tr>
<tr><td rowspan="2">차시예고</td><td rowspan="2">• 다음시간에 학습할 내용 제시하기</td><td colspan="3">가족 구성원의 역할을 상황에 맞게 표현하기</td><td rowspan="3">• PPT
* 차시예고는 학생들의 수준에 따라 이해할 수 있도록 안내한다.</td></tr>
<tr><td>• 아버지, 어머니 역할 상황에 맞게 표현하기</td><td>• 아버지나 어머니 역할 상황에 맞게 표현하기</td><td>• 아버지나 어머니 역할 표현하기</td></tr>
<tr><td>인사</td><td>• 인사하기</td><td>• 바른 자세로 “감사합니다.” 말하면서 인사하기</td><td>• “감사합니다.” 말하면서 인사하기</td><td>• 인사하기</td></tr>
</table>

(3) 본시 학습의 평가

<table>
<tr><td rowspan="9">평가</td><td rowspan="3">평가목표</td><td>가</td><td>• 가족이 자주 쓰는 물건의 용도를 2가지 이상 말할 수 있는가?</td></tr>
<tr><td>나</td><td>• 가족이 자주 쓰는 물건을 3가지 이상 말할 수 있는가?</td></tr>
<tr><td>다</td><td>• 가족과 관련된 물건과 같은 그림을 찾을 수 있는가?</td></tr>
<tr><td rowspan="3">평가방법</td><td>가</td><td>• 관찰과 발문 및 학습지를 통하여 평가한다.</td></tr>
<tr><td>나</td><td>• 관찰과 발문을 통하여 평가한다.</td></tr>
<tr><td>다</td><td>• 관찰을 통하여 평가한다.</td></tr>
<tr><td rowspan="3">평가기준</td><td>가</td><td>• 가족이 자주 쓰는 물건의 용도를 2가지 이상 말할 수 있는지를 평가 한다.</td></tr>
<tr><td>나</td><td>• 그림을 제시하고 가족이 자주 쓰는 물건을 3가지 이상 말할 수 있는 가를 평가한다.</td></tr>
<tr><td>다</td><td>• 가족과 관련된 물건 그림을 하나 보여주고 두 개의 다른 그림 중에서 같은 그림을 찾을 수 있는가를 평가한다.</td></tr>
</table>

【글쓰기수업모형】

<table>
<tr><td>단원</td><td colspan="3">17. 경험과 생각</td><td>제재</td><td>경험 표현하기</td><td>차시</td><td>2/5</td></tr>
<tr><td>일시</td><td colspan="2">20○○.5.26(목)
2교시</td><td>장소</td><td>3－3교실</td><td>대상</td><td>남3명, 여3명, 계6명</td><td>교사</td><td>안○숙</td></tr>
<tr><td rowspan="3">개별
학습
목표</td><td>가</td><td>박○수
한○희</td><td colspan="6">• 학교에서 경험한 일을 글로 쓸 수 있다.</td></tr>
<tr><td>나</td><td>방○연
정○민</td><td colspan="6">• 학교에서 경험한 일을 다섯 단어 이상 사용하여 글을 쓸 수 있다.</td></tr>
<tr><td>다</td><td>김○철
김○혜</td><td colspan="6">• 학교에서 경험한 일을 세 단어 이상 사용하여 글을 쓸 수 있다.</td></tr>
<tr><td rowspan="2">수업
전략</td><td colspan="2">수업모형</td><td colspan="6">글쓰기 수업 모형</td></tr>
<tr><td colspan="2">학습진단</td><td colspan="6">소집단 및 개별학습</td></tr>
<tr><td rowspan="3">교수
학습
자료</td><td colspan="2">기자재</td><td colspan="6">컴퓨터, 스마트보드(전자칠판)</td></tr>
<tr><td colspan="2">교사자료</td><td colspan="6">PPT, 전자저작물(교사용usb), 그림 자료, 노래가사자료</td></tr>
<tr><td colspan="2">학생자료</td><td colspan="6">노래와 그림 관련짓기 자료(자료1), 노래가사 자료(자료2)</td></tr>
</table>

<table>
<tr><td rowspan="3">단계</td><td rowspan="3">학습
활동</td><td colspan="4">교수 · 학습 활동</td><td rowspan="3">시간</td><td rowspan="3">자료 및
유의점</td></tr>
<tr><td rowspan="2">교사</td><td colspan="3">학생</td></tr>
<tr><td>가</td><td>나</td><td>다</td></tr>
<tr><td rowspan="6">준비
활동</td><td>인사</td><td>• 인사하기</td><td>• 바른자세로 “안녕하세요” 말하며 인사하기</td><td>• “안녕하세요” 말하며 인사하기</td><td>• 인사하기</td><td rowspan="6">7′</td><td rowspan="6">• 전자저작물(일상생활동영상)
• 전자저작물(학교생활 활동영상)
• 그림(공, 식당, 그네)
• PPT

*학생들이 한 일 동영상을 보고 글감을 정할 수 있도록 한다.</td></tr>
<tr><td rowspan="2">전시
학습
상기</td><td rowspan="2">• 일상생활에서 경험하는 일 동영상으로 제시하기</td><td colspan="3">▣ 일상생활에서 경험하는 일 동영상으로 보고 이야기하기</td></tr>
<tr><td>• 동영상보고 비슷한 경험 말하기</td><td>• 동영상보고 동작과말로 표현하기</td><td>• 동영상보고 동작과 말 따라하기</td></tr>
<tr><td rowspan="2">동기
유발</td><td rowspan="2">• 우리 반 학생들이 한 일 동영상으로 제시하기</td><td colspan="3">▣ 우리 반 학생들이 한 일 동영상 보고 이야기하기</td></tr>
<tr><td>• 친구하고 공차기를 했어요.</td><td>• 식당에서 밥 먹었어요.</td><td>• 그네 탔어요.</td></tr>
<tr><td>학습
목표
제시</td><td>• PPT 활용하여 학습목표 제시하기</td><td>• 학교에서 경험한 일을 글로 쓸 수 있다.</td><td>• 학교에서 경험한 일을 다섯 단어 이상 사용하여 글을 쓸 수 있다.</td><td>• 학교에서 경험한 일을 세 단어 이상 사용하여 글을 쓸 수 있다.</td></tr>
</table>

<table>
<tr><th rowspan="3">단계</th><th rowspan="3">학습 활동</th><th colspan="4">교수 · 학습 활동</th><th rowspan="3">시간</th><th rowspan="3">자료 및 유의점</th></tr>
<tr><th rowspan="2">교사</th><th colspan="3">학생</th></tr>
<tr><th>가</th><th>나</th><th>다</th></tr>
<tr><td rowspan="2"></td><td rowspan="2">글감 정하기</td><td rowspan="2">• 학교에서 경험한 일 중 글감정하도록하기</td><td colspan="3">■ 학교에서 경험한 일 중에서 글감 정하기</td><td rowspan="2"></td><td rowspan="2"></td></tr>
<tr><td>• 친구하고 공차기</td><td>• 식당에서 밥 먹기</td><td>• 그네타기</td></tr>
<tr><td rowspan="8">중심 활동</td><td rowspan="2">구상 하기</td><td rowspan="2">• 주제에 맞는 글 구상하도록 하기</td><td colspan="3">■ 글 구상 지도 받고 글 구상하기</td><td rowspan="8">20'</td><td rowspan="8">• 전자저작물(학교생활 활동영상)
• 그림(공, 식당, 그네)
• PPT

*학생들이 글을 쓰다가 도중에 막히면 교사에게 도움을 요청하도록 한다.</td></tr>
<tr><td>• 글감 정리하고, 사건 · 시간 · 장소에 따라 구상하기
• 주제 표현 위한 줄거리 짜기</td><td>• 글감 정리하고, 주제 표현 위한 줄거리 짜기</td><td>• 교사와 같이 글감 정하고, 주제 표현 위한 줄거리 짜기</td></tr>
<tr><td rowspan="2">글쓸 순서 정하기</td><td rowspan="2">• 글 쓸 순서 지도하기</td><td colspan="3">■ 글 쓸 순서 지도 받고 글 순서 정하기</td></tr>
<tr><td>• 내가 쓸 내용을 사건 · 시간 · 장소에 따라 순서 정하기</td><td>• 내가 쓸 내용의 순서 정하기</td><td>• 내가 쓸 내용을 교사와 함께 순서 정하기</td></tr>
<tr><td rowspan="2">산문 지도</td><td rowspan="2">• 주제에 맞는 산문 쓰는 방법 말하도록 하기</td><td colspan="3">■ 주제에 맞는 산문 쓰는 방법 알기</td></tr>
<tr><td>• 주제에 맞고, 알기 쉽게, 표현 의도에 따라 쓰기
• 글의 종류에 맞게 쓰기</td><td>• 서투르지만 자기 나름대로 주제에 맞게 쓰기</td><td>• 교사의 도움 받아 자기 나름대로 쓰기</td></tr>
<tr><td rowspan="2">주제에 맞는 글쓰기</td><td rowspan="2">• 학교에서 경험한 일 글로 쓰도록 하기</td><td colspan="3">■ 학교에서 경험한 일 글로 쓰기</td></tr>
<tr><td>• '친구하고 공차기' 한 것을 글로 쓰기</td><td>• '식당에서 밥 먹기' 한 것을 글로 쓰기</td><td>• '그네타기' 한 것을 교사와 같이 글로 쓰기</td></tr>
<tr><td rowspan="2">되고 단계</td><td rowspan="2">다듬고 고치기</td><td rowspan="2">• 글다듬기 관점에 따라 고치도록 하기</td><td colspan="3">■ 글다듬기 관점에 따라 고치기</td><td rowspan="2">4'</td><td rowspan="2">• PPT
• 학생작품
*친구 글을 읽고 도움을 주도록 한다.</td></tr>
<tr><td>• 전하려는 뜻 나타내기
• 글자와 표현을 적절하게 쓰기</td><td>• 전하려는 뜻 나타내기
• 글자 맞게 쓰기</td><td>• 교사와 같이 글 다듬기
• 전하려는 뜻 나타내기</td></tr>
</table>

<table>
<tr><th rowspan="3">단계</th><th rowspan="3">학습
활동</th><th colspan="4">교수 · 학습 활동</th><th rowspan="3">시
간</th><th rowspan="3">자료 및
유의점</th></tr>
<tr><th rowspan="2">교사</th><th colspan="3">학생</th></tr>
<tr><th>가</th><th>나</th><th>다</th></tr>
<tr><td rowspan="2"></td><td rowspan="2"></td><td rowspan="2"></td><td colspan="2">• 친구와 바꾸어 읽고 고치기</td><td>• 글자를 맞게 고치기</td><td rowspan="2"></td><td rowspan="2"></td></tr>
<tr><td colspan="3">▣ 글다듬기 관점에 따라 고친 글 정리하기</td></tr>
<tr><td rowspan="3">감상</td><td rowspan="3">작품
감상
하기</td><td rowspan="3">• 작품 발표하도록 하기</td><td colspan="3">▣ 남의 작품 읽고 느낌 말하기</td><td rowspan="3">4′</td><td rowspan="3">• PPT
• 학생작품
*수정 · 보완한 작품을 제시한다.</td></tr>
<tr><td>• 글다듬기 관점에 따라 감상하기</td><td>• 전하려는 뜻 말하기</td><td>• 교사의 도움 받아 전하려는 뜻 말하기</td></tr>
<tr><td colspan="3">▣ 작품 수정 · 보완하여 고치기</td></tr>
<tr><td rowspan="7">정리
활동</td><td rowspan="2">정리</td><td rowspan="2">• 학교에서 경험한 일 글로 쓴 것 감상하도록 하기</td><td colspan="3">▣ 학교에서 경험한 일 글로 쓴 것 감상하고 글쓰기 관점에 따라 이야기하기</td><td rowspan="7">5′</td><td rowspan="5">• PPT
• 학습평가표</td></tr>
<tr><td colspan="3">• 글의 종류에 맞게 쓰기
• 주제에 맞고, 알기 쉽게 쓰기
• 사건 · 시간 · 장소에 따라 순서에 맞게 쓰기
• 표현을 적절하게 나타내기
• 글자를 맞게 쓰기</td></tr>
<tr><td>평가</td><td>• 수준별로 평가하기</td><td colspan="3">▣ '본시 학습의 평가'와 같이 '평가목표, 평가방법, 평가기준'에 의거 평가하기</td></tr>
<tr><td rowspan="2">차시
예고</td><td rowspan="2">• 다음시간에 학습할 내용 제시하기</td><td colspan="3">▣ 경험한 일 이야기할 때 주의할 점 알기</td></tr>
<tr><td>• 표준말로 하기
• 사건 · 시간 · 장소 순서에 맞게 말하기
• 적절하게 표현하기</td><td>• 표준말로 하기
• 순서에 맞게 말하기
• 의사표현 분명하게 하기</td><td>• 경험한 일 이야기할 때 주의할 점 따라서 말하기</td></tr>
<tr><td rowspan="2">인사</td><td rowspan="2">• 격려와 칭찬하고 인사하기</td><td colspan="3">▣ 격려와 칭찬 듣고 인사하기</td><td rowspan="2">*학생들을 격려하고 칭찬한 후 인사를 한다.</td></tr>
<tr><td>• 바른자세로 "감사합니다." 말하며 인사하기</td><td>• "감사합니다." 말하며 인사하기</td><td>• 인사하기</td></tr>
</table>

○ 본시 학습의 평가

평가 목표	가	• 학교에서 경험한 일을 글로 쓸 수 있는가?
	나	• 학교에서 경험한 일을 다섯 단어 이상 사용하여 글을 쓸 수 있는가?
	다	• 학교에서 경험한 일을 세 단어 이상 사용하여 글을 쓸 수 있는가?
평가방법		• 수업 과정 관찰과 학습 결과를 통하여 평가한다.
평가 기준	가	• 학교에서 경험한 일을 글로 쓸 수 있는가를 평가한다.
	나	• 학교에서 경험한 일을 다섯 단어 이상 사용하여 글을 쓸 수 있는가를 평가한다.
	다	• 학교에서 경험한 일을 세 단어 이상 사용하여 글을 쓸 수 있는가를 평가한다.

2. 사회과

1) 단원: 15. 화폐의 이용

2) 단원의 개관

모든 사람은 장애가 있든 없든 인간다운 삶을 살 권리가 있다. 인간답게 살기 위한 필수적인 조건은 각 개인에 따라 다양하겠지만, 장애를 가진 사람에게 있어 가장 기본적인 것은 직업을 가지고 사회적으로 통합되는 것이다. 특히 지적장애 교육의 목적이 사회로의 전환 및 경제적 자립이라고 볼 때 물건 구입하기와 화폐의 사용은 매우 중요하다고 할 것이다.

이를 위해 학생들이 생활에 필요한 물건을 구입할 수 있는 시장, 슈퍼마켓 그리고 백화점을 찾아가 스스로 또는 도움을 받아 물건을 구입할 수 있는 방법을 익히도록 한다. 나아가 학생들이 일정한 용돈을 가지고 물건을 구입하는 경험을 쌓도록 한다. 다만, 장애 학생들은 돈의 기능에 대해서는 알고 있어도 수 개념이 부족하여 적절하게 사용하지 못하는 경우가 있으므로 생활 주변에서 물건을 구매하는 현장체험학습을 다양한 방법으로 실시하도록 한다.

본 단원에서는 화폐의 기능과 종류를 알고 화폐를 이용하여 물건을 구입하는 과정을 주로 다루었으며 학생들로 하여금 물건을 구입하는 경험을 토대로 만원 미만의 화폐의 종류를 구별하도록 한다.

나아가 돈을 사용하여 물건을 구입할 때에는 미리 계획을 세워 필요한 물건만 사는 습관을 갖도록 지도하고자 한다.

3) 단원의 목표

영역	내용
이해	가. 여러 가지 물체 중에서 돈을 찾을 수 있다. 나. 화폐를 종류별로 나눌 수 있다.
기능	가. 구입하고 싶은 물건을 고를 수 있다. 나. 물건 값을 지불 할 수 있다.
태도	가. 돈의 소중함을 알 수 있다. 나. 돈을 관리 할 수 있다.

4) 단원의 구성

(1) 단원의 구조

- 15. 화폐의 이용
  - 여러 가지 물체 중에서 돈 찾기
  - 돈의 종류 알기
  - 돈의 쓰임새 알기
  - 돈으로 물건사기
  - 돈 지불하기
  - 물건 값 화폐로 지불하기
  - 현장학습

(2) 단원의 관련

① 종적 관련

선수학습	본 단원의 학습	후속학습
가) 가게의 종류 알기 나) 돈의 종류와 쓰임 새 알기	가) 돈으로 물건 사기 나) 돈을 지불하고 거스름돈 받기	가) 시장놀이 하기 나) 현장학습 하기

② 횡적 관련

관련 교과	관련 단원
국어	• 시장구경
수학	• 화폐 구별하기 • 동전이 나타내는 금액

5) 단원의 지도 계획

차시	제재	지도 내용	관련 교과	자료
1/8	◦ 여러 가지 물체 중에서 돈 찾기	• 여러 물체 중 물건을 살 때 쓰이는 것 찾기 • 돈이 아닌 것 찾기	수학	• 여러 가지 돈, 병뚜껑, 신용카드, 단추
2/8	◦ 돈의 종류 알기	• 동전과 지폐 구분하기 • 같은 단위의 돈 찾기 • 돈을 종류별로 나누어 보기 • 저금통 만들기	수학	• 우유팩, 색종이, 풀, 가위, 여러 가지 돈
3/8	◦ 돈의 쓰임새 알기	• 돈이 사용되는 곳을 말하기 • 돈으로 물건사기 시연	국어	• 저금통, 모형화폐, 과자나 학용품, 통장
4/8 (본시)	◦ 돈으로 물건 사기	• 사고 싶은 물건 정하기 • 사고 싶은 물건 가게 찾기	국어, 수학	• 그림 자료, 모형화폐, 여러 가지 물건
5/8	◦ 돈 지불하기	• 선택한 물건에 대한 가격을 알고 확인하기 • 여러 종류의 돈을 가지고 지불하기 • 물건 값 지불하고 거스름돈 받기	국어, 수학	• 가격표, 여러 종류의 돈, 과자나 학용품
6/8~7/8	◦ 시장놀이로 물건을 구입하고 화폐 지불하기	• 시장꾸미기 • 각자의 역할을 정하기 • 물건 구입하고 화폐 지불하기	국어, 수학	• 시장놀이 물건, 여러 종류의 돈, 지갑
8/8	◦ 현장실습	• 수준별로 조 편성하기 • 사고 싶은 것 정하기 • 시장에서 계획한 물건 구입하기	국어, 수학	• 그림 자료, 돈

6) 지도상의 유의점

① 수 이해력이 부족한 학생을 위해서는 숫자의 형태를 인지하여 구분할 수 있도록 동전의 크기나 그림을 활용하여 구분하게 한다.

② 동전을 활용한 실물 스크래치 판화 놀이를 지도한다. 즉, 10원, 100원, 500원짜리 동전을 종이 밑에 두고, 각각 색연필 등으로 문질러서 액면이 나오게 한다.

③ 돈을 대용할 수 있는 것들의 실물과 기능을 함께 익히도록 한다.

④ 돈의 가치보다는 물건을 구입하려면 꼭 돈을 지불해야만 한다는 것을 알도록 지도한다.

⑤ 필요한 물건을 구입할 때, 미리 계획을 세워서 구매할 수 있는 방법을 사전에 지도하여 돈의 소중함을 알게 한다.

⑥ 직접적인 활동을 통하여 학습 흥미를 유발시키고, 현장학습을 통해 학습내용이 일반화될 수 있도록 한다.

7) 단원의 평가 계획

영역	내용
이해	가. 여러 가지 물체 중에서 돈을 찾을 수 있는가? 나. 화폐를 종류별로 나눌 수 있는가?
기능	가. 구입하고 싶은 물건을 고를 수 있는가? 나. 물건 값을 지불 할 수 있는가?
태도	가. 돈의 소중함을 알 수 있는가? 나. 돈을 관리 할 수 있는가?

8) 본시 지도 계획

(1) 본시 관련 학생의 실태

순	이름	성별	본시관련 수행능력 수준	행동 특성	집단 편성	비고
1	문○민	여	• 자신이 좋아하는 것을 직접 고를 수 있으나 돈을 지불해야 한다는 것을 알지 못함.	경기를 자주하고 소리를 냄.	다	의사소통 장애
2	김○석	남	• 물건을 살 때 돈을 지불해야 한다는 것을 알고 자신이 원하는 것을 말로 할 수 있음.	말이 많고 의욕이 앞서 과제 수행시 실패가 잦음.	나	지적장애
3	편○준	남	• 자신이 원하는 것을 직접 고를 수 있고 물건을 구입할 때 돈을 지불해야 한다는 것을 어느 정도 이해함.	겁이 많고 의존적 행동을 보임.	다	의사소통 장애
4	최○정	남	• 물건을 구입할 때 돈을 지불해야 한다는 것을 이해는 하나 물건에 대한 관심이 더 많아서 돈을 내는 것을 잊어버리는 경우가 많음.	산만하고 자리 이탈이 잦음.	나	지적장애
5	최○영	여	• 돈을 지불하고 물건을 산다는 것을 이해하며 자신이 좋아하는 것에 대해서는 잘 표현함.	흥미로운 것에는 집중을 잘하고 참여도가 높음.	가	지적장애
6	정○미	남	• 액수나 물건값을 정확히 알지는 못하나 자신이 사고자 하는 물건을 말할 수 있고 돈을 지불하고 물건을 사는 것을 이해함.	뭐든지 일등으로 하는 것을 좋아하고 사교적임.	가	지적장애

(2) 본시 학습의 실제

<table>
<tr><th>단원</th><td colspan="2">15. 화폐의 이용</td><th>제재</th><td colspan="4">돈으로 물건사기</td><th>차시</th><td>4/8</td></tr>
<tr><th>일시</th><td colspan="2">20○○.5.12.(목)2교시</td><th>장소</th><td>4-6교실</td><th>대상</th><td>초등 4학년
남4명, 여2명</td><th>지도
교사</th><td colspan="2">홍○주</td></tr>
<tr><th rowspan="3">개별
학습
목표</th><td>가</td><td>최○영,
정○미</td><td colspan="7">• 가게에서 사고 싶은 물건을 구입할 수 있다.</td></tr>
<tr><td>나</td><td>김○석,
최○정</td><td colspan="7">• 사고 싶은 물건 파는 가게를 찾을 수 있다.</td></tr>
<tr><td>다</td><td>문○민,
편○준</td><td colspan="7">• 가게에서 사고 싶은 물건을 고를 수 있다.</td></tr>
<tr><th rowspan="2">수업
전략</th><td colspan="2">수업모형</td><td colspan="7">현장체험학습</td></tr>
<tr><td colspan="2">학습집단</td><td colspan="7">가, 나, 다</td></tr>
<tr><th rowspan="3">교수 ·
학습
자료</th><td colspan="2">기자재</td><td colspan="7">노트북, 스마트보드(전자칠판)</td></tr>
<tr><td colspan="2">교사자료</td><td colspan="7">MR, PPT, 전자저작물(교사용usb), 여러 종류의 가게 그림, 모형화폐</td></tr>
<tr><td colspan="2">학생자료</td><td colspan="7">여러 가지 물건 그림, 모형화폐, 가게퍼즐, 개인학습판</td></tr>
</table>

<table>
<tr><th rowspan="3">단계</th><th rowspan="3">학습
활동</th><th colspan="4">교수 · 학습 활동</th><th rowspan="3">시
간</th><th rowspan="3">자료 및
유의점</th></tr>
<tr><th rowspan="2">교사</th><th colspan="3">학생</th></tr>
<tr><th>가</th><th>나</th><th>다</th></tr>
<tr><td rowspan="8">준
비
활
동</td><td>마음
열기</td><td>• 인사하기</td><td colspan="3">• 바른자세로 “안녕하세요?” 말하며 인사하기
• ‘가게놀이’ 노래 부르며 손뼉 치기</td><td rowspan="8">7′</td><td rowspan="3">• 가게놀이 MR
• 모형화폐</td></tr>
<tr><td rowspan="2">전시
학습
상기</td><td rowspan="2">• “돈” 학생들에게 제시하기</td><td colspan="3">▣ ‘돈의 쓰임새’ 알아보기</td></tr>
<tr><td>• 돈은 물건을 살 때 사용해요.</td><td>• 물건 살 때 돈 준다.</td><td>• “돈은 물건을 살 때 사용해요.” 따라 말하기</td></tr>
<tr><td rowspan="3">동기
유발</td><td rowspan="3">• 물건구입 동영상보여주기</td><td colspan="3">▣ 우리반 ‘최○영과 어머니’가 마트에서 물건 사는 동영상 시청하기</td><td rowspan="3">전자저작물 동영상</td></tr>
<tr><td>• ‘어머니’가 물건 값을 주었어요.</td><td>• ‘최○영’이 장남감을 골랐어요.</td><td>• ‘최○영’ 장난감을 갖고 싶다.</td></tr>
<tr><td colspan="3">• 동영상에서 시청한 것과 같이 이번 시간은 ‘우리가 사고 싶</td></tr>
</table>

<table>
<tr><th rowspan="3">단계</th><th rowspan="3">학습
활동</th><th colspan="4">교수 · 학습 활동</th><th rowspan="3">시
간</th><th rowspan="3">자료 및
유의점</th></tr>
<tr><th rowspan="2">교사</th><th colspan="3">학생</th></tr>
<tr><th>가</th><th>나</th><th>다</th></tr>
<tr><td rowspan="2"></td><td></td><td></td><td colspan="3">은 물건을 가게에서 구입하기'를 공부할거예요.</td><td rowspan="2"></td><td rowspan="2">• PPT
*학습목표를 알기 쉽게 수준별로 제시한다.</td></tr>
<tr><td>학습
목표
제시</td><td>• 학습목표 제시하기</td><td>■ 가게에서 사고 싶은 물건을 구입할 수 있다.</td><td>■ 사고 싶은 물건 파는 가게를 찾을 수 있다.</td><td>■ 가게에서 사고 싶은 물건을 고를 수 있다.</td></tr>
<tr><td rowspan="13">중
심
활
동</td><td rowspan="5">활동
1</td><td rowspan="2">• 각 가게에서 판매하는 물건 확인하도록 하기</td><td colspan="3">▣ 가게 그림과 가게에서 파는 물건 말하기</td><td rowspan="13">28′</td><td rowspan="13">• 여러 가게 그림
• 여러 가지 물건 그림
• 개인학습판
• 퍼즐
• 모형화폐
• 모형가게
• 간판

*모든 학생들이 참여할 수 있도록 흥미있게 지원한다.</td></tr>
<tr><td>• 가게이름을 말하면 판매하는 물건을 말하기</td><td>• 가게이름과 판매하는 물건이름 따라서 말하기</td><td>• 교사가 말하는 물건 손가락으로 지적하기</td></tr>
<tr><td rowspan="3">• 가게의 물건 중에서 사고 싶은 물건 정하도록 하기</td><td colspan="3">▣ 개인학습판에 사고 싶은 물건 표시하기</td></tr>
<tr><td>• 사고 싶은 물건을 정한 후 '물건'란에 목록 작성하기</td><td>• '물건'란에 사고 싶은 물건의 그림 붙이기</td><td rowspan="2">• 그림을 보고 사고 싶은 물건을 선택하고 그림 붙이기</td></tr>
<tr><td colspan="2">• 개인별로 가게 퍼즐 맞추기</td></tr>
<tr><td rowspan="2">활동
2</td><td rowspan="2">• 사고 싶은 물건 가게 찾도록 하기</td><td colspan="3">▣ 여러 종류 그림에서 사고 싶은 물건 판매하는 가게 찾기</td></tr>
<tr><td>• 사고 싶은 물건을 판매하는 가게의 이름을 '가게'란에 적기</td><td>• 사고 싶은 물건을 판매하는 가게그림을 '가게'란에 붙이기</td><td>• 선택한 물건이 있는 가게 그림 지적하기
• 가게 그림을 '가게'란에 붙이기</td></tr>
<tr><td rowspan="3">활동
3</td><td rowspan="3">• 물건 값 금액으로 나타내도록 하기</td><td colspan="3">▣ 100원, 500원, 1000원 짜리 물건 값 나타내기</td></tr>
<tr><td colspan="3">• 물건 값 확인하기</td></tr>
<tr><td>• 물건 값 만큼 금액을 '가격'란에 적기</td><td colspan="2">• 물건 값 만큼 모형화폐를 '가격' 란에 붙이기</td></tr>
<tr><td rowspan="3">활동
4</td><td rowspan="3">• 가게에서 사고 싶은 물건 구입하도록 하기</td><td colspan="3">▣ 물건 구입순서와 방법을 알고 물건 구입하기</td></tr>
<tr><td colspan="3">• 물건 구입하는 순서와 방법에 관하여 이야기 나누기</td></tr>
<tr><td>• 구입할 물건 품목 적은 것에 맞게 가</td><td colspan="2">• 구입할 물건 품목 그림 갖고 가게 찾아가기</td></tr>
</table>

<table>
<tr><th rowspan="3">단계</th><th rowspan="3">학습
활동</th><th colspan="4">교수 · 학습 활동</th><th rowspan="3">시
간</th><th rowspan="3">자료 및
유의점</th></tr>
<tr><th rowspan="2">교사</th><th colspan="3">학생</th></tr>
<tr><th>가</th><th>나</th><th>다</th></tr>
<tr><td rowspan="2"></td><td rowspan="2"></td><td rowspan="2"></td><td>게 찾아가기
• 품목에 맞는 물건 고르기</td><td>• 그림과 같은 물건 고르기</td><td>• 도움 받아 그림 과 같은 물건 고르기</td><td rowspan="2"></td><td rowspan="2"></td></tr>
<tr><td colspan="3">• 모형 가게에 진열한 물건을 돈을 지불하고 구입하기</td></tr>
<tr><td rowspan="5">정
리
활
동</td><td>정리</td><td>• 학습내용 정리하도록 하기</td><td colspan="3">▣ 자신이 구입한 물건 확인하기
• '가게 놀이'노래 부르며 주의집중하기
• 학생들이 구입한 물건 앞에 제시하고 이야기하기</td><td rowspan="5">5′</td><td rowspan="5">• 모형화폐
• 학습지, PPT
* 수업이 어수선해지지 않도록 한다.</td></tr>
<tr><td>평가</td><td>• 수준별로 평가하기</td><td>■ 가게에서 사고 싶은 물건 구입하기</td><td>■ 사고 싶은 물건 파는 가게 찾기</td><td>■ 가게에서 사고 싶은 물건 고르기</td></tr>
<tr><td rowspan="2">차시
예고</td><td rowspan="2">• 다음시간에 학습할 내용 제시하기</td><td colspan="3">▣ 물건 사고 돈 지불한 후 거스름돈 받기</td></tr>
<tr><td>• 5000원이하 물건 사고 돈 지불한 후 거스름돈 받기</td><td>• 1000원이하 물건 사고 돈 지불한 후 거스름돈 받기</td><td>• 500원이하 물건 사고 돈 지불한 후 거스름돈 받기</td></tr>
<tr><td>인사</td><td>• 인사하기</td><td>• 바른자세로 "감사합니다." 말하며 인사하기</td><td>• "감사합니다." 말하며 인사하기</td><td>• 인사하기</td></tr>
</table>

(3) 본시 학습의 평가

<table>
<tr><td rowspan="6">평가</td><td rowspan="3">평가
목표</td><td>가</td><td>• 가게에서 사고 싶은 물건을 구입할 수 있는가?</td></tr>
<tr><td>나</td><td>• 사고 싶은 물건 파는 가게를 찾을 수 있는가?</td></tr>
<tr><td>다</td><td>• 가게에서 사고 싶은 물건을 고를 수 있는가?</td></tr>
<tr><td rowspan="3">평가
방법</td><td>가</td><td>• 가게에서 사고 싶은 물건을 구입할 수 있는지 평가한다.</td></tr>
<tr><td>나</td><td>• 다양한 가게 사진에서 사고 싶은 물건 파는 가게를 찾을 수 있는지 평가한다.</td></tr>
<tr><td>다</td><td>• 모형 가게에서 사고 싶은 물건을 고를 수 있는지 평가한다.</td></tr>
</table>

	평가 기준	가	• 가게에서 사고 싶은 물건을 구입할 수 있는지 평가한다.
		나	• 다양한 가게 사진에서 사고 싶은 물건 파는 가게를 찾을 수 있는지 평가한다.
		다	• 가게와 물건 그림을 보고 자신이 사고 싶은 물건을 고를 수 있는지 평가한다.

【의사결정수업모형】

단원	12. 안전하게 길 다니기	제재	안전하게 횡단보도 건너기			차시	2/4
일시	20OO.05.27. (금) 1교시	장소	1－1 교실	대상	남1, 여2, 계3명	지도 교사	김○숙

개별 학습 목표		
가	오○솔	• 횡단보도를 신호등 빨강, 노랑, 초록불에 따라 바르게 건널 수 있다.
나	함○채	• 횡단보도를 신호등 빨강, 노랑, 초록불에 따라 2가지 이상 바르게 건널 수 있다.
다	김○예	• 횡단보도를 신호등 빨강, 노랑, 초록불에 따라 친구와 같이 바르게 건널 수 있다.

수업 전략	수업모형	의사결정수업모형
	학습집단	소집단 및 개별학습
교수 · 학습 자료	기 자 재	컴퓨터, 스마트보드(전자칠판), 모형신호등
	교사자료	교통안전표지판, 교육용 횡단보도, PPT, 동요동영상
	학생자료	낱말 및 그림카드, 간이신호등, 학습평가지, 사진

단계	학습 활동	교수 · 학습 활동: 교사	학생: 가	학생: 나	학생: 다	시간	자료(㉶) 및 유의점(㋴)
문제 인식	인사	■ 인사하기	• 바른자세로 “안녕하세요”말하며 인사하기	• “안녕하세요” 말하며 인사하기	• 인사하기	5′	
	전시학습 상기	■ 교통안전표지판 제시하기 • 교통안전표지판에는 무엇이	◇ 교통안전표지판 보고 말하기 • 공사중 표지판이 있었어요.	• 횡단보도 표지판이 있어요.	• 신호등이 있어요.		㉶교통안전표지판

단계	학습활동	교수 · 학습 활동				시간	자료(㉶) 및 유의점(㊎)
		교사	학생				
			가	나	다		
		있었나요?	• 어린이보호구역이 있었어요.	• 자전거 표지판이 있어요.			㉶'신호등 안전하게 건너는 방법 동요' 동영상
	동기유발	■'신호등 안전하게 건너는 방법 동요' 동영상 들려주기	• 신호등 안전하게 건너는 방법 동요' 바른 자세로 시청하며 따라 부르기	• '신호등 안전하게 건너는 방법 동요' 동영상 시청하며 따라 부르기	• '신호등안전하게 건너는 방법 동요'교사와함께동영상시청하며노래 따라 부르기		
			◇ 신호등 안전하게 건너지 않았을 때 무슨 일이 일어났는지 말하기				
	학습목표 제시	■PPT를 활용하여 학습목표 제시하기	• 횡단보도를 신호등 빨강, 노랑, 초록불에 따라 바르게 건널 수 있다.	• 횡단보도를 신호등 빨강, 노랑, 초록불에 따라 2가지 이상 바르게 건널 수 있다.	• 횡단보도를 신호등 빨강, 노랑, 초록불에 따라 친구와 같이 바르게 건널 수 있다.		
	학습활동 안내	■낱말 및 그림카드를 활용하여 학습활동 안내하기	〈활동1〉 횡단보도 바르게 건널 수 있는 방법 발표하기 〈활동2〉 횡단보도를 신호등 빨강, 노랑, 초록불에 따라 바르게 건너는 동영상 시청하기 〈활동3〉 간이신호등보고 횡단보도 건너기				㉶낱말·그림카드 ㊎학생들이 자유롭게 말할 수 있도록 분위기를 조성한다.
현상이 탐구 및 예측	횡단보도 바르게 건널 수 있는 방법 알아보기	■횡단보도 바르게 건널 수 있는 방법 발표하게 하기	• 횡단보도 바르게 건널 수 있는 방법 발표하기			10′	㉶모형 신호등
			• 빨강불일 때 멈추어요. • 초록불일 때 건너요. • 노랑불일 때 기다려요.	• 초록불일 때 가요. • 빨강불일 때 기면 차에 치어요.	• 엄마 손잡고 가요.		
가치 분석 및 대안	횡단보도 바르게 건너는 방법	■횡단보도를 신호등 빨강, 노랑, 초록불에 따라 바르게 건너	◇ 횡단보도를 신호등 빨강, 노랑, 초록불에 따라 건너는 동영상 시청하고 바르게 건너는 방법 말하기			10′	㉶ 동영상 ㊎ 자유롭게 말할
			• 빨강불일 때 사람들이 서있어요.	• 신호등 불을 기다려요.	• 사람들이 기다려요.		

<table>
<tr><th rowspan="3">단계</th><th rowspan="3">학습
활동</th><th colspan="4">교수 · 학습 활동</th><th rowspan="3">시
간</th><th rowspan="3">자료(㉶)
및
유의점([유])</th></tr>
<tr><th rowspan="2">교사</th><th colspan="3">학생</th></tr>
<tr><th>가</th><th>나</th><th>다</th></tr>
<tr><td>검토</td><td>제시하기</td><td>는 동영상 제시하기</td><td>• 빨강불일 때 차는 가요.
• 초록불일 때 사람들 가요.
• 노랑불일 때 사람들 서있어요.</td><td>• 초록불 일 때 손들고 가요.
• 신호등 불보고 건너요.</td><td>• 사람들이 가요.
• 차가 있어요.</td><td></td><td>수 있도록 분위기를 조성한다.</td></tr>
<tr><td rowspan="2">행위</td><td rowspan="2">간이
신호등
제시하기</td><td rowspan="2">■ 간이신호등보고 횡단보도 건너게 하기</td><td colspan="3">◇ 간이신호등보고 횡단보도 바르게 건너기</td><td rowspan="2">10′</td><td rowspan="2">㉶ 간이신호등, 교육용횡단보도
[유] 허용된 분위기를 조성한다.</td></tr>
<tr><td colspan="2">• 빨강불: 멈추기
• 노랑불: 서있기
• 초록불: 건너기</td><td>• 신호등 불에 따라 친구와 함께 행동하기</td></tr>
<tr><td rowspan="7">정리</td><td rowspan="2">정리하기</td><td rowspan="2">■ PPT를 시청하면서 학습내용 정리하게 하기</td><td colspan="3">◇ PPT를 시청하면서 횡단보도 바르게 건너간 사람 말하기</td><td rowspan="7">5′</td><td rowspan="2">㉶ PPT(학습정리)</td></tr>
<tr><td>• 철수: 빨강불일 때 멈추기
• 순이: 초록불일 때 가기
• 민수: 노랑불일 때 서있기</td><td>• 철수: 빨강불일 때 멈추기
• 순이: 초록불일 때 가기</td><td>• 교사가 하는 말 따라하기</td></tr>
<tr><td>평가하기</td><td>■ 개인별로 평가하기</td><td colspan="3">◇ “본시 학습의 평가”와 같이 “평가목표, 평가방법, 평가기준”에 의거 평가하기</td><td>㉶ 학습평가지</td></tr>
<tr><td rowspan="2">차시예고</td><td rowspan="2">■ 다음시간에 학습할 내용 제시하기</td><td colspan="3">◇ 교통안전 역할놀이하기</td><td rowspan="2">㉶ 교통경찰관, 녹색어머니, 학생 사진</td></tr>
<tr><td colspan="3">• 교통경찰관 역할하기
• 녹색어머니 역할하기
• 학생 역할하기</td></tr>
<tr><td rowspan="2">인사하기</td><td rowspan="2">■ 격려와 칭찬하고 인사하기</td><td colspan="3">◇ 격려와 칭찬 듣고 인사하기</td><td rowspan="2">[유] 학생들을 격려하고 칭찬한 후 인사를 한다.</td></tr>
<tr><td>• 바른자세로 “감사합니다.” 말하며 인사하기</td><td>• “감사합니다.” 말하며 인사하기</td><td>• 인사하기</td></tr>
</table>

○ 본시학습평가

<table>
<tr><td rowspan="9">평가</td><td rowspan="3">평가 목표</td><td>가</td><td>• 횡단보도를 신호등 빨강, 노랑, 초록불에 따라 바르게 건널 수 있는가?</td></tr>
<tr><td>나</td><td>• 횡단보도를 신호등 빨강, 노랑, 초록불에 따라 2가지 이상 바르게 건널 수 있는가?</td></tr>
<tr><td>다</td><td>• 횡단보도를 신호등 빨강, 노랑, 초록불에 따라 친구와 같이 바르게 건널 수 있는가?</td></tr>
<tr><td rowspan="3">평가 방법</td><td>가</td><td>• 관찰과 발문 및 학습지를 통하여 평가한다.</td></tr>
<tr><td>나</td><td>• 관찰과 발문을 통하여 평가한다.</td></tr>
<tr><td>다</td><td>• 관찰을 통하여 평가한다.</td></tr>
<tr><td rowspan="3">평가 기준</td><td>가</td><td>• 간이신호등을 보고 빨강, 노랑, 초록불에 따라 바르게 건널 수 있는지를 평가한다.</td></tr>
<tr><td>나</td><td>• 간이신호등을 보고 빨강, 노랑, 초록불에 따라 2가지 이상 바르게 건널 수 있는지를 평가한다.</td></tr>
<tr><td>다</td><td>• 간이신호등을 보고 빨강, 노랑, 초록불에 따라 친구와 같이 바르게 건널 수 있는지를 평가한다.</td></tr>
</table>

3. 수학과

1) 단원: 5. 순서 짓기

2) 단원의 개관

(1) 시회면

순서수는 우리가 일상생활을 하는데 꼭 필요한 수학적 요소이다. 학생들은 주변에서 흔히 볼 수 있는 신발, 치약, 접시, 의류 등의 생활용품이나 생활 속에서 자주 접하는 공, 과일, 채소 등의 구체물을 배열하는 활동을 통해서 순서의 개념을 경험하며 성장하게 된다.

(2) 아동면

특수교육대상학생들도 비장애인들과 더불어 살아가려면 사물을 구별할 수 있는 능력이 필요하다. 따라서 특수교육대상학생들에게 사물을 구별할 수 있는 능력 신장을 위해서는 생활 주변의 여러 가지 물건의 속성을 탐색하고, 실생활에서의 구체적인 변별 활동을 통해 사물을 구별할 수 있는 능력을 기르도록 하여야 한다.

(3) 교재면

본 단원은 사물의 속성을 알고, 구체물 및 반구체물을 배열하고, 나아가 반복되는 배열 속에서 일정한 순서와 규칙성을 발견하여 여러 가지 생활 속에서 일어나는 순서와 규칙성에 관련된 문제를 해결할 수 있는 방법을 제공하고자 설정되었다.

(4) 지도면

특수교육대상학생들에게 여러 가지 구체물을 다양하게 제공하고, 성공의 기회를 많이 경험할 수 있도록 하여야 한다. 이를 위해서 평상시에 경험해 본 친근감 있는 공 만지기, 공 던지기, 공 받기, 공 발로차기 등을 경험하도록 하면서 공을 작은 순서대로 정리하도록 하여 구체물을 순서대로 놓기를 할 수 있도록 지도하고자 한다.

3) 단원의 목표

(1) 이해

① 생활용품을 배열하는 활동을 통해 순서의 개념을 알 수 있다.
② 생활용품을 배열하는 활동을 통해 규칙성을 알 수 있다.

(2) 기능

① 생활용품을 큰 것부터 작은 것 순으로 놓을 수 있다.
② 생활용품을 작은 것부터 큰 것 순으로 놓을 수 있다.

(3) 태도

① 사물이 지니고 있는 크기의 순서에 관심을 가질 수 있다.
② 생활용품을 크기의 순서대로 놓는 활동에 흥미를 가질 수 있다.

4) 단원의 구성

(1) 단원의 구소

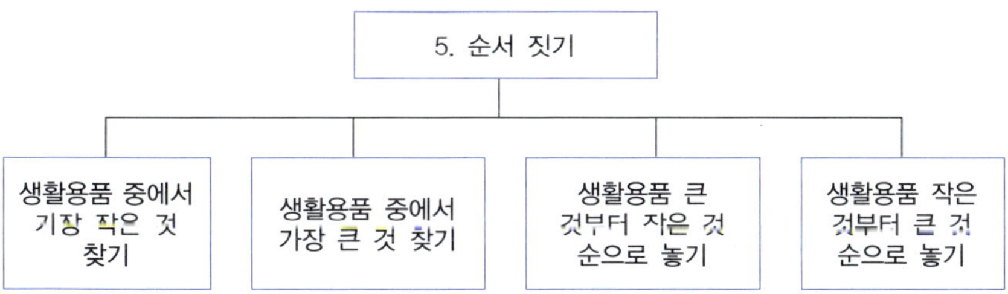

(2) 단원의 관련

① 종적 관련

선수학습	본 단원 학습	후속학습
• 세 가지 장난감 중 가장 큰(작은) 것 고르기 • 크기가 다른 과일 순서대로 놓기	• 큰 것부터 작은 것 순으로 놓기 • 작은 것부터 큰 것 순으로 놓기 • 크기 순서대로 놓기	• 세 가지 구체물의 배열에서 규칙이 있는 것 찾기 • 정해진 규칙에 따라 구체물 배열하기 • 구체물의 배열에서 규칙이 있는 것 찾기

② 횡적 관련

관 련 교 과	학 년 군	관 련 단 원
국어	1－2 학년	소리를 내봐요
		신기한 소리세상
과학	1－2 학년	위치와 방향
		물질의 성질
		물체의 관찰
미술	1－2 학년	재미있는 표현나라
		즐거운 미술관 구경

5) 단원의 지도 계획

차시	제재	지도내용	관련 교과	자료
1/20	단원 소개 및 개관	• 단원의 학습내용 소개하기	• 국어 • 과학 • 미술	컵 쌓기 놀이 교구

차시	제재	지도내용	관련 교과	자료
2/20	◦순서대로 놓기(1)	• 나뭇잎을 순서대로 같은 그림 위에 붙이기 • 나뭇잎을 순서대로 토끼 앞다리에 붙이기	• 국어 • 과학 • 미술	전자저작물(교사용), 붙임딱지(개인용), 나뭇잎(개인용)
3/20	◦순서대로 놓기(2)	• 과자를 순서대로 같은 그림 위에 붙이기 • 과자로 만든 얼굴을 순서대로 붙이기	• 국어 • 미술	전자저작물(교사용), 붙임딱지(개인용), 과자(모둠용)
4/20	◦순서대로 놓기(3)	• 풍선을 순서대로 같은 그림 위에 붙이기 • 동물을 순서대로 붙이기	• 국어 • 과학 • 미술	전자저작물(교사용), 붙임딱지(개인용)
5/20	◦순서대로 놓기(4)	• 동물을 순서대로 붙이기 • 삽과 모자를 순서대로 붙이기	• 국어 • 과학 • 미술	전자저작물(교사용), 붙임딱지(개인용)
6/20	◦가장 큰 장난감 찾기(1)	• 크기가 다른 세 가지 장난감을 주의 깊게 관찰하기 • 장난감의 크기 차이가 있음을 직관적으로 알기	• 국어 • 미술	완구 3종, 인형 6종
7/20	◦가장 큰 장난감 찾기(2)	• 크기가 다른 세 가지 장난감을 스스로 만져보기 • 세 가지 장난감 그림 카드 중 가장 큰 것을 선택하기	• 국어 • 미술	완구 8종, 인형 3종, 장난감 그림카드, 사진
8/20	◦큰 순서대로 과일 놓기(1)	• 과일 실물이나 모형물을 통해 조작과 관찰하기 • 크기가 다른 과일 순서대로 놓기	• 국어 • 미술	과일(모형)7종
9/20	◦큰 순서대로 과일 놓기(2)	• 과일 그림 카드나 사진의 관찰을 통해 세 과일의 크기 알기 • 크기가 다른 세 가지 과일 그림 카드(사진)를 제시하고 큰 순서대로 놓아 보기	• 국어 • 미술	과일(모형)8종, 과일 그림 카드, 사진

차시	제재	지도내용	관련 교과	자료
10/20	◦가장 작은 학용품 찾기(1)	• 크기가 다른 세 가지 학용품을 관찰하여 세 학용품에 차이가 있음을 직관적으로 알기 • 관찰을 통해 학생들이 세 가지 학용품 중에서 가장 작은 것부터 찾아보기	• 국어 • 과학 • 미술	학용품 9종
11/20	◦가장 작은 학용품 찾기(2)	• 크기가 다른 세 가지 학용품을 스스로 골고루 만져보고 다루어 보기 • 학용품 실물 조작 활동 후 세 가지 학용품 그림 카드(사진)를 제시하여 가장 작은 것을 선택하기	• 국어 • 과학 • 미술	학용품 9종, 학용품 그림 카드, 사진
12/20 (본시)	◦작은 순서대로 공 놓기(1)	• 공 그림 카드나 사진을 주의 깊게 관찰하기 • 크기가 다른 세 가지 공(공 그림 카드)을 작은 순서대로 놓아 보기	• 국어 • 미술	공(모형) 6종
13/20	◦작은 순서대로 공 놓기(2)	• 공 그림 카드나 사진을 주의 깊게 관찰하기 • 크기가 다른 네 가지 공(공 그림 카드)을 작은 순서대로 놓아 보기	• 국어 • 미술	공(모형) 8종, 공 그림 카드, 사진
14/20	◦가족의 물건을 짝지어 큰 순서대로 놓기(1)	• 가족과 세 가지 물건을 짝지어 큰 순서대로 놓기 • 짝지어 큰 순서대로 놓기	• 국어 • 미술	4가지 크기별 옷, 양말, 모자
15/20	◦가족의 물건을 짝지어 큰 순서대로 놓기(2)	• 가족과 세 가지 크기의 물건(그림, 카드, 사진)을 짝지어 큰 순서대로 놓기 • 짝지어 큰 순서대로 놓기	• 국어 • 미술	4가지 크기별 옷, 가방, 점퍼, 모자, 신발, 의류품 그림 카드, 사진
16/20	◦가족과 자전거를 짝지어 작은 순서대로 놓기	• 가족과 세 가지 크기의 자전거(모형, 그림카드)를 짝지어 작은 순서대로 놓기 • 짝지어 작은 순서대로 놓기	• 국어 • 과학 • 미술	자전거(모형)3종, 자전거 그림 카드, 사진

차시	제재	지도내용	관련 교과	자료
17/20	◦동물과 집을 짝지어 작은 순서대로 놓기	• 동물과 세 가지 크기의 집을 짝지어 작은 순서대로 놓기 • 짝지어 작은 순서대로 놓기	• 국어 • 미술	동물(모형)9종, 농불 그림 카드, 사진
18/20	◦잘 공부했는지 알아볼까요?	• 학습한 내용 복습 및 다양한 상황에 적용해보기	• 국어 • 과학 • 미술	학용품, 과일 모형, 컵 쌓기 교구, 자전거 그림 카드
19~20/20	◦선생님이 들려주는 이야기를 듣고 교실용품 정리하기	• 선생님이 들려주는 이야기를 듣고 배운 내용 적용해보기	• 국어 • 과학 • 미술	이야기 자료 (코끼리 가족과 생쥐 가족의 이사)

6) 지도상의 유의점

① 수업 시에 제시하는 구체물은 학생들이 생활 속에 쉽게 접근할 수 있고 교실에서 직접 다루어 볼 수 있는 소재를 사용해야 한다.

② 실제 사물을 사용한 구체물 활용과 교과서 및 활동 자료를 통한 반구체물의 활용이 적절히 이루어지는 수업으로 제시되어야 한다.

③ 구체물의 배열에 대한 모방 능력과 크기 개념과 비교가 이루어지도록 한다.

④ 크기 비교를 할 수 있는 구체물의 그림이나 사진을 학생들의 능력에 따라 제시함으로써 구체물에 대한 크기 비교 능력을 향상시키기 위한 활동을 마련한다.

⑤ 단순히 크기에 따른 분류활동을 넘어서 학생들이 각 구체물의 크기를 다양한 직관적인 관찰활동을 통해 비교한다.

⑥ 각 구체물의 크기를 다양한 관찰활동을 통해 크고 작다는 개념을 인지하도록 한다.

7) 단원의 평가 계획

(1) 이해

① 생활용품을 배열하는 활동을 통해 순서의 개념을 알 수 있는가?
② 생활용품을 배열하는 활동을 통해 규칙성을 알 수 있는가?

(2) 기능

① 생활용품을 큰 것부터 작은 것 순으로 놓을 수 있는가?
② 생활용품을 작은 것부터 큰 것 순으로 놓을 수 있는가?

(3) 태도

① 사물이 지니고 있는 크기의 순서에 관심을 가질 수 있는가?
② 생활용품을 크기의 순서대로 놓는 활동에 흥미를 가질 수 있는가?

8) 본시 지도 계획

(1) 본시 관련 학생의 실태

순	이름	성별	본시관련 수행능력 수준	행동 특성	집단 편성	장애 종류
1	이○원	남	• 공의 크기에 대해 말할 수 있음. • 다양한 공의 크기를 구분할 수 있음.	• 교사의 지시에 따르며 발문에 대답을 함. • 수업이 지루해지면 집중력이 흐트러짐.	가	지적장애

순	이름	성별	본시관련 수행능력 수준	행동 특성	집단 편성	장애 종류
2	김○민	여	• 공의 크기에 대해 말할 수 있음. • 몇 가지 공의 크기를 구분할 수 있음.	• 수업에 참여함. • 다른 친구들을 질 도와 줌.	나	지적장애
3	김○별	여	• 공의 크기를 분류할 때 교사의 도움이 필요함. • 또래의 도움을 받아 공의 크기에 따라 분류를 할 수 있음.	• 휠체어를 타며 수업관련 활동 전반에 도움이 필요함. • 혼잣말을 하거나 노래를 부를 때가 있음.	다	지체장애

(2) 본시 학습의 실제

<table>
<tr><td>단원</td><td colspan="2">5. 순서 짓기</td><td>제재</td><td colspan="4">작은 순서대로 공 놓기 (1)</td><td>차시</td><td>12/20</td></tr>
<tr><td>일시</td><td colspan="2">2000.6.2.(목)
2교시</td><td>장소</td><td>1-2반 교실</td><td>대상</td><td>남1명, 여2명, 계 3명</td><td>지도
교사</td><td colspan="2">정○경</td></tr>
<tr><td rowspan="3">개별
학습
목표</td><td>가</td><td>이○원</td><td colspan="7">농구공, 배구공, 테니스공을 작은 것부터 순서대로 놓을 수 있다.</td></tr>
<tr><td>나</td><td>김○민</td><td colspan="7">농구공, 배구공, 테니스공을 작은 것부터 순서대로 2가지 이상 놓을 수 있다.</td></tr>
<tr><td>다</td><td>김○별</td><td colspan="7">농구공, 배구공, 테니스공을 또래와 함께 작은 것부터 순서대로 놓을 수 있다.</td></tr>
<tr><td rowspan="2">수업
전략</td><td colspan="2">수업모형</td><td colspan="7">직접 교수 모형</td></tr>
<tr><td colspan="2">학습집단</td><td colspan="7">소집단 및 개별학습</td></tr>
<tr><td rowspan="3">교수
· 학
습
자료</td><td colspan="2">기자재</td><td colspan="7">스마트보드(전자칠판), 컴퓨터</td></tr>
<tr><td colspan="2">교사자료</td><td colspan="7">PPT, 농구공, 배구공, 테니스공, 탁구공, 붙임딱지</td></tr>
<tr><td colspan="2">학생자료</td><td colspan="7">농구공, 배구공, 테니스공, 탁구공, 붙임딱지</td></tr>
</table>

<table>
<tr><th rowspan="3">단계</th><th rowspan="3">학습
활동</th><th colspan="4">교수 · 학습 활동</th><th rowspan="3">시
간</th><th rowspan="3">자료(*)
및
유의점(★)</th></tr>
<tr><th rowspan="2">교사</th><th colspan="3">학생</th></tr>
<tr><th>가</th><th>나</th><th>다</th></tr>
<tr><td rowspan="9">설
명
하
기</td><td>마음
열기</td><td>• 인사하기</td><td>• 바른자세로 “안녕하세요?” 말하며 인사하기</td><td>• “안녕하세요?” 말하며 인사하기</td><td>• 인사하기</td><td rowspan="9">5'</td><td rowspan="9">* 농구공, 배구공, 테니스공

* 동상영
★동영상 시청 시 학생들이 관심을 갖도록 한다.
* PPT</td></tr>
<tr><td rowspan="2">전시
학습
상기</td><td rowspan="2">• 다양한 크기의 학용품 제시하기</td><td colspan="3">▣ 다양한 크기의 학용품 중 가장 작은 것 찾기</td></tr>
<tr><td>• 세 가지 학용품 중 가장 작은 것 찾기</td><td>• 두 가지 학용품 중 작은 것 찾기</td><td>• 또래와 같이 세 가지 학용품 중 가장 작은 것 찾기</td></tr>
<tr><td rowspan="2">동기
유발</td><td rowspan="2">• 동영상 보여주기</td><td colspan="3">▣ 크기의 다름과 순서가 나오는 동영상 시청하고 말하기</td></tr>
<tr><td>• 다양한 크기 3가지 이상 말하기</td><td>• 다양한 크기 2가지 이상 말하기</td><td>• 다양한 크기 따라서 말하기</td></tr>
<tr><td>학습
목표
제시</td><td>• PPT를 활용하여 학습목표 제시하기</td><td>• 농구공, 배구공, 테니스공을 작은 것부터 순서대로 놓을 수 있다.</td><td>• 농구공, 배구공, 테니스공을 작은 것부터 순서대로 2가지 이상 놓을 수 있다.</td><td>• 농구공, 배구공, 테니스공을 또래와 함께 작은 것부터 순서대로 놓을 수 있다.</td></tr>
<tr><td rowspan="3">학습
활동
안내</td><td rowspan="3">• PPT 및 구체물, 반구체물을 활용하여 학습활동 안내하기</td><td colspan="3">• 교사의 시범을 보고 3 가지 공의 크기 표현하기
• 교사의 발문에 따라 공의 크기 차이 알아보는 방법 답하기
• 교사의 안내에 따라 3 가지 공을 작은 순서대로 놓기
• 교사의 안내에 따라 붙임딱지를 이용하여 작은 공 순서대로 붙이기</td></tr>
<tr></tr>
<tr></tr>
<tr><td colspan="2" rowspan="2">시범 보이기</td><td rowspan="2">• 손을 이용하여 3가지 공의 크기 차이 알아보는 시범보이기</td><td colspan="3">▣ 교사의 시범을 보고 3 가지 공의 크기 표현하기</td><td rowspan="4">30'</td><td rowspan="4">* 농구공, 배구공, 테니스공

★모든 학생들이 참여하도록 지원한다.</td></tr>
<tr><td>• 농구공, 배구공, 테니스공을 만져보고 크기 표현하기</td><td>• 농구공, 배구공, 테니스공을 만져보고 크기를 2가지 이상 표현하기</td><td>• 또래와 함께 농구공, 배구공, 테니스공을 만져보고 크기 표현하기</td></tr>
<tr><td colspan="2" rowspan="2">발문하기</td><td rowspan="2">• 공의 크기 차이 알아보는 방법에 관하여 단계별로 발문하기</td><td colspan="3">▣ 교사의 발문에 따라 공의 크기 차이 알아보는 방법 답하기</td></tr>
<tr><td>• 손으로 만지고 공을 비교하여 작은 것 순서대로 말하기</td><td>• 손으로 만지고 공을 비교하여 작은 것 말하기</td><td>• 또래와 함께 손으로 만지고 공을 비교하여 작은 것 순</td></tr>
</table>

<table>
<tr><th rowspan="3">단계</th><th rowspan="3">학습 활동</th><th colspan="4">교수 · 학습 활동</th><th rowspan="3">시간</th><th rowspan="3">자료(*) 및 유의점(★)</th></tr>
<tr><th rowspan="2">교사</th><th colspan="3">학생</th></tr>
<tr><th>가</th><th>나</th><th>다</th></tr>
<tr><td colspan="2"></td><td></td><td></td><td></td><td>서대로 말하기</td><td rowspan="5"></td><td rowspan="5">* 붙임딱지</td></tr>
<tr><td colspan="2" rowspan="4">활동하기</td><td rowspan="2">• 3가지 공을 작은 순서대로 놓기</td><td colspan="3">▣ 교사의 안내에 따라 3 가지 공을 작은 순서대로 놓기</td></tr>
<tr><td>• 농구공, 배구공, 테니스공을 작은 것부터 순서대로 놓기</td><td>• 농구공, 배구공, 테니스공을 작은 것부터 순서대로 2가지 이상 놓기</td><td>• 또래와 함께 농구공, 배구공, 테니스공을 작은 것부터 순서대로 놓기</td></tr>
<tr><td rowspan="2">• 붙임딱지를 이용하여 작은 공부터 순서대로 붙이기</td><td colspan="3">▣ 교사의 안내에 따라 붙임딱지를 이용하여 작은 공 순서대로 붙이기</td></tr>
<tr><td>• 붙임딱지를 이용하여 농구공, 배구공, 테니스공을 작은 순서대로 붙이기</td><td>• 붙임딱지를 이용하여 농구공, 배구공, 테니스공을 작은 순서대로 2가지 이상 붙이기</td><td>• 또래와 함께 붙임딱지를 이용하여 농구공, 배구공, 테니스공을 작은 순서대로 붙이기</td></tr>
<tr><td rowspan="7">정리하기</td><td rowspan="2">•정리</td><td rowspan="2">• 3가지 크기의 공을 작은 순서대로 놓게 하기</td><td colspan="3">▣ 교사가 제시하는 세 가지 크기의 공을 작은 순서대로 놓기</td><td rowspan="7">5'</td><td rowspan="3">* PPT, 농구공, 배구공, 테니스공, 탁구공</td></tr>
<tr><td>• 농구공, 배구공, 테니스공을 작은 것부터 순서대로 놓기</td><td>• 농구공, 배구공, 테니스공을 작은 것부터 순서대로 2가지 이상 놓기</td><td>• 또래와 함께 농구공, 배구공, 테니스공을 작은 것부터 순서대로 놓기</td></tr>
<tr><td>•평가</td><td>• 수준별로 평가하기</td><td colspan="3">▣ "본시학습의 평가"와 같이 "평가목표, 평가방법, 평가기준"에 의거 평가 받기</td></tr>
<tr><td rowspan="2">•차시 예고</td><td rowspan="2">• 다음시간에 학습할 내용 제시하기</td><td colspan="3">▣ 네 가지 크기의 공을 작은 것부터 순서대로 놓기</td><td rowspan="4">★다음시간에 학습할 내용을 학생들이 알 수 있도록 안내한다.</td></tr>
<tr><td>• 농구공, 배구공, 테니스공, 탁구공을 작은 것부터 순서대로 놓기</td><td>• 농구공, 배구공, 테니스공, 탁구공을 작은 것부터 순서대로 3가지 이상 놓기</td><td>• 또래와 함께 농구공, 배구공, 테니스공, 탁구공을 작은 것부터 순서대로 놓기</td></tr>
<tr><td>•인사</td><td>• 인사하기</td><td>• 바른자세로 "감사합니다." 말하며 인사하기</td><td>• "감사합니다." 말하며 인사하기</td><td>• 인사하기</td></tr>
</table>

(3) 본시학습의 평가

<table>
<tr><td rowspan="3">평가 목표</td><td>가</td><td>• 농구공, 배구공, 테니스공을 작은 것부터 순서대로 놓을 수 있는가?</td></tr>
<tr><td>나</td><td>• 농구공, 배구공, 테니스공을 작은 것부터 순서대로 2가지 이상 놓을 수 있는가?</td></tr>
<tr><td>다</td><td>• 농구공, 배구공, 테니스공을 또래와 함께 작은 것부터 순서대로 놓을 수 있는가?</td></tr>
<tr><td>평가 방법</td><td colspan="2">• 학습과정과 정리활동을 통하여 평가한다.</td></tr>
<tr><td rowspan="3">평가 기준</td><td>가</td><td>• 농구공, 배구공, 테니스공을 작은 것부터 순서대로 놓을 수 있는지 평가한다.</td></tr>
<tr><td>나</td><td>• 농구공, 배구공, 테니스공을 작은 것부터 순서대로 2가지 이상 놓을 수 있는지 평가한다.</td></tr>
<tr><td>다</td><td>• 또래와 함께 농구공, 배구공, 테니스공을 작은 것부터 순서대로 놓을 수 있는지 평가한다.</td></tr>
</table>

【문제해결수업모형】

<table>
<tr><td>단원</td><td colspan="2">4.생활에서 재어 보기</td><td>제재</td><td colspan="3">놀이에서 무게 알기</td><td>차시</td><td>9/15</td></tr>
<tr><td>일시</td><td colspan="2">20○○년4월29일(금)
3교시</td><td>장소</td><td>2－1교실</td><td>대상</td><td>남1, 여3, 계4명</td><td>지도 교사</td><td>이○정</td></tr>
<tr><td rowspan="3">개별학습목표</td><td>가</td><td>김○진,
김○연</td><td colspan="7">• 시소 놀이를 통해 우리 반에서 가장 무거운 친구를 말할 수 있다.</td></tr>
<tr><td>나</td><td>김○숙</td><td colspan="7">• 시소 놀이를 통해 우리 반에서 나보다 무거운 친구를 2명 말할 수 있다.</td></tr>
<tr><td>다</td><td>유○리</td><td colspan="7">• 시소 놀이를 통해 우리 반에서 나보다 무거운 친구를 1명 이상 말할 수 있다.</td></tr>
<tr><td>수업 전략</td><td colspan="2">수업모형</td><td colspan="7">문제해결수업모형</td></tr>
<tr><td rowspan="3">교수 · 학습 자료</td><td colspan="2">기자재</td><td colspan="7">스마트보드(전자칠판), 컴퓨터</td></tr>
<tr><td colspan="2">교사자료</td><td colspan="7">PPT(놀이터), PPT(학습목표), PPT(학습활동안내), 우리반 친구 사진, 동영상(시소놀이)</td></tr>
<tr><td colspan="2">학생자료</td><td colspan="7">사과, 딸기, 시소, 컵(크기가 다른 3개)</td></tr>
</table>

<table>
<tr><th rowspan="3">단계</th><th rowspan="3">학습
활동</th><th colspan="4">교수 · 학습 활동</th><th rowspan="3">시
간</th><th rowspan="3">㉶자료 및
㊒ 유의점</th></tr>
<tr><th rowspan="2">교사</th><th colspan="3">학생</th></tr>
<tr><th>가</th><th>나</th><th>다</th></tr>
<tr><td rowspan="6">과세
파악</td><td>인사</td><td>• 인사하기</td><td>• 바른자세로 “안녕하세요”말하며 인사하기</td><td>• “안녕하세요”말하며 인사하기</td><td>• 인사하기</td><td rowspan="6">7′</td><td></td></tr>
<tr><td rowspan="2">전시
학습
상기</td><td rowspan="2">• 사과와 딸기 들고 무게 차이 알아보게 하기</td><td colspan="3">○ 사과와 딸기 들고 무게 차이 말하기</td><td rowspan="2">㉶사과, 딸기
㊒자유롭고 허용적인 분위기를 조성한다.</td></tr>
<tr><td>• 딸기보다 사과가 무거워요.
• 사과보다 딸기가 가벼워요.</td><td>• 딸기가 가벼워요.
• 사과가 무거워요.</td><td>• 몰라요.
• 이게 가벼워요.
• 이게 무거워요.</td></tr>
<tr><td>동기
유발</td><td>• ‘신나는 놀이터’ 이야기 들려주기</td><td colspan="3">• ‘신나는 놀이터’ 이야기 듣기
진일이와 진이는 놀이터에서 노는 것을 무척 좋아해요. 오늘도 놀이터는 시끌벅적 친구들로 가득 차 있어요. 모래놀이 하는 친구도 있고, 그네를 타는 친구도 있고 모두가 즐거워요. 놀이 기구 중에서 가장 인기가 있는 것은 시소예요. 친구와 같이 타는 시소는 무척 재미있어요. 시소를 타기 위해 친구들이 길게 줄을 서 있어요.</td><td>㉶PPT(놀이터)</td></tr>
<tr><td>학습
목표
제시</td><td>• 학습목표 제시하기</td><td>• 시소 놀이를 통해 우리 반에서 가장 무거운 친구를 말할 수 있다.</td><td>• 시소 놀이를 통해 우리 반에서 나보다 무거운 친구 2명 말할 수 있다.</td><td>• 시소 놀이를 통해 우리 반에서 나보다 무거운 친구 1명 이상 말할 수 있다.</td><td>㉶PPT(학습목표)</td></tr>
<tr><td>학습
활동
안내</td><td>• 학습 활동 안내하기</td><td colspan="3">〈활동1〉 우리반 친구들 몸무게 생각하여 말하기
〈활동2〉 우리 반 친구들과 시소 타기
〈활동3〉 우리 반 친구들과 시소 타본 결과 발표하기</td><td>㉶PPT(학습활동 안내)</td></tr>
<tr><td rowspan="2">해결
방법
탐색</td><td rowspan="2">예상
하기</td><td rowspan="2">〈활동1〉 우리반 친구를 몸무게 생각하여 말하게 하기</td><td colspan="3">○ 우리 반 친구들 몸무게 생각하여 말하기</td><td rowspan="2">5′</td><td rowspan="2">㉶우리반 친구 사진</td></tr>
<tr><td>• 김○숙이 무거워요.
• 김○진이 제일 무거워요.</td><td>• 김○신이 제일 무거워요.
• 유○리가 무거워요.</td><td>• 김○진이 무거워요.
• 김○연이 무거워요.</td></tr>
<tr><td rowspan="2">문제</td><td rowspan="2">문제
해결
실행</td><td rowspan="2">〈활동2〉 우리 반 친구들과 시소 타도록 하기</td><td colspan="3">○ 우리 반 친구들과 시소 타기</td><td rowspan="2">23′</td><td rowspan="2">㉶시소</td></tr>
<tr><td>• 김○진과 김○연이 타기</td><td>• 김○숙과 김○진이 타기</td><td>• 유○리와 김○진이 타기</td></tr>
</table>

<table>
<tr><th rowspan="3">단계</th><th rowspan="3">학습
활동</th><th colspan="4">교수 · 학습 활동</th><th rowspan="3">시
간</th><th rowspan="3">㉶자료 및
[유] 유의점</th></tr>
<tr><th rowspan="2">교사</th><th colspan="3">학생</th></tr>
<tr><th>가</th><th>나</th><th>다</th></tr>
<tr><td rowspan="3">해결</td><td></td><td></td><td>• 김○진과 김○숙이 타기
• 김○진과 유○리가 타기
• 김○연과 김○숙이 타기
• 김○연과 유○리가 타기</td><td>• 김○숙과 김○연이 타기
• 김○숙과 유○리가 타기</td><td>• 유○리와 김○연이 타기
• 유○리와 김○숙이 타기</td><td rowspan="3"></td><td rowspan="3">[유]자유롭고 허용적인 분위기를 조성한다.</td></tr>
<tr><td rowspan="2">문제
해결
검토</td><td rowspan="2">〈활동3〉 우리 반 친구들과 시소 타본 결과 발표하도록 하기</td><td colspan="3">○ 우리 반 친구들과 시소 타본 결과 발표하기</td></tr>
<tr><td>• 나(김○진)보다 김○숙이 무거워요.
• 나(김○연)보다 김○숙이 무거워요.
• 나(김○연)보다 김○진이 무거워요.</td><td>• 나(김○숙)보다 김○진이 가벼워요.
• 나(김○숙)보다 유○리이 가벼워요.</td><td>• 나(유○리)보다 김○진이 무거워요.
• 나(유○리)보다 김○연이 가벼워요.</td></tr>
<tr><td rowspan="6">정리
활동</td><td rowspan="2">정리</td><td rowspan="2">• 시소 놀이 하는 모습 동영상 보여주면서 학습 내용 정리하기</td><td colspan="3">○ 우리 반 친구들과 시소 놀이 하는 모습 동영상 보고 무거운 친구 말하기</td><td rowspan="6">5′</td><td rowspan="3">㉶동영상
(시소놀이)</td></tr>
<tr><td>• 김○숙이 제일 무거워요.
• 김○진도 무거워요.</td><td>• 내(김○숙)가 제일 무거워요.</td><td>• 나(유○리)보다 김○진이 무거워요.</td></tr>
<tr><td>평가</td><td>• 수준별로 평가하기</td><td colspan="3">○ "본시 학습의 평가"와 같이 "평가목표, 평가방법, 평가기준"에 의거 평가하기</td></tr>
<tr><td rowspan="2">차시
예고</td><td rowspan="2">• 다음시간에 학습할 내용 제시하기</td><td colspan="3">○ 생활에서 사용하는 들이 기초 알기</td><td rowspan="2">㉶컵(크기가 다른 3개)</td></tr>
<tr><td>• 컵의 크기가 다른 3개의 컵에 따라 물이 들어가는 양이 다름을 알기</td><td>• 컵의 크기가 다른 2개의 컵에 따라 물이 들어가는 양이 다름을 알기</td><td>• 큰 컵에 작은 컵에 있는 물 붓기</td></tr>
<tr><td>인사</td><td>• 인사하기</td><td>• 바른 자세로 "감사합니다."말하면서 인사하기</td><td>• "감사합니다." 말하면서 인사하기</td><td>• 인사하기</td><td>[유]학생들을 격려하고, 칭찬한 후 인사한다.</td></tr>
</table>

○ 본시 학습의 평가

평가 목표	가	• 시소 놀이를 통해 우리 반에서 가장 무거운 친구를 말할 수 있는가?
	나	• 시소 놀이를 통해 우리 반에서 나보다 무거운 친구를 2명 말할 수 있는가?
	다	• 시소 놀이를 통해 우리 반에서 나보다 무거운 친구를 1명 이상 말할 수 있는가?
평가방법		• 수업 과정 관찰과 학습 결과를 통하여 평가한다.
평가 기준	가	• 시소 놀이를 통해 우리 반에서 가장 무거운 친구를 말할 수 있는가를 평가한다.
	나	• 시소 놀이를 통해 우리 반에서 나보다 무거운 친구를 2명 말할 수 있는가를 평가한다.
	다	• 시소 놀이를 통해 우리 반에서 나보다 무거운 친구를 1명 이상 말할 수 있는가를 평가한다.

4. 과학과

1) 단원: 4. 물체의 용도

2) 단원의 개관

오늘날 특수교육대상학생에게 요구되는 과학적 소양은 일상생활에서 직면하게 되는 다양한 문제에 대하여 기본적인 과학적 지식과 방법을 활용하여 최대한 독립적으로 의사 결정하고 해결하는 능력이라 할 수 있다. 이러한 흐름 속에서 특수교육대상학생들은 생활하는데 필요한 과학적 지식과 탐구 능력 및 태도를 습득하여 활용하기 위하여 많은 경험을 해보아야 한다.

특수교육대상학생들은 자신을 둘러싼 주변의 환경에 대한 관심이 다소 떨어지는 특성을 보인다. 그러므로 학생의 경험과 밀접한 관련이 있는 상황에서 흔히 접할 수 있는 물체를 중심으로 학생의 관심과 흥미를 유발하여 기초적인 탐구과정이 이루어지도록 하여야 한다. 그리고 이러한 관심 · 흥미 · 탐구과정은 구체적 조작 활동을 통해 이루어 져야 한다.

이 단원에서는 학생들의 생활 주변에서 흔히 접할 수 있는 물체를 관찰하고 그 종류와 이름, 쓰임새를 알아보도록 하는 것이 중요 내용이다. 특히 학습자들이 주로 활동하는 학교와 주변 환경(교실, 학교식당, 문방구점, 통학로 등) 속에서 물체를 만져 보고, 두드려 보는 등 다양한 체험활동을 함으로써 물체에 대한 흥미와 관심을 갖고 이러한 관심을 토대로 주변의 여러 가지 물체의 종류와 쓰임새를 분류하는 능력을 신장시키고자 하였다.

따라서 과학적 소양에 필요한 과학에 대한 관심을 갖게 하거나 과학의 기본 요소나 개념의 이해를 위해 학생들이 생활하는 다양한 환경에서 과학적 현상을 경험하고, 과학 관련 문제 해결에 적용할 수 있는 학습 기회를 제공하고자 한다. 또한 간단한 관찰,

분류 활동을 통하여 사실을 발견하고 개념을 형성한 후 반복학습을 통하여 과학적인 개념을 습득하도록 지도하고자 한다.

3) 단원의 목표

영역	내용
지식	• 교실, 학교식당, 통학길, 매점에서 사용하는 물체의 용도를 설명할 수 있다.
기능	• 교실, 학교식당, 통학길, 매점에서 사용하는 물체를 그 용도에 맞게 사용할 수 있다.
태도	• 교실, 학교식당, 통학길, 매점에서 사용하는 물체를 그 용도에 맞게 사용하려는 태도를 가질 수 있다.

4) 단원의 구성

(1) 종적 관련

선수학습	이 단원의 학습	후속학습
1. 교실, 학교식당, 통학길, 매점에서 볼 수 있는 물체의 종류 알기	1. 교실에서 사용하는 물체의 용도 알기 2. 학교식당에서 사용하는 물체의 용도 알기 3. 통학로에서 볼 수 있는 물체의 용도 알기 4. 매점에서 볼 수 있는 물체의 용도 알기	1. 가정에 있는 물체의 종류 알기 2. 가정에 있는 물체의 용도 알기

(2) 횡적 관련

관련 교과	관련 단원
국어	• 간단한 말 듣고 이해하기 • 사물의 이름 말하기 • 사물의 이름 쓰기
사회	• 급우와 협력하여 과제 수행하기 • 본인의 의견 이야기하기

5) 단원의 지도 계획

차시	소 단 원 명	지도 내용	관련 교과	자료
1/5 (본시)	(1) 교실에서 사용하는 물체의 용도	• 교실에서 사용하는 물체의 용도 및 사용법 알기 • 교실에서 사용하는 물체를 그 용도에 맞게 사용하기 • 교실에서 사용하는 물체를 기능별로 선택하기	국어, 사회	• 스마트보드(전자칠판) • 학습활동에 사용하는 구체물 • 시청각 자료
2/5	(2) 학교식당에서 사용하는 물체의 용도	• 학교식당에서 사용하는 물체의 용도 및 사용법 알기 • 학교식당에서 사용하는 물체를 그 용도에 맞게 사용하기 • 학교식당에서 사용하는 물체를 기능별로 선택하기	국어, 사회	• 스마트보드(전자칠판) • 식당에서 사용하는 구체물 • 시청각 자료
3/5	(3) 통학길에서 볼 수 있는 물체의 용도	• 통학길에서 볼 수 있는 물체의 용도 및 사용법 알기 • 통학길에서 볼 수 있는 물체를 그 용도에 맞게 사용하기 • 통학길에서 볼 수 있는 물체를 기능별로 선택하기	국어, 사회	• 스마트보드(전자칠판) • 통학길에서 볼 수 있는 사진, 그림 • 시청각 자료
4/5	(4) 매점에서 볼 수 있는 물체의 용도	• 매점에서 볼 수 있는 물체의 용도 및 사용법 알기 • 매점에서 볼 수 있는 물체를 그 용도에 맞게 사용하기 • 매점에서 볼 수 있는 물체를 기능별로 선택하기	국어, 사회	• 스마트보드(전자칠판) • 매점에서 볼 수 있는 사진, 그림 • 시청각 자료
5/5	(5) 학교 및 주변에서 볼 수 있는 물체의 용도	• 교실, 학교식당, 통학길, 매점에서 볼 수 있는 물체를 장소별, 기능별로 분류하기	국어, 사회	• 스마트보드(전자칠판) • 학교주변에서 볼 수 있는 사진, 그림 • 시청각 자료

6) 지도상의 유의점

① 학생의 개인차에 따라 개별 학생의 학습 준비도를 잘 파악하여, 단원의 선행조직자 형성에 만전을 기한다.
② 학생이 과제 수행 시 주의 집중력을 유지할 수 있도록 학생 주변의 구체적인 다감각적 자료를 활용한다.
③ 학생이 흥미로운 하나의 과제에 집중하는 경향이 있으므로 과제 집중의 적절한 이동이 필요하다.
④ 일상생활의 구체적이고 실제적인 활동과 경험을 중시하여 지도한다.
⑤ 학생들이 성공하는 수업이 될 수 있도록 학습 활동을 구조화하고 성공에 대하여 즉각적인 보상을 제공한다.
⑥ 개별 학생의 강점을 활용하여 지도한다.
⑦ 평가는 수업시간에 학생과 직접 수행, 관찰, 면담 및 대답으로 대신한다.
⑧ 학생의 수행이 모두 양호할 경우 심화학습을 실시하고 그렇지 못하다면 기본학습을 반복한다.

7) 단원의 평가 계획

영역	내용
지식	• 교실, 학교식당, 통학길, 매점에서 사용하는 물체의 용도를 설명할 수 있는가?
기능	• 교실, 학교식당, 통학길, 매점에서 사용하는 물체를 그 용도에 맞게 사용할 수 있는가?
태도	• 교실, 학교식당, 통학길, 매점에서 사용하는 물체를 그 용도에 맞게 사용하려는 태도를 가질 수 있는가?

8) 본시 지도 계획

(1) 본시 관련 학생의 실태

순	이름	성별	영 역			집단 편성	비고
			본시 학습 관련 능력	기초학습	행동 특성		
1	마○희	여	• 책, 연필, 공책을 알고 있음.	• 낱말을 읽어주면 듣고 소리 내어 따라할 수 있으나 발음이 부정확함.	• 수업 시간 동안 착석 가능하나 간혹 화장실을 가는 등 본인 마음대로 행동하려 함.	나	지적 장애
2	심○태	남	• 학용품을 다수 알고 연필, 공책의 용도도 알고 있음.	• 낱말 카드를 보고 글씨를 따라 쓸 수 있음.	• 칭찬을 받으면 과제 수행 능력이 향상됨. • 학습 참여도가 높은 편이나 발표 시 자신을 지목하여주지 않을 경우 화를 냄.	가	지적 장애
3	오○정	여	• 학용품을 다수 알고 있음.	• 글씨 쓰는 것을 좋아함.	• 학습에 적극적으로 참여함. • 어려운 과제는 잘 수행하려 하지 않음.	가	지적 장애
4	유○숙	여	• 교사의 언어적 도움을 받아 학용품을 찾을 수 있음.	• 수용언어, 표현 언어가 되지 않으므로 학습 과제 수행 시에는 도와주어야 함.	• 수업 시간 동안 착석 가능함.	다	지적 장애
5	이○철	남	• 연필, 공책을 찾을 수 있음.	• 점선에 따라 글씨를 쓸 수 있음.	• 손을 흔드는 등의 상동행동이 나타남. • 학습 시간에 착석하지 않고 교실 바닥에 누우려 함.	다	지적 장애
6	홍○수	남	• 연필, 지우개, 공책을 알고 있음.	• 간단한 지시어를 이해할 수 있음.	• 자신의 책상에 있는 물체를 집어 던지는 경향이 있음.	나	지적 장애

(2) 본시 학습의 실제

<table>
<tr><td>단원</td><td colspan="2">4. 물체의 용도</td><td>소단원</td><td colspan="3">(1). 교실에서 사용하는 물체의 용도</td><td>차시</td><td>1/5</td></tr>
<tr><td>일시</td><td colspan="2">20○○.4.20.(수). 4교시</td><td>장소</td><td>4-1교실</td><td>대상</td><td>남:3명, 여:3명</td><td>지도교사</td><td>이○주</td></tr>
<tr><td rowspan="3">개별 학습 목표</td><td>가</td><td>심○태
오○정</td><td colspan="7">• 교실에서 사용하는 물체 중 용도에 맞는 것을 5개 이상 찾을 수 있다.</td></tr>
<tr><td>나</td><td>마○희
홍○수</td><td colspan="7">• 교실에서 사용하는 물체 중 용도에 맞는 것을 3개 이상 찾을 수 있다.</td></tr>
<tr><td>다</td><td>유○숙
이○철</td><td colspan="7">• 교실에서 사용하는 물체 중 용도에 맞는 것을 1개 이상 찾을 수 있다.</td></tr>
<tr><td rowspan="3">수업 전략</td><td colspan="2">수업모형</td><td colspan="7">경험수업모형</td></tr>
<tr><td colspan="2">학습집단</td><td colspan="7">소집단 및 개별학습</td></tr>
<tr><td colspan="2">체험활동</td><td colspan="7">교실에서 사용하는 물체를 사용해 보기</td></tr>
<tr><td rowspan="3">교수· 학습 자료</td><td colspan="2">기자재</td><td colspan="7">스마트보드(전자칠판), 컴퓨터</td></tr>
<tr><td colspan="2">교사자료</td><td colspan="7">‘네모의 꿈’ MR(MP4), PPT</td></tr>
<tr><td colspan="2">학생자료</td><td colspan="7">교실에서 사용하는 물체</td></tr>
</table>

<table>
<tr><th rowspan="3">단계</th><th rowspan="3">학습 활동</th><th colspan="4">교수 · 학습 활동</th><th rowspan="3">시간</th><th rowspan="3">자료(*) 및 유의점(❖)</th></tr>
<tr><th rowspan="2">교사</th><th colspan="3">학생</th></tr>
<tr><th>가</th><th>나</th><th>다</th></tr>
<tr><td rowspan="5">도입</td><td>인사</td><td>• 인사하기</td><td colspan="3">• 바른 자세로 “안녕하세요” 말하며 인사하기</td><td rowspan="5">5′</td><td rowspan="5">*교실에서 사용하는 물체(책, 공책, 연필, 지우개 등)
*‘네모의꿈’ MR(또는 MP4)
❖학생들이 학습 목표를 알 수 있도록 수준별로</td></tr>
<tr><td rowspan="2">전시 학습 상기</td><td rowspan="2">• 교실에 있는 물체 동영상 보여주기</td><td colspan="3">○ 교실에 있는 물체 동영상 시청하기</td></tr>
<tr><td>• 교실에서 사용하는 물체의 이름 말하기</td><td>• 교실에서 사용하는 물체의 이름 따라 말하기</td><td>• 교실에서 사용하는 물체 가르키기</td></tr>
<tr><td rowspan="2">동기 유발</td><td rowspan="2">• 노래 속에 나오는 사물 발문하기</td><td colspan="3">○ 화이트의 ‘네모의 꿈’ 노래 함께 부르기</td></tr>
<tr><td>• 노래 속에 나오는 사물 말하기</td><td>• 노래 속에 나오는 사물 2개 이상 말하기</td><td>• 노래 속에 나오는 사물 그림에서 찾기</td></tr>
</table>

<table>
<tr><th rowspan="3">단계</th><th rowspan="3">학습
활동</th><th colspan="4">교수 · 학습 활동</th><th rowspan="3">시
간</th><th rowspan="3">자료(*)
및
유의점(❖)</th></tr>
<tr><th rowspan="2">교사</th><th colspan="3">학생</th></tr>
<tr><th>가</th><th>나</th><th>다</th></tr>
<tr><td></td><td>학습
목표
제시</td><td>• PPT 활용하여 학습목표 제시하기</td><td>• 교실에서 사용하는 물체 중 용도에 맞는 것을 5개 이상 찾을 수 있다.</td><td>• 교실에서 사용하는 물체 중 용도에 맞는 것을 3개 이상 찾을 수 있다.</td><td>• 교실에서 사용하는 물체 중 용도에 맞는 것을 1개 이상 찾을 수 있다.</td><td></td><td>제시한다.</td></tr>
<tr><td rowspan="6">전개</td><td rowspan="2">활동
1</td><td rowspan="2">• 물체의 이름, 용도, 사용법 설명하기</td><td colspan="3">○ 교실에 있는 물체의 이름, 용도, 사용법 알기
○ 교사의 설명 바른 자세로 듣기</td><td rowspan="6">30′</td><td rowspan="6">* 교실에서 사용하는 물체
(가위, 풀, 색연필, 연필, 자, 공책, 책상, 의자, 빗자루 등)

❖물체의 사용법을 간단 명료하게 설명한다.</td></tr>
<tr><td>• 물체의 이름, 용도, 사용 방법 이야기하기</td><td>• 물체의 이름, 사용 방법 이야기하기</td><td>• 물체의 이름 말하기</td></tr>
<tr><td rowspan="2">활동
2</td><td rowspan="2">• 교실에서 사용하는 물체의 사용법 시범보이기</td><td colspan="3">○ 교실에서 사용하는 물체 사용해 보기</td></tr>
<tr><td>• 물체의 용도에 맞게 순서에 따라 5개 이상 사용하기</td><td>• 친구와 같이 물체의 용도에 맞게 순서에 따라 3개 이상 사용하기</td><td>• 친구 · 교사의 도움을 받아 물체를 2개 이상 사용하기</td></tr>
<tr><td rowspan="2">활동
3</td><td rowspan="2">• 교실에서 사용하는 물체의 용도를 이야기하고 맞는 물체를 찾도록 하기</td><td colspan="3">○ 교실에서 사용하는 물체의 용도를 듣고 맞는 물체 찾기</td></tr>
<tr><td>• 물체의 용도를 듣고 알맞은 물체 찾기</td><td>• 친구와 짝을 맺어 알맞은 물체 찾기</td><td>• 언어적, 신체적 촉구로 알맞은 물체 찾기</td></tr>
<tr><td rowspan="5">정리</td><td>정리</td><td>• 학습내용 정리하기</td><td colspan="3">• 교실에 있는 물체에 대하여 용도를 말하고 실제로 사용해 보기</td><td rowspan="5">5′</td><td rowspan="5">❖과제 수행에 어려움을 지닌 학생은 언어적, 신체적 촉진을 지원하여 끝까지 수행하도록 한다.
* PPT
* 전자칠판</td></tr>
<tr><td>평가</td><td>• 수준별로 평가하기</td><td colspan="3">• “다. 본시학습의 평가”와 같이 “평가목표, 평가방법, 평가기준”에 의거 평가하기</td></tr>
<tr><td rowspan="2">차시
예고</td><td rowspan="2">• 다음시간에 학습할 내용 제시하기</td><td colspan="3">○ 급식실에서 사용하는 물체의 용도 알아보기</td></tr>
<tr><td>• 급식실 물체의 용도를 듣고 물체 찾기</td><td>• 친구와 짝을 맺어 급식실 물체 찾기</td><td>• 언어적, 신체적 촉구로 급식실 물체 찾기</td></tr>
<tr><td>인사</td><td>• 인사하기</td><td>• 바른자세로 “감사합니다.” 말하며 인사하기</td><td>• “감사합니다.” 말하며 인사하기</td><td>• 인사하기</td></tr>
</table>

(3) 본시 학습의 평가

<table>
<tr><td rowspan="3">평가
목표</td><td>가</td><td>• 교실에서 사용하는 물체 중 용도에 맞는 것을 5개 이상 찾을 수 있는가?</td></tr>
<tr><td>나</td><td>• 교실에서 사용하는 물체 중 용도에 맞는 것을 3개 이상 찾을 수 있는가?</td></tr>
<tr><td>다</td><td>• 교실에서 사용하는 물체 중 용도에 맞는 것을 1개 이상 찾을 수 있는가?</td></tr>
<tr><td colspan="2">평가방법</td><td>• 관찰과 수행평가를 통하여 평가한다.</td></tr>
<tr><td rowspan="3">평가
기준</td><td>가</td><td>• 교실에서 사용하는 물체 중 용도를 듣고 스스로 5개 이상 찾을 수 있는지 평가한다.</td></tr>
<tr><td>나</td><td>• 교실에서 사용하는 물체 중 용도를 듣고 스스로 3개 이상 찾을 수 있는지 평가한다.</td></tr>
<tr><td>다</td><td>• 교실에서 사용하는 물체 중 용도를 듣고 스스로 1개 이상 찾을 수 있는지 평가한다.</td></tr>
</table>

【관찰중심수업모형】

<table>
<tr><td>단원</td><td colspan="2">4. 흙, 모래, 자갈의 특성</td><td>제재</td><td colspan="3">자갈을 만져보고 느낌 알기</td><td>차시</td><td>3/14</td></tr>
<tr><td>일시</td><td colspan="2">20○○년 5월 20일(금) 4교시</td><td>장소</td><td>초 3-1교실</td><td>대상</td><td>남2, 여2, 계4명</td><td>지도
교사</td><td>이○현</td></tr>
<tr><td rowspan="3">개별
학습
목표</td><td>가</td><td>홍○록
한○은</td><td colspan="6">자갈의 특징을 3가지 이상 말할 수 있다.</td></tr>
<tr><td>나</td><td>박○영</td><td colspan="6">자갈의 특징을 2가지 이상 말할 수 있다.</td></tr>
<tr><td>다</td><td>신○림</td><td colspan="6">자갈의 특징을 1가지 이상 말할 수 있다.</td></tr>
<tr><td>수업
전략</td><td colspan="2">수업모형</td><td colspan="6">관찰중심수업모형</td></tr>
<tr><td rowspan="3">교수 ·
학습
자료</td><td colspan="2">기자재</td><td colspan="6">컴퓨터, 빔프로젝트</td></tr>
<tr><td colspan="2">교사자료</td><td colspan="6">PPT(모래), 바다 동영상, PPT(학습활동), PPT(학습내용)</td></tr>
<tr><td colspan="2">학생자료</td><td colspan="6">다양한 자갈, 돋보기, 8절지, 색연필, 수성사인펜, 학생 주먹크기 만한 다양한 돌, 모래, 소꿉놀이 기구</td></tr>
</table>

단계	학습 활동	교수 · 학습 활동				시간	자료㉶ 및 유의점[유]
		교사	학생				
			가	나	다		
도입	인사	• 인사하기	• 바른 자세로 "안녕하세요." 말하며 인사하기	• "안녕하세요." 말하며 인사하기	• 인사하기		
	전시 학습 상기	• PPT로 모래 제시하기	○ PPT로 제시한 모래보고 특성 말하기				㉶ PPT(모래)
			• 까칠까칠해요.	• 손으로 만지면 간지러워요.	• 손바닥에 묻어요.		
	동기 유발	• 바다 동영상 보여주기	○ 바다 동영상 시청하고 발표하기				㉶ 바다 동영상
			• 바다 동영상 시청하고 본 것을 3가지 이상 발표하기	• 바다 동영상 시청하고 본 것 2가지 이상 발표하기	• 바다 동영상 시청하고 본 것 따라서 발표하기	5'	
	학습 목표 제시	• 학습목표 제시하기	• 자갈의 특징을 3가지 이상 말할 수 있다.	• 자갈의 특징을 2가지 이상 말할 수 있다.	• 자갈의 특징을 1한지 이상 말할 수 있다.		[유] 학생들이 학습 목표를 알 수 있도록 칠판을 통해 제시한다.
	학습 활동 안내	• PPT로 학습활동 안내하기	• 자갈 특징 예상하기 • 자갈 관찰하기 • 관찰결과 발표 및 토의하기 • 관찰결과 다른 대상물에 활용하기				㉶ PPT(학습활동)
예상 계획	자갈 특징 예상 하기	• 자갈의 특징을 예상하게 하기	○ 자갈의 특징을 예상하고 발표하기				
			• 자갈의 특징을 3가지 이상 예상하여 발표하기	• 자갈의 특징을 2가지 이상 예상하여 발표하기	• 자갈에 대한 교사의 발문에 대답하기	5'	㉶ 다양한 자갈
관찰	자갈 관찰 하기	• 다양한 방법으로 자갈 관찰하게 하기	○ 다양한 방법으로 자갈 관찰하기				㉶ 돋보기, 다양한 자갈
			• 자갈의 모습을 3가지 이상 관찰하기	• 자갈의 모습을 2가지 이상 관찰하기	• 교사의 시범을 따라서 자갈 관찰하기	10'	㉶ 8절지, 색연필, 수성사인펜 [유] 오감을 통하여 관찰할 수 있도록 한다.
발표 및 토의	관찰 결과 발표	• 관찰 결과를 객관적 사실에 해당하는 부분만 발표하	○ 관찰한 결과를 객관적 사실에 해당하는 부분만 발표하기				
			• 자갈의 모습을 3가지 이상 발표	• 자갈의 모습을 2가지 이상 발표	• 자갈의 모습을 교사의 시범(도움)	10'	

단계	학습 활동	교수 · 학습 활동 교사	학생 가	 나	 다	시간	자료㉶ 및 유의점[유]
	및 토의 하기	게 하기	하기	하기	에 따라 발표하기		[유] 교사는 자유롭고 허용적인 분위기를 조성한다.
			• 관찰 결과가 서로 의견이 다를 때 다시 관찰하기 • 토의 한 결과를 종합하여 말하기				
관찰 결과 고찰	관찰 결과 다른 대상물에 활용하기	• 관찰결과 일상생활에 적용하도록 하기	○ 자기 주먹크기 만한 돌을 일상생활에 사용하는 방법 말하기			5'	㉶ 학생 주먹크기 만한 다양한 돌 [유] 자갈의 특징을 통해 돌의 특징과 연관하여 활용방법을 발표하도록 한다.
			• 까칠까칠한 돌 목욕탕에서 발바닥 닦는데 사용해요.	• 까칠까칠한 돌 집 지을 때 사용해요.	• 까칠까칠한 돌 사용하는 방법 교사의 도움 받아 말하기		
정리	정리 하기	• PPT 활용 학습내용제시하기	○ PPT로 제시한 자갈을 보고 특징 발표하기			5'	㉶ PPT(학습내용)
			• 까칠까칠해요. • 찌르는 곳이 있어요. • 바닥이 울퉁불퉁해요.	• 까칠까칠해요. • 찌르는 곳이 있어요.	• 껄끄러워요. • 아파요.		
	평가 하기	• 수준별로 평가하기	○ 본시학습의 평가와 같이 "평가목표, 평가방법, 평가기준"에 의거 평가하기				
	차시 예고	• 다음시간에 학습할 내용 제시하기	○ 모래로 소꿉놀이하기				㉶ 모래, 소꿉놀이 기구
			• 아빠, 엄마 중 역할활동하기 • 소꿉놀이 기구 활용하기 • 모래 밥 짓기	• 아빠, 엄마 중 역할활동하기 • 소꿉놀이 그릇 활용하기	• 친구와 함께 소꿉놀이하기		
	인사 하기	• 마침 인사하기	• 바른 자세로 "감사합니다." 말하며 인사하기	• "감사합니다." 말하며 인사하기	• 인사하기		[유] 학생들에게 적절한 칭찬과 보상을 하고 인사한다.

평가목표	가	자갈의 특징을 3가지 이상 말할 수 있는가?
	나	자갈의 특징을 2가지 이상 말할 수 있는가?
	다	자갈의 특징을 1가지 이상 말할 수 있는가?
평가방법		수업 과정 관찰과 학습 결과를 통하여 평가한다.
평가기준	가	자갈의 특징을 3가지 이상 말할 수 있는가를 평가한다.
	나	자갈의 특징을 2가지 이상 말할 수 있는가를 평가한다.
	다	자갈의 특징을 1가지 이상 말할 수 있는가를 평가한다.

5. 실과

1) 단원: 4. 단정한 의생활

2) 단원의 개관

(1) 사회면

우리는 일상생활 속에서 다른 사람과 관계를 맺으며 살아간다. 옷은 몸을 보호할 뿐만 아니라 다른 사람에 대한 첫인상 형성에 중요한 역할을 한다. 단정하지 못한 옷차림과 때와 장소에 알맞지 않은 옷차림은 모르는 사람에게 부정적인 첫인상을 남긴다. 첫인상은 사회적 상호 작용의 중요한 역할을 담당하기 때문에 어릴 때부터 가정과 학교에서 단정한 옷차림이 습관화되도록 해야 한다.

(2) 학생면

장애학생들에게 있어서 단정한 의생활은 자립능력을 갖추는 데에 필수적인 과정이다. 따라서 장애학생들의 보다 빠른 의생활 자립을 위해서는 학생들의 수행수준을 면밀히 파악하여 장애유형, 장애정도, 장애특성에 적합한 학습내용을 제공해야 한다. 뿐만 아니라, 초등부 학생들의 경우 단정한 의생활은 기초적인 생활습관을 기르는 데에 매우 중요한 역할을 한다.

(3) 교재면

실과 교과의 단정한 의생활 영역이란 장애학생들이 단정하고 알맞은 옷차림을 가질 수 있게 하는 교과로서 첫 번째 소단원은 단정한 옷차림과 계절 및 활동에 알맞은 옷차림을 알게 하는 데 중점을 둔다. 두 번째 소단원은 세탁기를 사용하고, 손빨래를 해서 세탁물을 건조대에 너는 경험을 할 수 있도록 한다. 세 번째 소단원에서는 옷 정리의 필요성을 알고, 옷걸이를 사용하거나 옷을 개서 정리하는 활동을 경험하게 한다.

(4) 지도면

학생들이 의복을 입고 벗는 의생활은 일상생활에서 쉽게 접할 수 있으며 동시에 필수적인 요소이다. 때문에 본 단원에서는 일상생활과 연관지어 지도하되 학습내용을 실생활에 적용하면서 성취감을 얻고 할 수 있다는 자신감을 가질 수 있게 지도하고자 한다. 또한 과제분석을 통한 수준별 학습목표 제시로 학생들의 특성과 수준에 적합한 기능들을 습득하게 지도하고자 한다. 나아가 학생들이 학습내용을 일상생활에서 일반화하고 쉽게 전이할 수 있도록 가정과 연계하여 지도하고자 한다.

3) 단원의 목표

(1) 이해면

① 단정한 옷차림과 단정하지 못한 옷차림을 구별할 수 있다.
② 세탁기 사용법을 말할 수 있다.
③ 옷을 정리하는 방법을 말할 수 있다.

(2) 기능면

① 단추와 지퍼를 바르게 잠글 수 있다.
② 세탁기를 바르게 사용할 수 있다.
③ 옷걸이를 바르게 사용할 수 있다.

(3) 태도면

① 옷을 단정하게 하는 태도를 가질 수 있다.
② 옷을 깨끗하게 입는 태도를 가질 수 있다.
③ 옷을 정리하는 마음가짐을 가질 수 있다.

4) 단원의 구성

(1) 단원의 구조

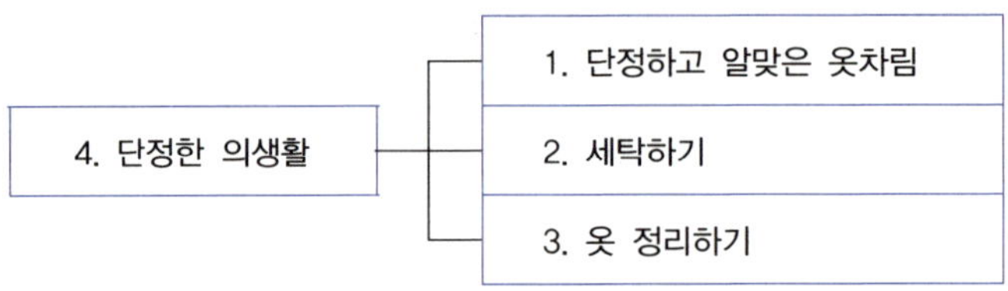

(2) 단원의 관련

① 종적 관련

선수 학습	본 단원 학습	후속 학습
• 나의 자립적인 의생활 – 건강하고 안전한 옷차림 – 스스로 하는 옷 관리	• 단정한 의생활 – 단정하고 알맞은 옷차림 – 세탁하기 – 옷 정리하기	• 진로와 직업(중학교) • 직업 생활: 옷차림 – 단정한 옷차림 – 세탁하기 – 의복 관리

② 횡적 관련

관련 교과	학년군	관련 단원
국어	1~2 학년	눈과 손 협응하기
수학	1~2 학년	짝짓기
	3~4 학년	분류하기
	3~4 학년	규칙 찾기
사회	1~2학년	바른 생활 습관
	3~4학년	스스로 하는 생활
	5~6학년	사회생활 속의 예절과 규칙
과학	3~4학년	도구의 사용

5) 단원의 지도 계획

차시	제재	지도내용	관련 교과	자료
1/9	◦단추가 없는 상·하의 입기	• 상의 입는 법 설명하기 • 하의 입는 법 설명하기 • 상 · 하의 입기	국어, 사회	• 스마트보드 • PPT • 단추가 없는 상 · 하의
2/9 (본시)	◦상의에 달린 단추 잠그기	• 단추 잠그는 방법 설명하기 • 단추 잠그기 연습하기 • 단추 잠그기 게임하기	국어, 수학, 사회, 과학	• 스마트보드 • PPT • 주사위
3/9	◦상의에 달린 지퍼 잠그기	• 지퍼 잠그는 방법 설명하기 • 지퍼 잠그기 연습하기	국어, 사회	• 스마트보드 • PPT • 지퍼가 있는 상의
4/9	◦하의에 달린 단추와 지퍼 잠그기	• 하의에 달린 단추와 지퍼 잠그는 방법 설명하기 • 하의에 달린 단추와 지퍼 직접 잠가보게 하기	국어, 사회	• 스마트보드 • PPT • 지퍼가 달린 하의 • 단추가 달린 하의
5/9	◦계절에 알맞은 옷 차림하기	• 계절에 알맞은 옷을 입어야 하는 이유 설명하기 • 계절에 알맞은 옷차림을 선택하는 방법 설명하기 • 계절에 알맞게 모형에 직접 입혀보기	국어, 사회, 과학	• 스마트보드 • PPT • 인형모형 • 계절에 따른 옷 모형
6/9	◦세탁기 사용하기	• 세탁기사용법 설명하기 • 세탁기 전원누르기 • 목적에 맞게 버튼 누르기	국어, 수학, 사회	• 스마트보드 • PPT • 세탁기 • 빨랫감 • 세제 • 섬유유연제

차시	제재	지도내용	관련 교과	자료
7/9	◦손빨래하기	• 손빨래하는 방법 설명하기 • 빨랫감 가져오기 • 빨랫감에 물 묻히기 • 빨랫감에 세제풀기 • 빨래 헹구기 • 빨래 짜기 • 빨래 널기	국어, 사회, 과학	• 스마트보드 • PPT • 빨랫감 • 빨래판 • 세제 • 물 • 빨래건조대
8/9	◦양말과 손수건 개기	• 양말, 손수건 개는 방법 설명하기 • 양말 개기 • 손수건 개기	국어, 사회	• 스마트보드 • PPT • 양말 • 손수건
9/9	◦옷걸이 사용하기	• 옷걸이 사용법 설명하기 • 옷걸이를 이용하여 옷 걸기	국어, 사회	• 스마트보드 • PPT • 옷 • 옷걸이

6) 지도상의 유의점

① 단정하고 알맞은 옷차림을 지도할 때에는 학생들의 흥미를 유발할 수 있는 패션쇼, 컴퓨터 옷 입히기 게임 등과 같은 즐거운 활동을 중심으로 지도하되, 너무 산만해지지 않도록 유의한다.

② 옷차림에 대한 여러 가지 예를 제시할 때에는 중도·중복 장애 학생에게 모델의 역할을 주어 수업에 의미 있게 참여할 수 있도록 한다. 그러나 단정하지 않은 옷차림, 계절이나 활동에 알맞지 않은 옷차림 등 부정적인 예를 제시할 경우 놀림의 대상이 될 수 있으므로 주의하여 지도한다.

③ 단정한 옷차림 하기는 수업 시간뿐만 아니라 등·하교 시, 식사 전후 및 화장실 사용 전후와 같은 학교 일상생활 중에 지속적으로 지도한다.

④ 세탁 및 옷 정리하기는 활동 중심의 수업으로 진행하고, 수업을 통하여 배운 기술을 가정에서 연습할 수 있도록 연계하여 지도한다.

⑤ 세탁 및 옷 정리하기와 관련된 방법과 도구는 가정에 따라 다를 수 있음을 고려하여 지도한다.

7) 단원의 평가 계획

(1) 이해면

① 단정한 옷차림과 단정하지 못한 옷차림을 구별할 수 있는가?

② 세탁기 사용법을 말할 수 있는가?

③ 옷을 정리하는 방법을 말할 수 있는가?

(2) 기능면

① 단추와 지퍼를 바르게 잠글 수 있는가?

② 세탁기를 바르게 사용할 수 있는가?

③ 옷걸이를 바르게 사용할 수 있는가?

(3) 태도면

① 옷을 단정하게 하는 태도를 가질 수 있는가?

② 옷을 깨끗하게 입는 태도를 가질 수 있는가?

③ 옷을 정리하는 마음가짐을 가질 수 있는가?

8. 본시 지도 계획

(1) 본시 관련 학생의 실태

순	이름	성별	본시관련 수행능력 수준	행동 특성	집단편성	비고
1	정○미	여	• '단추'라는 단어를 알고 있음. • 큰 단추는 큰 구멍에, 작은 단추는 작은 구멍에 넣어야 함을 알고 있음. • 두 손가락을 이용하여 단추를 잡을 수 있음.	• 교사나 조○희 학생의 행동을 모방하는 경우가 많음. • 강화에 대한 반응에 적극적임 • 수동적임.	가	• 청각장애
2	조○희	남	• 단추를 잡을 수 있으나 스스로 행동하지 않고 도움을 요청함. • 작은 단추 채우기를 어려워함.	• 호기심과 궁금증이 많아 질문을 많이 함. • 자신의 의견을 자유롭게 이야기 하고 일상적인 대화를 이어나갈 수 있음. • 친구들을 도와 그룹 활동을 적극적으로 함.	가	• 시각장애 • 지적장애
3	남○태	남	• 단추를 잡아당기려고 함. • 단추사용을 어려워하며 단추를 잘 잠그려하지 않음.	• 책상에 자주 엎드리거나 과제를 하지 않으려고 고집부리는 행동을 함. • 상황에 맞는 말을 하기도 하지만, 상황에 부적절한 말을 많이 함.	나	• 지적장애
4	황○지	여	• 과제 수행 시 전반적인 신체적 촉진이 필요함. • 단추 삼고기 시작점을 교사의 도움을 받아야 찾을 수 있음.	• 의사표현은 어려우며 웃음과 울음으로 기분을 표현함. • 휠체어를 이용하여 이동함. • 익숙한 촉각적 자극 이외에는 거부반응을 보임.	다	• 지체장애 • 시각장애

(2) 본시 학습의 실제

<table>
<tr><td>단원</td><td>4. 단정한 의생활</td><td>제재</td><td colspan="3">상의에 달린 단추 잠그기</td><td>차시</td><td>2/9</td></tr>
<tr><td>일시</td><td>20○○.4.22.5교시</td><td>장소</td><td>5-1교실</td><td>대상</td><td>남2명, 여2명, 계4명</td><td>지도교사</td><td>이○애</td></tr>
<tr><td rowspan="4">개별
학습
목표</td><td rowspan="2">가</td><td>조○희</td><td colspan="5" rowspan="2">상의에 달린 단추를 5개 이상 잠글 수 있다.</td></tr>
<tr><td>정○미</td></tr>
<tr><td>나</td><td>남○태</td><td colspan="5">상의에 달린 단추를 3개 이상 잠글 수 있다.</td></tr>
<tr><td>다</td><td>황○지</td><td colspan="5">상의에 달린 단추를 2개 이상 잠글 수 있다.</td></tr>
<tr><td rowspan="3">수업
전략</td><td colspan="2">수업모형</td><td colspan="5">기능 학습 모형</td></tr>
<tr><td colspan="2">학습집단</td><td colspan="5">가, 나, 다</td></tr>
<tr><td colspan="2">학습활동</td><td colspan="5">단추 잠그는 방법 알기, 단추 잠그기 연습하기, 단추 잠그기 게임하기</td></tr>
<tr><td rowspan="3">교수
학습
전략</td><td colspan="2">기자재</td><td colspan="5">컴퓨터, 빔프로젝트</td></tr>
<tr><td colspan="2">교사자료</td><td colspan="5">동영상, 학습목표 PPT 자료, 단추 잠그기 방법 설명 PPT 자료, 게임 활동 방법 PPT 자료, 사진기</td></tr>
<tr><td colspan="2">학생자료</td><td colspan="5">상 · 하의 옷, 단추가 달린 교구, 숫자판, 주사위, 행거, 옷, 옷걸이</td></tr>
</table>

<table>
<tr><th rowspan="3">단계</th><th rowspan="3">학습
활동</th><th colspan="4">교수 · 학습 활동</th><th rowspan="3">시
간</th><th rowspan="3">자료(•)
및
유의점(※)</th></tr>
<tr><th rowspan="2">교사</th><th colspan="3">학생</th></tr>
<tr><th>가</th><th>나</th><th>다</th></tr>
<tr><td rowspan="5">도입</td><td>인사</td><td>• 인사하기</td><td>• 자신의 이름이 호명되면 대답하며 하이파이브 하기</td><td>• 자신의 이름이 호명되면 고개를 끄덕이며 하이파이브 하기</td><td>• 교사가 학생의 손을 잡고 하이파이브하기</td><td rowspan="5">5′</td><td rowspan="5">• 상 · 하의 옷
※시각장애 학생을 위하여 음성 언어로 설명도 함께한다.
• 동영상

※ 학생의 대답이 오답일 경우</td></tr>
<tr><td rowspan="2">전시
학습
상기</td><td rowspan="2">• 단추 없는 옷 입고, 벗는 모습 동영상 보여주기</td><td colspan="3">○ 단추가 없는 상 · 하의 입고, 벗는 모습에 대하여 이야기하기</td></tr>
<tr><td>• 단추가 없는 상 · 하의 입고, 벗어요.</td><td>• 단추가 없는 옷 입고 벗었어요.</td><td>• 옷 입었어요.
• 옷 벗었어요.</td></tr>
<tr><td rowspan="2">동기
유발</td><td rowspan="2">· 단추 채우기 동영상 보여주기</td><td colspan="3">○ 단추를 잠그지 못해 친구들이 도와주는 모습 동영상 시청하고 이야기하기</td></tr>
<tr><td>• ○○이 단추를 못 잠갔어요.</td><td>• 친구들이 도와주었어요.</td><td>• ○○이 옷 입어.
• 단추 잠가.</td></tr>
</table>

단계	학습활동	교수 · 학습 활동				시간	자료(•) 및 유의점(※)
		교사	학생				
			가	나	다		
			• 친구들이 도와주었어요.	• 단추를 잠갔어요.	• 친구 좋아.		수정하여 따라 말하게 한다.
			○상의에 달린 단추 잠그기요.				• PPT(학습 목표)
	학습 목표 세시	• 학습목표 제시하기	가: • 상의에 달린 단추를 5개 이상 잠글 수 있다. 나: • 상의에 달린 단추를 3개 이상 잠글 수 있다. 다: • 상의에 달린 단추를 2개 이상 잠글 수 있다.				
전개	설명 및 시범	• 단추 잠그기 방법 설명하고 시범보이기	• PPT를 보면서 방법 읽고, 말하기 • 교사의 시범보고 따라 해보기	• PPT를 보면서 방법 따라 읽고, 따라 말하기 • 교사의 시범을 보고 따라 해보기	• 특수교육보조원의 도움을 받아 따라 해보기	30′	• 단추 잠그기 방법 설명 PPT
	연습	• 단추 잠그기 연습하도록 하기	• 크기가 다른 단추 잠그기	• 교사의 언어적 도움받아 크기가 다른 단추 잠그기	• 특수교육보조원의 도움 받아 크기가 다른 단추 잠그기		• 단추가달린교구 ※단추를 잡아 뜯지 않도록 한다.
	적용	• 옷 입기 게임하기	〈옷입기 게임 활동방법〉 1) 주사위를 던진다. 2) 주사위에서 나온 숫자판으로 이동한다. 3) 숫자판의 숫자와 동일한 번호의 옷을 옷걸이에서 고른다. 4) 옷을 입고 단추를 잠근다. 5) 포즈를 취하여 사진을 찍는다.				• 게임 활동 방법 • 숫자판, 주사위 • 행거, 옷, 옷걸이, 사진기
정리	정리	• 학습내용 정리하기	• 게임 사진 보고 크기가 다른 단추 잠그기에 대하여 이야기하기 • ○○이가 잘 했어요. • ○○이는 선생님이 해 주었어요. • 큰 단추 잠그기가 쉬워요. • 위에서부터 차례로 잠가요.			5′	• 게임활동 PPT

단계	학습 활동	교수 · 학습 활동				시간	자료(•) 및 유의점(※)
		교사	학생				
			가	나	다		
	평가	• 수준별로 평가하기	• "다. 본시학습의 평가"와 같이 "평가목표, 평가방법, 평가기준"에 의거 평가하기				• PPT ※ 학생들이 차시 예고에 관심을 갖도록 한다.
	차시 예고	• 차시예고하기	• 상의에 달린 지퍼 잠그기 • 교사의 상의에 달린 지퍼 잠그는 모습 보기				
	인사	• 인사하기	• 바른 자세로 "감사합니다." 말하며 인사하기 • 교사와 같이 교수 · 학습자료 정리하기				

(3) 본시 학습의 평가

평가목표	가	• 상의에 달린 단추를 5개 이상 잠글 수 있는가?	
	나	• 상의에 달린 단추를 3개 이상 잠글 수 있는가?	
	다	• 상의에 달린 단추를 2개 이상 잠글 수 있는가?	
평가방법		• 수업 중 관찰과 학습 결과를 통하여 평가한다.	
평가 기준	가	• 상의에 달린 크기가 다른 단추 5개 이상을 잠글 수 있는가를 평가한다.	
	나	• 상의에 달린 크기가 다른 단추 3개 이상을 잠글 수 있는가를 평가한다.	
	다	• 상의에 달린 크기가 다른 단추 2개 이상을 잠글 수 있는가를 평가한다.	
평가 결과	가	김○연	
	나	임○훈	
		박○현	
	다	조○선	
		박○후	

* 평가결과: 다음을 참고로 하여 개인별 결과를 구체적으로 기술한다.
3: 혼자서 수행함.
2: 교사의 언어적 도움을 받아서 수행함.
1: 교사의 신체적 도움을 받아서 수행함.

6. 체육과

1) 단원: 1. 게임 및 스포츠 활동에 참여하기

2) 단원의 개관

(1) 사회 · 지도면

놀이와 게임 활동은 학생의 신체적, 정신적, 사회적 성장 발달에 큰 도움을 주는 교육활동이다. 유아 시절 소꿉놀이에서 경기 규칙이 적용되는 스포츠 활동에 이르기까지 놀이 활동은 지속적으로 발달, 연계되고 있다. 놀이 활동을 이해하고, 놀이 방법을 익히며, 이를 통해, 스포츠 활동에 관심 갖고 참여하는 일련의 과정은 대근육 발달에서부터 정교한 조절 능력까지 전반적인 운동 기능을 발달시켜 주고, 협응 능력, 협동심, 단체 생활에 필요한 규칙과 질서를 배울 수 있어 건전한 사회생활을 영위하게 한다. 또한 스포츠 활동은 우리 삶에 각별한 의미를 부여해 주고, 무한한 감동을 느끼게 한다. 일반적으로 '장애'라 함은 참으로 많은 것을 제한하고 불가능하게 하는 것으로 인식되어 왔지만 최근 장애를 극복하고 올림픽 육상종목이나 수영종목에 참가하여 전 세계 사람들에게 특별한 감동을 주는 사례도 있었다. 이와 같이 스포츠라는 울타리 안에서 '장애'는 불가능하거나 벽으로 통용되지 않는다.

따라서 장애라는 이유로 여러 가지 스포츠 활동에 참여하기 어려운 중증의 장애학생들에게 스포츠 종목에 필요한 기본 움직임을 익히게 하고 협동심과 규칙 지키기를 중점 지도하여 스포츠 활동에 대한 관심을 높여주고자 한다.

(2) 학생 · 지도면

본 학급의 학생들은 정신지체, 청각장애, 지체장애 등 다양한 장애를 가진 학생들로 구성되어 있다. 또한 지적, 언어적 능력에 있어 개인차가 매우 크고 대근육운동과 각 관절의 운동이 원활치 못하여 조작운동 능력이 현저히 낮아 체육 수업 시간에 참여도가 매우 낮다. 따라서 그동안 체육수업은 스포츠 종목의 관련기술 보다는 비교적 쉬운 단순한 놀이 위주의 수업이 진행되어 왔다. 그러다 보니 달리기, 뜀뛰기 등 대근육 운동위주의 단순한 체육활동으로 수업이 이루어져 일상생활, 직업생활, 여가생활을 위한 움직임 기술이 부족하였을 뿐만 아니라 장애별 특성이나 각 학생들의 개별특성에 맞는 체육수업이 이루어지지 못하였다.

이를 해결하고자 본 수업에서는 단순한 놀이위주의 수업을 지양하고 탁구, 배드민턴, 야구, 축구, 농구 등의 움직임 기술을 숙달토록 하여 잔존 운동능력의 회복과 건강 증진, 사회성 향상을 도모하고자 한다. 체육 교수 · 학습 방법은 MATP프로그램의 '종목별 운동기술 훈련 활동'을 참고로 하여 학습자의 수행능력에 따라 난이도를 기초 → 주요 → 심화로 구분하여 단계적으로 제시하고 맞춤형 교구를 제작하여 수업에 활용하고자 한다.

(3) 교재 · 지도면

기본교육과정 체육교과에 제시된 활동들의 대부분이 간단한 놀이 활동으로만 구성되어 있을 뿐만 아니라 여러 가지 운동 요소들을 고려하지 않은 채 혼재되어 있어 지도 시 어려움이 있다. 그 중 본 단원의 내용은 스포츠에 관심 갖고 참여하는 것을 목표로 한 단원임에도 불구하고 스포츠 종목에 대한 구체적인 지도 방법이나 중증 장애학생들이 참여할 수 있는 활동들이 제시되어 있지 않다.

따라서 본 수업자는 탁구, 배드민턴, 야구, 축구, 농구를 기본 종목으로 선정하고 개념 이해하기, 비이동 활동, 이동 활동, 게임 활동의 순으로 구조화하여 지도한다.

또한 각 종목의 가장 기초적인 기술들을 과제 분석하고 제재로 선정하여 수준별 활동을 구성하고 신체활동을 반복적으로 실시하여 체력 및 운동기능을 향상시키고자 한다. 나아가 여가 활동에 참여토록 함으로써 역동적인 삶을 위한 생활기술이 될 수 있도록 지도하고자 한다.

3) 단원의 목표

(1) 이해

① 탁구경기의 스트로크와 서비스를 하는 방법을 알 수 있다.
② 배드민턴의 스트로크를 하는 방법을 알 수 있다.
③ 티볼 경기에서 수비와 공격의 역할을 알 수 있다.
④ 축구경기의 드리블, 패스, 슛을 하는 방법을 알 수 있다.
⑤ 농구경기의 드리블, 패스, 슛을 하는 방법을 알 수 있다.

(2) 기능

① 탁구경기의 스트로크와 서비스를 할 수 있다.
② 배드민턴경기의 스트로크를 할 수 있다.
③ 티볼 스윙으로 다양한 공치기를 할 수 있다.
④ 축구경기의 드리볼, 패스, 슛 등을 할 수 있다.
⑤ 농구경기의 드리볼, 패스, 슛 등을 할 수 있다.

(3) 태도

① 다양한 스포츠 경기의 기본 기술을 꾸준히 연습하려는 태도를 가질 수 있다.

② 여러 가지 스포츠 종목의 기술을 탐색하려는 태도를 가질 수 있다.

③ 여러 가지 스포츠 종목의 규칙을 지키는 태도를 가질 수 있다.

④ 여러 가지 스포츠 활동을 통하여 예절 바른 태도를 가질 수 있다.

⑤ 스포츠 활동에 적극적으로 참여하며 안전수칙을 지킬 수 있다.

4) 단원의 구성

(1) 종적 관련

선수학습	본 단원 학습	후속학습
• 기구를 이용한 움직임 익히기 • 운동 경기장과 사용하는 용품 알기 • 질서를 지키며 운동 경기 관람하기 • 자신이 좋아하는 팀 응원하기 • 여러 가지 놀이와 게임 방법 익히기 • 여러 가지 움직임 방법알기	• 탁구 스트로크 익히기 • 배드민턴 스트로크 익히기 • 단체경기하기 • 간이 축구하기 • 티볼 배팅하기 • 간이 농구하기	• 다양한 뉴스포츠의 기능과 기술 익히기 • 여러 가지 여가 활동의 종류 알기 • 할 수 있는 여가 활동 경험하기 • 여가 활동에 필요한 기술 익히기

(2) 횡적 관련

관련교과	관련 단원	
국어	Ⅰ-1-(1)	소리 듣고 반응하기
	Ⅰ-2-(2)	모양 구별하기
	Ⅰ-9-(1)	하루 생활 말하기
	Ⅰ-15-(2)	몸으로 표현하기
	Ⅱ-4-(3)	운동하는 모습 표현하기
	Ⅲ-5	재미있는 운동경기
수학	Ⅰ-1-(1)	같은 것 찾기
	Ⅰ-2-(1)	같은 것끼리 짝짓기

관련교과	관련 단원	
	I-4	재미있는 모양 놀이
	I-9-(2)	조사표 만들기
	II-1-(1)	셋까지 세기
	II-3-(1)	5까지의 수 가르기와 모으기
	II-5-(1,2)	여러 가지 종류의 양 나타내기
	III-1-(1)	19까지의 수
	III-2-(1)	10, 20, 30, 40, 50 알기
	III-4-(1)	평면도형 알기
사회	I-3-(4)	깨끗하게 씻어요
	II-6-(2)	목욕하기
	II-11-(2)	공공시설 이용하기
	III-1-(3)	미래의 꿈 실천하기
	III-18-(1)	취미생활하기
과학	I-3-(4)	발과 다리
	I-4-(2)	여러 가지 빛
	I-5-(3)	종이, 천, 가죽의 쓰임새
	II-1	생활 속의 물체와 물질
	II-3-(2)	뼈와 근육이 하는 일

5) 단원의 전개 계획

차시	제재	지도내용	관련 교과	자료
1/25	◦탁구 기본자세 익히기	• 탁구라켓 바르게 잡기 • 기본자세 • 기본자세 익히기	사회 과학	탁구대, 라켓, 동영상
2/25	◦탁구대 위에서 여러 가지 크기의 공을 굴려 주고받기	• 탁구대 위에서 여러 가지 크기의 공을 맨손으로 굴려 주고받기 • 탁구대위에서 여러 방향으로 굴러오는 공을 탁구라켓으로 밀어 주고받기	국어 과학	탁구대, 변형라켓, 안진마, 다양한 크기의 공

차시	제재	지도내용	관련 교과	자료
3/25	◦탁구대 위에서 탁구공을 튕겨 서브 넣기	• 탱탱볼을 바닥에 튕겨서 한 손으로 치기 • 탁구대 위에서 탁구공을 튕겨 손으로 치기 • 탁구대 위에서 탁구공을 튕겨 탁구 라켓으로 치기 • 탁구공을 라켓으로 쳐서 네트 넘기기	수학 과학	탁구대, 변형라켓, 안전바, 탱탱볼, 탁구 연습망, 라켓
4/25	◦바운드 된 탁구공 치기	• 탁구라켓에 탁구공을 얹어 밀어서 던지기 • 탁구공을 던져 탁구라켓으로 공치기 • 두 번 바운드된 탁구공 치기 • 한 번 바운드된 탁구공 치기	사회 과학	탁구대, 변형라켓, 안전바 탱탱볼, 탁구연습망, 라켓
5/25	◦1:1 탁구공 치기	• 두 번 이상 바운드된 공을 쳐서 주고받기 • 한 번 바운드된 공을 쳐서 주고받기	수학 사회	탁구대, 변형라켓, 탁구로봇, 탁구 연습망, 라켓
6/25	◦배드민턴 라켓으로 여러 가지 물체 치기	• 비닐봉지를 앞으로 치며 이동하기 • 맨손으로 위아래로 통통통 풍선 치기	국어 과학	탁구라켓, 배드민턴라켓, 풍선, 비닐봉지
7/25 (본시)	◦포핸드스윙으로 머리위에 매달려 있는 여러 가지 물체 치기	• 비눗방울 치기 • 포핸드스윙으로 정지되어 있는 여러 가지 물체 치기 • 달려가며 포핸드스윙으로 머리위에 매달려 있는 여러 가지 물체 치기	국어 과학	배드민턴라켓 (大2, 小2) 비눗방울 세트, 공, 셔틀콕, 볼풀공, 낱말카드, 그림카드, 고무풍선, 동영상
8/25	◦다양한 높이에서 움직이는 셔틀콕치기	• 가슴 높이에서 움직이는 셔틀콕치기 • 허리 높이에서 움직이는 셔틀콕치기 • 무릎 높이에서 움직이는 셔틀콕치기	수학 과학	배드민턴라켓 (大2, 小2) 지지대, 배드민턴연습기, 소리나는 공, 셔틀콕

차시	제재	지도내용	관련 교과	자료
9/25	◦속도, 방향이 다르게 날아오는 셔틀콕치기	• 높이를 달리하여 좌우로 움직이는 셔틀콕 치기 • 여러 방향에서 날아오는 셔틀콕치기 • 느리게 날아오는 셔틀콕치기 • 빠르게 날아오는 셔틀콕치기	과학 사회	배드민턴라켓 (大2, 小2) 지지대, 배드민턴연습기, 소리나는 공, 셔틀콕
10/25	◦풍선배드민턴 경기하기	• 라켓을 이용하여 풍선 서브넣기 • 라켓을 이용하여 셔클콕으로 서브넣기 • 풍선배드민턴 경기하기	과학 수학	배드민턴라켓 (大2, 小2) 풍선, 점수판
11/25	◦야구 타격자세 익히기	• 맨손스윙하기 • 야구 방망이 바르게 잡기 • 배트를 수평으로 돌려 스윙하기	국어 수학	야구동영상, 야구벨, 탱탱볼
12/25	◦매달려 있는 여러 가지 물체 치기	• 매달려 있는 펀치백을 야구배트로 치기 • 달려 있는 탱탱볼을 야구배트로 치기 • 매달려 있는 풍선을 야구배트로 치기	과학 사회	펀치백, 야구벨, 탱탱볼, 풍선
13/25	◦배팅티 타격연습 하기	• 레벨스윙하기 • 어퍼스윙하기 • 다운스윙하기	국어 과학	T대, 탱탱볼, 스펀지공, 테니스공
14/25	◦타격 후 진루하기	• 베이스 왕복 달리기 • 타격하고 베이스를 향해 달리기	국어 수학	T볼 set
15/25	◦티볼 경기하기	• 티볼 경기 규칙 알기 • 티볼 경기하기	국어 사회	T볼 set
16/25	◦공차기 동작 익히기	• 공차기 동작 익히기 • 빈상자를 이용하여 공차기 • 제자리에 공차기	사회 과학	지지대, 공차기연습기, 크기가 다른 빈상자 3개
17/25	◦공 멀리차기	• 제자리에서 공 멀리차기 • 달려오면서 공차기	국어 과학	크기가 다른 빈상자 3개, 탱탱볼, 축구공

차시	제재	지도내용	관련 교과	자료
18/25	◦목표물을 향해 공 차기	• 미니골대에 공차기 • 가까운 거리에서 미니골대에 공을 차 넣기 • 먼 거리에서 미니골대에 공을 차 넣기	사회 과학	미니골대, 축구공, 상자
19/25	◦쇼트 패스하기	• 움직이는 공 멈추기 • 굴러오는 공을 목표물을 향해 차기 • 쇼트패스하기(1:1패스)	수학 과학	축구공, 콘바 콘
20/25	◦축구 드리블하기	• 패트병을 이용하여 드리블하기 • 육각공을 이용하여 드리블하기 • 축구공을 이용하여 드리블하기	과학 사회	드리블동영상 상자, 패트병, 육각공, 축구공
21/25	◦간이 축구하기	• 간이축구 규칙알기 • 간이축구하기	국어 사회	미니골대2, 축구공, 탁구대 펜스
22/25	◦농구의 슛 동작 익히기	• 자유롭게 공을 던져 후프 안에 넣기 • 농구공 바르게 잡기 • 슛의 기본 동작 익히기	사회 수학	농구공, 탱탱볼, 미니농구대, 지지대, 후프
23/25	◦거리와 높이를 달리하여 슛하기	• 거리를 달리하여 슛하기 • 높이를 달리하여 슛하기	국어 과학	지지대, 후프, 후프집게, 농구공
24/25	◦농구 드리블하기	• 두 손으로 공을 튕겨 잡기 • 두 손을 이용하여 드리블하기 • 한 손을 이용하여 드리블하기 • 드리블 하며 이동하기	사회 과학	콘, 콘바, 농구공, 지지대
25/25	◦간이 농구하기	• 장군볼 경기하기 • 후프골대를 이용한 간이 농구하기	국어 수학	미니농구대, 후프골대

6) 지도상의 유의점

① 도구를 활용한 활동을 할 때는 학생 개개인의 특성에 맞추어 도구의 길이, 무게, 재질, 크기 등을 적절히 조정하고, 도구 사용 시 안전 주의사항을 명확히 안내하

여 안전사고 예방에 만전을 기한다.

② 충분한 준비운동과 보조운동으로 신체의 근육과 관절을 충분히 풀어주어 안전시고를 예방한다.

③ 장애 정도가 심한 학생의 경우는 활동에서 소외되지 않도록 부분적 참여를 통하여 활동에 참여시킨다.

④ 교사는 허용적인 분위기 조성과 수준에 맞는 단계별 지도를 통하여 기능이 낮은 학생들의 사기를 진작시키고 동기를 유발할 수 있도록 한다.

⑤ 놀이나 게임을 할 때는 질서와 규칙을 지킬 수 있도록 하여야 하며 장애 정도에 따라 활동을 변형하여 놀이에 참여시킨다.

⑥ 놀이를 지도할 때는 승패보다는 방향과 힘을 조절하는 방법을 정확히 익히는데 중점을 두어 지도한다.

7) 단원의 평가 계획

(1) 이해

① 탁구경기의 스트로크와 서비스를 하는 방법을 알 수 있는가?

② 배드민턴의 스트로크를 하는 방법을 알 수 있는가?

③ 티볼 경기에서 수비와 공격의 역할을 알 수 있는가?

④ 축구경기의 드리블, 패스, 슛을 하는 방법을 알 수 있는가?

⑤ 농구경기의 드리블, 패스, 슛을 하는 방법을 알 수 있는가?

(2) 기능

① 탁구경기의 스트로크와 서비스를 할 수 있는가?

② 배드민턴경기의 스트로크를 할 수 있는가?

③ 티볼 스윙으로 다양한 공치기를 할 수 있는가?
④ 축구경기의 드리볼, 패스, 슛 등을 할 수 있는가?
⑤ 농구경기의 드리볼, 패스, 슛 등을 할 수 있는가?

(3) 태도

① 다양한 스포츠 경기의 기본 기술을 꾸준히 연습하려는 태도를 가질 수 있는가?
② 여러 가지 스포츠 종목의 기술을 탐색하려는 태도를 가질 수 있는가?
③ 여러 가지 스포츠 종목의 규칙을 지키는 태도를 가질 수 있는가?
④ 여러 가지 스포츠 활동을 통하여 예절 바른 태도를 가질 수 있는가?
⑤ 스포츠 활동에 적극적으로 참여하며 안전수칙을 지킬 수 있는가?

8) 본시 지도 계획

(1) 본시 관련 학생의 실태

순	이름	성별	본시관련 수행능력 수준	행동 특성	집단 편성	장애 영역
1	이○아	여	• 매달려 있는 정지한 물체는 칠 수 있으나 움직이는 물체는 치는데 어려워 함. • 기본적인 걷기, 달리기, 던지기, 차기, 굴리기 등을 할 수 있음. • 물체를 정확한 방향으로 보내기 위한 조정능력이 부족함. • 경기 규칙에 대한 개념이 있으며 경쟁심이 강함. • 의사소통이 가능함.	• 건강상태에 따라 매일매일의 수업참여 정도의 변화가 큼. • 하고자 하는 의욕이 강하여 차례를 지키지 못하고 나서는 경향이 있음. • 친구들을 잘 도와줌. • 최근 뇌수술로 인하여 정교한 움직임 동작이 부정확해짐. • 불필요한 질문이나 이야기를 하는 경우가 있음.	가	지적 장애

순	이름	성별	본시관련 수행능력 수준	행동 특성	집단 편성	장애 영역
2	이○규	남	• 공을 칠 수 있으나 세게 치지 못함. • 동작모방을 할 수 있으나 정확하지 못함. • 놀이나 게임 활동에 참여할 수 있으나 승부의 개념이 없음. • 청각장애로 인하여 언어를 통한 의사소통이 어려우나 교사의 손동작을 보고 움직일 수 있음.	• 주위에 낯선 사람들이 있을 경우 과제를 하려 하지 않음. • 자신의 수행 수준보다 조금 어려운 과제를 제시하면 과제를 회피하려함. • 친구의 행동을 그대로 모방하는 행동을 함.	나	청각 장애
3	서○석	남	• 공치기를 할 수 있으나 목표물에 시선을 고정시키지 않고 공을 치며 힘 조절을 하지 못함. • 대부분의 동작을 따라 할 수 있으며 운동능력도 있으나 자발적으로 참여하지 않음. • 놀이나 게임 활동에 참여할 수 있으나 승부의 개념이 없음.	• 주의가 매우 산만하며 자기자극적인 소리를 끊임없이 냄. • 풍선에 대하여 두려움이 많아 풍선을 이용한 활동에 잘 참여하지 않음.	나	자폐성 장애
4	이○성	남	• 왼쪽 편마비로 인하여 도구를 잡거나 이용하는데 어려움이 있음. • 전반적으로 대·소근육운동이 원활치 못하고 협응 능력이 매우 부족함. • 편마비로 인하여 동작을 정확히 따라하기 어려움. • 언어를 통한 의사소통이 어려우나 간단한 지시를 따를 수 있음.	• 침을 많이 흘림. • 하고자 하는 의욕이 강하나 신체적인 제약으로 인해 자신감이 없음. • 작은 성공에도 자주 웃는 행동을 함. • 주의가 산만한 편이나 활동에 적극적으로 참여함.	다	지체 장애

순	이름	성별	본시관련 수행능력 수준	행동 특성	집단 편성	장애 영역
5	이○빈	여	• 대·소근육의 움직임에는 전혀 이상이 없으나 근력이 약하여 도구를 사용하는데 어려움이 있음. • 공을 친다는 개념이 없으며 지시 따르기, 동작 모방하기 등에 어려움이 있음. • 상황과 관련 없는 반향어를 자주하는 편이며 지시 따르기를 하지 않으려 함.	• 매사에 의욕이 없고 과제를 회피하는 행동이 대부분이어서 수업에 거의 참여하지 않음. • 혼잣말이나 상황에 맞는 말을 가끔씩 함. • 하기 싫은 과제를 주면 온 몸의 힘을 빼고 주저앉거나 드러누워 버림.	다	지적 장애

(2) 본시 학습의 실제

<table>
<tr><td>단원</td><td colspan="3">1. 게임 및 스포츠 활동에 참여하기</td><td>제재</td><td colspan="2">포핸드스윙으로 머리위에 매달려 있는 여러 가지 물체 치기</td><td>차시</td><td>7/25</td></tr>
<tr><td>일시</td><td colspan="2">20○○.5.11.(수) 5교시</td><td>장소</td><td>다목적실(강당)</td><td>대상</td><td>2학년1반(남3명, 여2명)</td><td>지도 교사</td><td>김○기</td></tr>
<tr><td rowspan="3">개별 학습 목표</td><td>가</td><td>이○아</td><td colspan="6">• 포핸드스윙으로 머리위에 매달린 움직이는 셔틀콕을 칠 수 있다.</td></tr>
<tr><td>나</td><td>이○규, 서○석</td><td colspan="6">• 포핸드스윙으로 머리위에 매달린 정지된 볼풀 공을 칠 수 있다.</td></tr>
<tr><td>다</td><td>이○성, 강○빈</td><td colspan="6">• 짧은 라켓으로 머리위에 매달린 정지된 풍선을 칠 수 있다.</td></tr>
<tr><td rowspan="3">수업 전략</td><td colspan="2">수업 전략</td><td colspan="6">• 직접 교수 모형, MATP지도방법, 활동참여촉진 및 문제행동 중재 의사소통전략</td></tr>
<tr><td colspan="2">학습 집단 조직</td><td colspan="6">• 대집단 – 소집단활동(능력별 집단편성) – 대집단활동</td></tr>
<tr><td colspan="2">MATP 적용 수업중점</td><td colspan="6">• 장애 정도와 상관없이 부분적으로라도 참여할 수 있도록 한다.
• 게임이나 활동에서 즐거움을 줄 수 있도록 한다.
• 경기에서는 승패보다는 최선을 다하는 자세를 보일 수 있도록 유도한다.
• 학생에게 실용적 기술이 될 수 있도록 지도한다.</td></tr>
<tr><td rowspan="2">교수 · 학습 자료</td><td colspan="2">교사자료</td><td colspan="6">• 호루라기, 동영상, 낱말카드, 그림카드, 비눗방울놀이 set, 배경음악(BGM)</td></tr>
<tr><td colspan="2">학생자료</td><td colspan="6">• 배드민턴연습기2, 지지대2, 배드민턴라켓6(大, 小), 볼풀공, 셔틀콕, 빨랫줄 10m, 부력공</td></tr>
</table>

단계	학습 활동	교수·학습 활동				시간	자료 및 유의점(*)
		교사	학생				
			가	나	다		
도입	인사	▸인사하기	• 바른자세로 "안녕하세요" 말하며 인사하기	• "안녕하세요" 말하며 인사하기	• 인사하기	7′	
			○학생들 건강상태 살펴보기				
	전시 학습 상기	▸지난 시간에 공부한 내용 확인하기	○매달려 있는 여러 가지 물체 치기활동에 대해 말하기				• 전시 학습 활동 사진
			• 손, 탁구라켓, 배드민턴라켓으로 풍선, 비닐봉지를 쳤어요.	• 손, 배드민턴라켓으로 풍선, 비닐봉지를 쳤어요.	• 손으로 풍선을 쳤어요.		
	동기 유발	▸담임교사와 체육 담당교사가 배드민턴 치는 동영상 보여주기	○동영상 시청하고 이야기 하기				• 동기유발동영상 *동기유발시청하고 본시 학습 활동에 관심을 갖도록 한다.
			• 우리선생님, 체육 선생님이 나와요. • 배드민턴을 쳐요. • 저도 누나(언니)와 배드민턴 쳤어요.	• 우리선생님, 체육 선생님 나와요. • 배드민턴을 쳐요. • 체육선생님 이겨요.	• 선생님 나와요. • 배드민턴을 쳐요. • 선생님 이겨요.		
	학습 목표 제시 하기	▸낱말 및 그림카드를 활용하여 학습목표제시하기	• 포핸드스윙으로 머리위에 매달린 움직이는 셔틀콕을 칠 수 있다.	• 포핸드스윙으로 머리위에 매달린 정지된 볼풀공을 칠 수 있다.	• 짧은 라켓으로 머리위에 매달린 정지된 풍선을 칠 수 있다.		• 낱말 카드 • 그림카드
			○각자 읽고, 말하기 ○교사의 시범을 보고 따라 하기 ○학습목표를 몸지서 행동으로 나타내기				
	학습 활동 안내 하기	▸낱말 및 그림카드를 활용하여 학습활동안내하기	활동1 배드민턴 라켓으로 비눗방울 터트리기 활동2 포핸드스윙으로 정지되어 있는 여러 가지 물체 치기 활동3 달려가며 포핸드스윙으로 머리위에 매달려 있는 여러 가지 물체 치기				• 학습활동 안내 관련 낱말카드, 그림카드

<table>
<tr><th rowspan="3">단계</th><th rowspan="3">학습활동</th><th colspan="4">교 수 · 학 습 활 동</th><th rowspan="3">시간</th><th rowspan="3">자료 및 유의점(*)</th></tr>
<tr><th rowspan="2">교사</th><th colspan="3">학생</th></tr>
<tr><th>가</th><th>나</th><th>다</th></tr>
<tr><td></td><td>준비운동</td><td>▶ 체조하기
• PASP-D 체조하기</td><td colspan="2">• 구령에 맞추어 PAPS-D 체조하기</td><td>• 특수교육보조원과 같이 하기</td><td rowspan="6">28′</td><td>• 배경음악(BGM)</td></tr>
<tr><td rowspan="5">전개</td><td>활동 1 [기초]</td><td>▶ 비눗방울 터뜨리게 하기</td><td>• 배드민턴라켓을 상하로 흔들어 비눗방울 터트리기</td><td>• 길이가 짧은 라켓을 상하로 흔들어 비눗방울 터뜨리기</td><td>• 비눗방울을 손으로 터트리기</td><td rowspan="5">• 비눗방울세트
• 배드민턴라켓 (大, 小) 6개
• 배경음악
• 풍선, 셔틀콕

• 셔틀콕, 볼풀공
*라켓으로 스윙할 때 충분한 거리를 확보한다.</td></tr>
<tr><td rowspan="2">활동 2 [주요]</td><td rowspan="2">▶ 포핸드스윙자세로 머리위에 매달려 있는 풍선, 셔틀콕 치게 하기</td><td colspan="3">○ 교사의 포핸드스윙자세 설명듣고 시범보기
○ 개인별 교정적 피드백 받기
○ 반복 연습과 개별지도받기
○ 학생 혼자서 반복 연습하기</td></tr>
<tr><td>• 머리위에서 고정되어 있는 셔틀콕을 포핸드로 치기
• 머리위에서 움직이는 셔틀콕을 포핸드 스윙으로 치기</td><td>• 배드민턴라켓을 이용하여 머리위에 고정되어 있는 볼풀공 치기</td><td>• 짧은 라켓을 잡고 머리위에 매달려 있는 풍선 치기 [특수교육보조원과 같이 하기]</td></tr>
<tr><td rowspan="2">활동 3 [심화]</td><td rowspan="2">▶ 달려가며 포핸드스윙으로 머리위에 매달려 있는 여러 가지 물체 치게 하기</td><td colspan="3">○ 교사가 달려가며 포핸드스윙으로 머리위에 매달려 있는 물체 치는 자세 설명듣고 시범보기
○ 개인별 교정적 피드백 받기
○ 반복 연습과 개별지도 받기
○ 혼자서 반복 연습하기</td></tr>
<tr><td>• 출발선에서 달려가 포핸드스윙으로 셔틀콕→볼풀공→움직이는 셔틀콕의 순으로 치며 돌아오기</td><td>• 출발선에서 달려가 포핸드스윙으로 볼풀 공→정지되어 있는 볼풀공 순으로 치며 돌아오기</td><td>• 교사와 함께 정지해 있는 풍선 치고 돌아오기 [특수교육보조원과 같이 하기]</td></tr>
</table>

<table>
<tr><th rowspan="3">단계</th><th rowspan="3">학습 활동</th><th colspan="4">교 수 · 학 습 활 동</th><th rowspan="3">시간</th><th rowspan="3">자료 및 유의점(*)</th></tr>
<tr><th rowspan="2">교사</th><th colspan="3">학생</th></tr>
<tr><th>가</th><th>나</th><th>다</th></tr>
<tr><td rowspan="5">정리</td><td>정리</td><td>▸학습내용 정리하기</td><td colspan="3">○ 머리위에 매달려 있는 여러 가지 물체 쳐본 경험을 바탕으로 이야기하기
• 서서 치기, 달려가면서 치기
• 잘 된 동작과 잘못된 동작말하기
• 재미있었던 동작 말하기
• 포핸드스윙 방법 말하기</td><td rowspan="5">5′</td><td>• 셔틀콕, 볼풀공</td></tr>
<tr><td>평가</td><td>▸수준별로 평가하기</td><td colspan="3">• ‘다. 본시학습의 평가’와 같이 ‘평가목표, 평가방법, 평가기준’에 의거 평가하기</td><td></td></tr>
<tr><td>차시 예고</td><td>▸다음시간에 학습할 내용 제시하기</td><td colspan="3">○ 다양한 높이에서 움직이는 셔틀콕치기
• 가슴 높이에서 움직이는 셔틀콕치기
• 허리 높이에서 움직이는 셔틀콕치기
• 무릎 높이에서 움직이는 셔틀콕치기</td><td>• 셔틀콕</td></tr>
<tr><td>정리 운동</td><td>▸정리운동하기</td><td colspan="2">팔돌리기-어깨돌리기-발목돌리기-무릎돌리기-머리돌리기</td><td>보조받아 부분 스트레칭하기</td><td rowspan="2">• 배경음악(BGM)
*정리운동 시 옆 사람과 부딪치지 않도록 한다.</td></tr>
<tr><td>인사</td><td>▸인사하기</td><td colspan="3">• 바른자세로 “감사합니다.” 말하며 인사하기-교사와 같이 각종 기구 및 자료 정리하기</td></tr>
</table>

(3) 본시 학습의 평가

<table>
<tr><td rowspan="3">평가 목표</td><td>가</td><td>• 포핸드스윙으로 머리위에 매달린 움직이는 셔틀콕을 칠 수 있는가?</td></tr>
<tr><td>나</td><td>• 포핸드스윙으로 머리위에 매달린 정지된 볼풀 공을 칠 수 있는가?</td></tr>
<tr><td>다</td><td>• 짧은 라켓으로 머리위에 매달린 정지된 풍선을 칠 수 있는가?</td></tr>
<tr><td colspan="2">평가방법</td><td>• 현장에서 이루어지는 학습활동을 관찰하여 평가한다.</td></tr>
<tr><td rowspan="3">평가 기준</td><td>가</td><td>• 포핸드스윙으로 서서, 달려가면서 움직이는 셔틀콕을 칠 수 있는가를 평가한다.</td></tr>
<tr><td>나</td><td>• 포핸드스윙으로 서서, 달려가면서 정지된 볼풀 공을 칠 수 있는가를 평가한다.</td></tr>
<tr><td>다</td><td>• 포핸드스윙으로 서서, 달려가면서 머리위에 매달린 정지된 풍선을 짧은 라켓으로 칠 수 있는가를 평가한다.</td></tr>
</table>

7. 음악과

1) 단원: 6. 리듬 악기 노래

2) 단원의 개관

(1) 사회면

음악과는 자율적이고 창의적인 표현 및 감상 활동을 통해 정서적인 안정감과 심미감을 기르는데 적합한 교과로서, 다양하고 즐거운 활동으로 학생들이 보다 풍요로운 삶을 영위하도록 지원하는 역할을 한다. 특히 지적으로 어려움을 갖고 있는 지적장애 학생들이 자기의 생각이나 느낌을 소리로 자신 있게 표현할 수 있어 심미적이고 창의적인 인간으로 성장하는 데 중요한 역할을 할 수 있다.

(2) 학생면

지적장애 학생들은 비장애 학생들에 비해 경험의 폭이 좁고 호기심이 제한적이기 때문에 음악 수업은 다양한 학습 과제와 활동 중심의 제재를 통합적으로 운영해야 한다. 따라서 지적장애 학생들에게 하나의 주제에 따라 변화 있고 다양한 학습 경험을 제공함으로써 학교생활이 즐겁고 흥미롭다는 인식을 심어주는 것이 중요하다.

(3) 교재면

음악은 이해영역과 가창, 기악, 창작, 감상, 신체 표현 등과 같은 다양한 음악적 활동을 통하여 구체화 된다. 그 중 본 단원에서는 리듬 악기를 연주하는 기악활동을 하고자 한다. 특히 리듬 악기는 음색이 아름답고 독창적이기 때문에 학생들의 흥미를 끌 수 있고 음고가 고정되어 있기 때문에 비교적 다루기가 쉬워 지적장애학생들이 악기를 연주하며 즐거움을 느낄 수 있다.

(4) 지도면

본 단원에서는 4/4박자를 이해하고 여러 가지 리듬 악기를 바른 주법으로 연주하는 데에 중점을 두어 가르치고자 한다. 학생의 발달단계와 수준을 고려하여 자유롭게 악기를 갖고 표현할 수 있는 기회를 제공함으로써 연주활동의 즐거움을 체험할 수 있도록 지도하고자 한다. 또한 합주를 통해 함께 활동 하는 것을 인식하고 협력적인 태도를 갖도록 지도하고자 한다.

3) 단원의 목표

(1) 인지적 영역

① 악기이 이름을 구별하여 표현할 수 있다.
② 악기의 이름을 듣고 실물 악기를 찾을 수 있다.
③ 리듬 악기의 주법을 표현할 수 있다.
④ 4/4박자의 강약을 신체로 표현할 수 있다.

(2) 기능적 영역

① 리듬악기를 바르게 연주할 수 있다.

② 4/4박자의 강약에 맞게 노래를 부를 수 있다.

③ 원하는 악기로 리듬 합주를 할 수 있다.

④ 자신이 맡은 영역을 리듬 악기로 연주 할 수 있다.

(3) 정의적 영역

① 바른 자세로 앉아 수업에 참여할 수 있다.

② 음악 수업시간에 적극적으로 참여할 수 있다.

③ 악기연주에 적극적으로 참여할 수 있다.

④ 리듬 악기 합주에 협력적인 태도를 가질 수 있다.

4) 단원의 구성

(1) 단원의 구조

- 6. 리듬 악기 노래
  - 악기이름 알고 찾기
  - 4/4박자 리듬 익히기
  - 나만의 리듬 악기 만들기
  - '리듬 악기 노래'에 맞추어 리듬악기 합주하기

(2) 단원의 관련

① 종적 관련

선수학습	본 단원 학습	후속학습
• 여러 가지 소리를 듣고 음악적인 소리와 그렇지 않은 소리를 구별하기 • 소리의 셈여림, 빠르기 등을 구별하기	• 악기 이름 알고 찾기 • 리듬 악기를 주법에 맞게 연주하기 • 4/4박자 리듬치기 • '리듬 악기 노래'를 부르며 리듬 악기 합주하기	• 다양한 건반 악기 이름 알고 소리 탐색하기 • 실로폰으로 소리내기 • 색깔 악보를 보고 실로폰 연주하기

② 횡적 관련

관련 교과	관련 단원	
국어	• 사물의 이름 알기	• 노래의 즐거움 느끼기
과학	• 악기 소리의 특징을 알고 구별하기	• 소리 탐색하기
미술	• 사물의 모양을 보고 구별하기 • 만들기와 꾸미기	• 사물의 색깔 구별하기
체육	• 소리를 듣고 반응하기	• 소리에 맞추어 동작으로 나타내기

5) 단원의 지도 계획

차시	제재	지도내용	관련 교과	자료
1/4	◦ 악기 이름 알고 찾기	• 그림카드로 리듬 악기의 이름익히기 • 그림카드와 실물악기 대응시키기 • 악기의 이름을 듣고 실물 악기 찾기	국어, 미술	악기 그림 카드, 리듬 악기(탬버린, 캐스터네츠, 트라이앵글, 큰북, 작은북)

차시	제재	지도내용	관련 교과	자료
2/4	◦ 4/4박자 리듬 익히기	• 반복되는 색깔을 찾아내어 박자와 연관 짓기 • 그림의 크기에 따른 4/4박자 강약 익히기 • 손뼉 치기와 발 구르기 등으로 4/4박자 리듬 치기 • 리듬 악기로 첫 박, 기본 박 치기	미술, 체육	리듬 악기(탬버린, 캐스터네츠, 트라이앵글, 큰북, 작은북), 색깔 그림판
3/4	◦ 나만의 리듬 악기 만들기	• 나만의 리듬 악기 만들기 • 악기 소리 탐색하기	미술, 과학	탬버린, 캐스터네츠, 트라이앵글, 큰북, 작은북, 색종이, 가위, 풀
4/4 (본시)	◦ '리듬 악기 노래'에 맞추어 리듬 악기 합주하기	• 악기를 탐색하며 셈여림에 맞게 악기 연주하기 • '리듬 악기 노래' 배우기 • 리듬 악기 역할을 정하여 리듬 악기 합주하기	국어, 과학, 체육	리듬 악기(탬버린, 캐스터네츠, 트라이앵글, 큰북, 작은북), 가사판

6) 지도상의 유의점

① 악기를 다룰 때에 활동 이전에 악기를 소중히 다룰 줄 아는 태도를 가지도록 지도해야 한다.

② 어떤 구조적인 활동들이 시도되기 전에 자유롭게 악기를 탐색할 수 있는 많은 기회를 가질 수 있도록 악기 소리를 실험해 보도록 충분한 시간과 공간을 확보해야 한다.

③ 박자와 셈여림을 익힐 때에 특정 도형이나 그림의 크기와 같은 시각적 요소를 사용하도록 한다.

④ 학생들이 악기를 다룰 때에는 자유롭게 악기 소리를 내보는 시간을 주어 흥미를 유발하고, 교사의 지도에 따라 소리를 내어봄으로써 소리의 차이를 인지하게 한다.

⑤ 합주 시에는 개인의 역량이 강조되기보다는 협력과 조화가 필요하므로 교사는 전체적인 조화를 위해 학생들이 다른 학생들과 협력하고 자기 소리를 조절해야 함을 알게 한다.

⑥ 모든 활동에서 학생들이 열심히 참여할 수 있도록 교사가 먼저 적극적으로 수업에 임하는 태도를 갖는다.

7) 단원의 평가 계획

(1) 인지적 영역

① 악기의 이름을 구별하여 표현할 수 있는가?
② 악기의 이름을 듣고 실물 악기를 찾을 수 있는가?
③ 리듬 악기의 주법을 표현할 수 있는가?
④ 4/4박자의 강약을 신체로 표현할 수 있는가?

(2) 기능적 영역

① 리듬악기를 바르게 연주할 수 있는가?
② 4/4박자의 강약에 맞게 노래를 부를 수 있는가?
③ 원하는 악기로 리듬 합주를 할 수 있는가?
④ 자신이 맡은 영역을 리듬 악기로 연주 할 수 있는가?

(3) 정의적 영역

① 바른 자세로 앉아 수업에 참여할 수 있는가?
② 음악 수업시간에 적극적으로 참여할 수 있는가?

③ 악기연주에 적극적으로 참여할 수 있는가?

④ 리듬 악기 합주에 협력적인 태도를 가질 수 있는가?

8) 본시 지도 계획

(1) 본시 관련 학생 실태

순	이름	성별	본시관련 수행능력 수준	행동 특성	집단 편성	장애 유형
1	이○훈	남	• 표현언어, 수용언어가 능하며, 노래가사를 따라 부를 수 있음. • 정확한 악기이름을 구별하지 못하나 악기에 관심이 많음.	• 수업에 적극적으로 참여하고 친구들을 도와줄 수 있음.	가	지적장애
2	우○성	남	• 수용언어는 가능하나 자발적인 표현 언어는 제한적임. • 음악에 흥미를 가지고 있으며, 악기에 관심이 많음.	• 음악 시간을 좋아하나 산만하고 집중력이 부족함.	나	지적장애
3	문○호	여	• 발음이 부정확하나 노래 부르는 활동에 적극적으로 참여함. • 악기 이름을 알고 있으나 박자치기에 어려움이 있음.	• 편마비가 있어 근육조절이 잘 안 되어 활동에 어려움이 있음. • 수업에 적극적으로 참여하나 큰 소리를 내어 수업을 방해할 때가 있음.	나	지적장애
4	김○균	남	• 음악에 관심은 있으나 노래를 따라 부르는데 어려워 함. • 악기 다루는데 교사의 도움이 필요함.	• 악기를 입으로 가져가는 버릇이 있음. • 물건을 책상에서 자주 떨어뜨림.	다	지적장애
5	박○분	여	• 노래를 따라 부르지는 못하나 대신 몸짓으로 즐거움을 표현함.	• 리본, 끈, 줄 등을 좋아하여 악기에 끈이나 줄이 달려 있으면 떼려고 함.	다	지적장애

(2) 본시 학습의 실제

<table>
<tr><td>단 원</td><td colspan="2">6. 리듬 악기 노래</td><td>제재</td><td colspan="3">'리듬 악기 노래'에 맞추어 리듬 악기 합주하기</td><td>차시</td><td>4/4</td></tr>
<tr><td>일시</td><td colspan="2">20○○.5.10.(화).5교시</td><td>장소</td><td>4학년1반</td><td>대상</td><td>남3명, 여2명</td><td>지도 교사</td><td>김○미</td></tr>
<tr><td rowspan="3">개별 학습 목표</td><td>가</td><td>이○훈</td><td colspan="7">○'리듬 악기 노래'에 맞추어 리듬 악기 합주를 할 수 있다.</td></tr>
<tr><td>나</td><td>우○성, 문○호</td><td colspan="7">○'리듬 악기 노래'에 맞추어 리듬 악기로 연주를 할 수 있다.</td></tr>
<tr><td>나</td><td>김○규, 박○분</td><td colspan="7">○'리듬 악기 노래'에 맞추어 리듬 악기를 두드릴 수 있다.</td></tr>
<tr><td rowspan="3">수업 전략</td><td colspan="2">수업모형</td><td colspan="7">기악활동 중심 수업모형</td></tr>
<tr><td colspan="2">학습집단</td><td colspan="7">소집단 개별학습</td></tr>
<tr><td colspan="2">체험활동</td><td colspan="7">노래부르기, 리듬치기, 리듬악기 연주하기, 리듬악기 합주하기</td></tr>
<tr><td rowspan="3">교수 · 학습 자료</td><td colspan="2">기자재</td><td colspan="7">노트북</td></tr>
<tr><td colspan="2">교사자료</td><td colspan="7">PPT, '리듬악기' 노래 MR</td></tr>
<tr><td colspan="2">학생자료</td><td colspan="7">탬버린, 캐스터네츠, 트라이앵글, 큰북, 작은북</td></tr>
</table>

<table>
<tr><td rowspan="3">단계</td><td rowspan="3">학습 활동</td><td colspan="4">교수 · 학습 활동</td><td rowspan="3">시간</td><td rowspan="3">자료 및 유의점</td></tr>
<tr><td rowspan="2">교사</td><td colspan="3">학생</td></tr>
<tr><td>가</td><td>나</td><td>다</td></tr>
<tr><td rowspan="5">도입</td><td>인사</td><td>▸ 인사하기</td><td>• 바른 자세로 인사노래 부르며 인사하기</td><td>• 인사노래 부르며 인사하기</td><td>• 인사노래 따라 부르며 인사하기</td><td rowspan="5">8'</td><td rowspan="5">• 탬버린, 캐스터네츠, 트라이앵글, 큰북, 작은북

• 전자저작물(리듬</td></tr>
<tr><td rowspan="2">전시 학습 상기</td><td rowspan="2">▸ 리듬악기 보여주고, 소리도 들려주기</td><td colspan="3">○ 리듬악기 보고(소리듣고) 이름말하기</td></tr>
<tr><td>• 탬버린, 캐스터네츠, 트라이앵글, 큰북, 작은북</td><td>• 제시한 리듬악기 중 3개 이상 이름 말하기</td><td>• 제시한 리듬악기 이름 따라 말하기</td></tr>
<tr><td rowspan="2">동기 유발</td><td rowspan="2">▸ 리듬악기 합주 동영상 보여주기</td><td colspan="3">○ 리듬악기 합주 동영상 시청하고 이야기 하기</td></tr>
<tr><td>• 여러 사람이 리듬악기를 쳐요.</td><td>• 여러 사람이 쳐요.
• 큰북 소리가 제</td><td>• 큰북을 쳐요.
• 탬버린 쳐요.</td></tr>
</table>

단계	학습 활동	교수 · 학습 활동				시간	자료 및 유의점
		교사	학생				
			가	나	다		
			• 악기치는 모습을 보니 신나요. • 저도 하고 싶어요.	일 커요. • 저도 큰북을 치고 싶어요.	• 저도 탬버린 치고 싶어요.		악기 합주 동영상)
	학습 목표 제시	▸PPT활용하여 학습목표제시 하기	• '리듬 악기 노래'에 맞추어 리듬 악기 합주를 할 수 있다.	• '리듬 악기 노래'에 맞추어 리듬 악기로 연주를 할 수 있다.	• '리듬 악기 노래'에 맞추어 리듬 악기를 두드릴 수 있다.		*리듬악기 동영상 보고 이 시간에 학습할 내용에 관심을 갖도록 한다.
	학습 활동 안내	▸PPT 활용하여 학습활동 안내 하기	활동1 리듬악기 연주하기 활동2 '리듬 악기 노래' 부르기 활동3 '리듬 악기 노래'에 맞추어 리듬 악기 합주하기				• PPT(학습목표제시) • PPT(학습활동안내)
전개	활동 1	▸리듬악기 연주하게 하기	○ 여러 가지 리듬악기 연주하기			27′	• 탬버린, 캐스터네츠, 트라이앵글, 큰북, 작은북
			• 트라이앵글 연주하기	• 탬버린 연주하기 • 캐스터네츠 연주하기	• 큰북 연주하기 • 작은북 연주하기		
			○ 4/4박자 셈여림을 손뼉치기, 발구르기를 통해 익히기				
			○ 4/4박자의 셈여림 특성에 맞게 리듬악기 연주하기				
			• 트라이앵글 연주하기	• 탬버린 연주하기 • 캐스터네츠 연주하기	• 큰북 연주하기 • 작은북 연주하기		
	활동 2	▸'리듬 악기 노래' 부르게 하기	○ '리듬 악기 노래' 듣기				• 리듬악기 노래 MR
			○ '리듬 악기 노래' 함께 부르기 ○ 리듬 악기 노래' 손뼉 치며 함께 부르기				
			• '리듬 악기 노래' 손뼉 치며 부르기		• 교사가 부르는 노래 손뼉 치며 따라 부르기		
	활동 3	▸'리듬 악기 노래'에 맞추어 리듬 악기 합주하게	○ '리듬 악기 노래'에 맞추어 종류별 리듬 악기 연주 시범 보기				

단계	학습 활동	교수 · 학습 활동				시간	자료 및 유의점
		교사	학생				
			가	나	다		
		하기	•'리듬악기 노래'에 맞추어 트라이앵글로 합주하기	•'리듬 악기 노래'에 맞추어 탬버린으로 합주하기 •'리듬 악기 노래'에 맞추어 트라이앵글로 합주하기	•'리듬 악기 노래'에 맞추어 큰북, 으로 합주하기 •'리듬 악기 노래'에 맞추어 작은북으로 합주하기		• 탬버린, 캐스터네츠, 트라이앵글, 큰북, 작은북 *활동1에서 담당한 리듬악기 연주를 충분히 할 수 있을 때 악기를 서로 바꾸어 연주하도록 한다.
			○ 악기를 서로 바꾸어 '리듬 악기 노래'에 맞추어 리듬 합주하기				
정리	정리	▸ 학습내용 정리하기	○ '리듬 악기 노래'에 맞추어 리듬 악기 합주하기에 대하여 이야기하기 • 본인이 가지고 연주하였던 리듬악기에 관하여 이야기하기 • 리듬악기 연주할 때 잘 되었던 점 말하기 • 리듬악기 연주할 때 잘 안되었던 점 말하기 • 리듬악기 연주할 때 기분 말하기			5′	• 탬버린, 캐스터네츠, 트라이앵글, 큰북, 작은북
	평가	▸ 수준별로 평가하기	• "다. 본시학습의 평가"와 같이 "평가목표, 평가방법, 평가기준"에 의거 평가하기				• 본시학습 평가표
	차시 예고	▸ 다음시간에 학습할 내용 제시하기	○ 실로폰으로 연주하기 • 음반을 차례로 쳐서 실로폰 연주하기 • 색깔 악보 보고 실로폰 연주하기				• 실로폰
	인사	▸ 인사하기	○ 바른자세로 "감사합니다." 말하며 인사하기 ○ 교사와 같이 각 종 리듬학기 및 자료 정리하기				*학습 평가 시 학습 과정과 결과를 평가한다.

(3) 본시 학습 평가

집단	평가목표	평가방법	평가기준	대상	수행 정도
가	• '리듬 악기 노래'에 맞추어 리듬 악기 합주를 할 수 있는가?	• 관찰과 수행평가를 통하여 평가한다.	• '리듬 악기 노래'에 맞추어 트라이앵글로 합주를 할 수 있는지 평가한다.	이○훈	

집단	평가목표	평가방법	평가기준	대상	수행 정도
나	• '리듬 악기 노래'에 맞추어 리듬 악기로 연주를 할 수 있는가?	• 관찰과 수행평가를 통하여 평가한다.	• '리듬 악기 노래'에 맞추어 탬버린을 연주 할 수 있는지 평가한다.	우○성	
			• '리듬 악기 노래'에 맞추어 캐스터네츠를 연주 할 수 있는지 평가한다.	문○호	
다	• '리듬 악기 노래'에 맞추어 리듬 악기를 두드릴 수 있는가?	• 관찰과 수행평가를 통하여 평가한다.	• '리듬 악기 노래'에 맞추어 큰북을 두드릴 수 있는지 평가한다.	김○균	
			• '리듬 악기 노래'에 맞추어 작은북을 두드릴 수 있는지 평가한다.	박○분	

* 수행정도
3: 혼자서 수행함.
2: 교사의 언어적 도움을 받아서 수행함.
1: 교사의 신체적 도움을 받아서 수행함.

8. 미술과

1) 단 원: 5. 여러 가지 모양

2) 단원의 개관

(1) 사회면

학생들이 활동하고 놀이하고 생활하는 세계는 대부분 입체적 공간에서 이루어진다.

학생들은 주변의 사물을 꾸며 보고, 만들어 보고, 구성함으로써 새로운 개념을 형성하고, 사물과의 상호관계 속에서 주관적인 세계를 구축한다.

(2) 학생면

학생들은 평면적인 자료와 입체적인 자료를 다루어 봄으로써 두 자료의 개념을 연관 시킬 수 있고, 자료의 성질을 이해하는 귀중한 경험을 얻게 된다. 또한, 자료를 다루는 기회가 많아질수록 학생들은 촉각을 통해 빠르게 성장할 것이다.

(3) 교재면

따라서 학생들에게 다양한 재료를 활용한 꾸미기 활동을 통하여 소근육과 손의 조절능력을 발달시키고, 미술 작품을 표현해 볼 수 있는 경험을 제공하며, 동시에 미적 감각을 기를 수 있도록 본 단원을 설정하였다.

(4) 지도면

본 단원에서는 생활 주변에서 접할 수 있는 여러 가지 재료를 활용하여 미술 활동을 진행함으로써 학생들이 주변 사물에 대한 관심을 갖도록 하고자 한다. 다양한 재료를 오리거나 붙이고 고르는 활동을 통하여 주변 사물의 형태에 관심을 갖도록 지도하고 미술 자료의 활용한 창의적 활동에 중점을 두어 학생들이 다양한 구성활동을 할 수 있도록 관심을 가지고 지도할 계획이다.

3) 단원의 목표

(1) 이해

① 각 미술 재료의 이름과 특징을 말할 수 있다.
② 꾸미기에 필요한 재료를 찾을 수 있다.

(2) 기능

① 다양한 재료를 이용하여 창의적으로 표현할 수 있다.
② 여러 가지 미술 용구를 용도에 맞게 사용할 수 있다.

(3) 태도

① 수업에 흥미를 가지고 참여할 수 있다.
② 표현활동 후 재료와 자리를 정리할 수 있다.
③ 친구들의 작품을 바른 자세로 감상할 수 있다.

4) 단원의 구성

(1) 단원의 구조

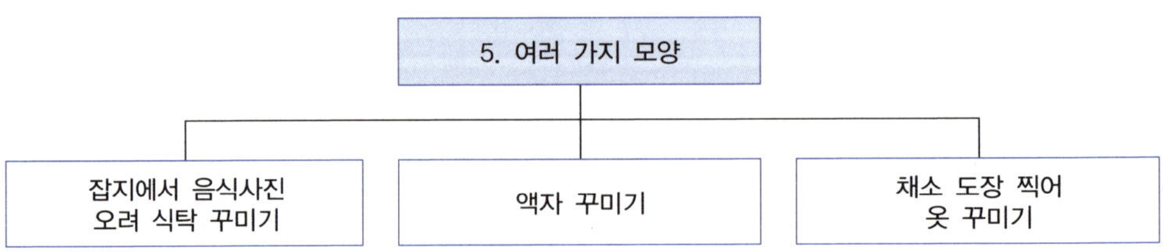

(2) 단원의 관련

① 종적 관련

선수 학습	본 단원 학습	후속 학습
• 색종이 찢어 붙이기 • 가위로 색종이 오려 붙이기	• 잡지에서 음식사진 오려 식탁 꾸미기 • 액자 꾸미기 • 야채 도장 찍어 옷 꾸미기	• 재활용품으로 악기 만들기 • 모빌 만들기

② 횡적 관련

관련 교과	관련 단원
국어	Ⅰ-6. 누구일까요
사회	Ⅱ-25. 쓰레기 분리수거
수학	Ⅱ-9. 여러 가지 모양
과학	Ⅰ-3. 내가 사용하는 물건

5) 단원의 지도 계획

차시	제재	지도내용	관련 교과	학습자료
1/3	◦ 잡지에서 음식 사진 오려 식탁 꾸미기	• 앞치마를 두른 신체 모형판에 얼굴 사진 붙이기 • 음식 사진을 붙여 식탁판 꾸미기	국어 사회	• PPT, 음식사진, 식탁판, 얼굴사진, 가위, 풀, 색연필
2/3 (본시)	◦ 액자 꾸미기	• 사진관 배경으로 사진 찍기 • 액자틀에 여러 가지 모양의 재료를 붙여 꾸미기	수학	• PPT, 사진관 배경, 액자틀, 마카로니, 스팽글, 구슬점토
3/3	◦ 야채 도장 찍어 옷 꾸미기	• 야채를 잘라 도장 만들기(연근, 피망) • 옷 그림에 채소 도장 찍어 꾸미기	과학	• PPT, 채소도장(연근, 피망, 감자, 당근), 물감, 옷 그림

6) 지도상의 유의점

① 학생의 수준에 맞는 꾸미기 재료를 선정하도록 한다.
② 한꺼번에 많은 양의 꾸미기 재료를 제시하지 않도록 한다.
③ 학생들의 흥미, 관심도를 파악하여 능동적이고 구체적인 활동이 되도록 한다.
④ 참고작품을 미리 준비하여 학생들이 관찰한 후 작품을 꾸밀 수 있도록 한다.

7) 단원의 평가 계획

(1) 이해

① 각 미술 재료의 이름과 특징을 말할 수 있는가?
② 꾸미기에 필요한 재료를 찾을 수 있는가?

(2) 기능

① 다양한 재료를 이용하여 창의적으로 표현할 수 있는가?
② 여러 가지 미술 용구를 용도에 맞게 사용할 수 있는가?

(3) 태도

① 수업에 흥미를 가지고 참여할 수 있는가?
② 표현활동 후 재료와 자리를 정리할 수 있는가?
③ 친구들의 작품을 바른 자세로 감상할 수 있는가?

8) 본시 지도 계획

(1) 본시 관련 학생의 실태

순	이름	성별	본시관련 수행능력 수준	행동 특성	집단 편성	장애 영역
1	김○연	남	• 교사의 지시 따르기가 가능함. • 교사의 도움을 받아 소근육을 이용한 활동을 할 수 있음. • 칼라점토를 가지고 모양찍기를 할 수 있음.	• 고집이 세고 타인을 무시하는 듯한 행동이나 말을 자주 함	가	지적장애
2	임○훈	남	• 간단한 지시 따르기가 가능함. • 교사의 신체적 도움을 받아 소근육을 이용한 활동을 할 수 있음. • 지속적인 눈 · 손의 협응이 어려움.	• 감정의 기복이 심하여 수업 중에 자리를 이탈하는 경우가 많음. • 무의미한 소리를 자주 내며 집중력이 짧은 편임.	나	지적장애
3	박○현	남	• 교사의 지시 따르기가 가능함. • 허약 체질로 손에 힘을 가해 주무르거나 모양을 만드는 활동에 어려움을 보임. • 눈 · 손의 협응이 가능함.	• 기초체력이 부족하여 일상생활하는데 어려움이 있음. • 손과 발을 떠는 습관이 있음.	나	지적장애
4	조○선	여	• 교사의 지시 따르기가 어려움. • 교사의 신체적 도움을 받아 소근육 활동을 할 수 있음. • 눈 · 손의 협응이 어려움.	• 교사의 제스처를 보고 지시 따르기를 할 수 있음. • 자신이 좋아하는 '나비야'를 부르며 혼자서 즐거워 함.	다	지적장애
5	박○후	남	• 교사의 지시 따르기가 어려움. • 교사의 신체적 도움을 받아 소근육 활동을 할 수 있음. • 눈 · 손의 협응이 어려움.	• 수업 중 칭얼거리는 소리를 냄. • 손으로 책상을 두드림. • 머리를 좌우로 흔들며 사람을 치는 행동을 함.	다	지적장애

(2) 본시 교수 · 학습의 실제

<table>
<tr><td>단원</td><td colspan="3">5. 여러 가지 모양</td><td>제재</td><td colspan="3">액자 꾸미기</td><td>차시</td><td>2/3</td></tr>
<tr><td>일시</td><td colspan="3">2000. 05. 19(금), 5교시</td><td>장소</td><td>5-1 교실</td><td>대상</td><td>남 4명, 여 1명, 계 5명</td><td>지도 교사</td><td>최○정</td></tr>
<tr><td rowspan="3">개별 학습 목표</td><td>가</td><td>김○연</td><td colspan="7">• 여러 가지 재료를 이용하여 액자를 꾸밀 수 있다.</td></tr>
<tr><td>나</td><td>임○훈
박○현</td><td colspan="7">• 구슬점토가 50% 붙여진 액자틀에 여러 가지 재료를 붙여 액자를 꾸밀 수 있다.</td></tr>
<tr><td>다</td><td>조○선
박○후</td><td colspan="7">• 구슬점토가 70% 붙여진 액자틀에 여러 가지 재료를 붙여 액자를 꾸밀 수 있다.</td></tr>
<tr><td rowspan="3">수업 전략</td><td colspan="2">수업 모형</td><td colspan="7">직접 교수 모형</td></tr>
<tr><td colspan="2">학습집단</td><td colspan="7">가. 나. 다</td></tr>
<tr><td colspan="2">체험활동</td><td colspan="7">사진 찍기, 액자 꾸미기</td></tr>
<tr><td rowspan="3">교수·학습 자료</td><td colspan="2">기자재</td><td colspan="7">스마트보드(전자칠판), 폴라로이드카메라</td></tr>
<tr><td colspan="2">교사자료</td><td colspan="7">식탁 꾸민 사진, 가족 사진, 채소도장, 옷견본, PPT</td></tr>
<tr><td colspan="2">학생자료</td><td colspan="7">액자만들기용 사진, 액자틀, 구슬점토, 스팽글, 마카로니</td></tr>
</table>

<table>
<tr><td rowspan="3">단계</td><td rowspan="3">학습 활동</td><td colspan="4">교수 · 학습 활동</td><td rowspan="3">시간</td><td rowspan="3">자료 및 유의점</td></tr>
<tr><td rowspan="2">교사 활동</td><td colspan="3">학생 활동</td></tr>
<tr><td>가</td><td>나</td><td>다</td></tr>
<tr><td rowspan="5">준비 활동</td><td>인사</td><td>• 인사하기</td><td>• 자신의 이름이 불리면 "네"하고 대답하며 교사와 하이파이브 하기</td><td>• 교사와 눈 맞춤하며 하이파이브 하기</td><td>• 교사와 하이파이브하기</td><td rowspan="5">5′</td><td rowspan="5">• 식탁꾸미기 모습 사진

• 가족사진 넣은 액자

★나, 다 수준 학생 수업에 참여하도록 지원한다.</td></tr>
<tr><td rowspan="2">전시 학습 상기</td><td rowspan="2">• 식탁꾸민 것 사진으로 보여주기</td><td colspan="3">○ 사진으로 본 식탁 꾸민 모습에 대하여 이야기 하기</td></tr>
<tr><td>• 잡지에서 음식사진 오려 식탁 만들었어요.</td><td>• 음식사진으로 식탁 만들었어요.</td><td>• 식탁에 밥, 김치가 있어요.</td></tr>
<tr><td rowspan="2">동기 유발</td><td rowspan="2">• 동영상 보여주기</td><td colspan="3">○ 액자에 넣어진 가족사진과 넣지 않은 가족사진 보고 이야기하기</td></tr>
<tr><td>• 우리 할아버지 사진이에요.
• 액자에 넣은 것이 보기 좋아요.</td><td>• 우리 아빠 사진이에요.
• 액자에 넣은 것이 좋아요.</td><td>• 우리 엄마 사진이에요.
• 액자에 넣었어요.</td></tr>
</table>

<table>
<tr><th rowspan="3">단계</th><th rowspan="3">학습
활동</th><th colspan="4">교수 · 학습 활동</th><th rowspan="3">시
간</th><th rowspan="3">자료 및
유의점</th></tr>
<tr><th rowspan="2">교사 활동</th><th colspan="3">학생 활동</th></tr>
<tr><th>가</th><th>나</th><th>다</th></tr>
<tr><td rowspan="3"></td><td></td><td></td><td colspan="3">○ 이번 시간에는 액자 만들기를 하는구나.</td><td rowspan="3"></td><td rowspan="3">• PPT</td></tr>
<tr><td>학습
목표
제시</td><td>• PPT로 학습목표 제시하기</td><td>• 여러 가지 재료를 이용하여 액자를 꾸밀 수 있다.</td><td>• 구슬점토가 50% 붙여진 액자틀에 여러 가지 재료를 붙여 액자를 꾸밀 수 있다.</td><td>• 구슬점토가 70% 붙여진 액자틀에 여러 가지 재료를 붙여 액자를 꾸밀 수 있다.</td></tr>
<tr><td>학습
활동
안내</td><td>• PPT로 학습활동 안내하기</td><td colspan="3">• 활동 1. 구슬점토로 액자 테두리 만들기
• 활동 2. 스팽글, 마카로니로 액자 꾸미기
• 활동 3. 완성된 액자에 사진 끼우기</td></tr>
<tr><td rowspan="3">중심
활동</td><td>활동
1</td><td>• 구슬점토로 액자 테두리 만들기 시범보이기</td><td>• 구슬점토를 붙여 액자테두리 만들기</td><td>• 구슬점토가 50% 붙여진 액자틀의 나머지 부분을 구슬점토로 붙이기</td><td>• 구슬점토가 70% 붙여진 액자틀의 나머지 부분을 구슬점토로 붙이기</td><td rowspan="3">30′</td><td rowspan="3">• 액자틀, 구슬점토, 스팽글, 마카로니, 사진

★학생들이 서로 협력하여 활동할 수 있도록 지도한다.</td></tr>
<tr><td>활동
2</td><td>• 스팽글과 마카로니로 액자 꾸미기 시범보이기</td><td>• 스팽글과 마카로니 붙여 액자 꾸미기</td><td colspan="2">• 교사와 함께 스팽글과 마카로니 붙여 액자 꾸미기〈특수교육보조원 교사의 지시에 따라 학생들 지원하기〉</td></tr>
<tr><td>활동
3</td><td>• 완성된 액자에 사진끼우기 시범보이기</td><td>• 완성된 액자에 사진 끼우기</td><td colspan="2">• 교사와 함께 액자에 사진 끼우기〈특수교육보조원 교사의 지시에 따라 학생들 지원하기〉</td></tr>
<tr><td rowspan="5">정리
활동</td><td rowspan="2">정리</td><td rowspan="2">• 학생들 작품 나열하고 이야기하도록 하기</td><td colspan="3">○ 액자 꾸미는 순서 확인하기</td><td rowspan="5">5′</td><td rowspan="5">• PPT

• 학생들이 만든 작품

• 채소도장
• 채소도장 찍어 꾸민 옷 그림</td></tr>
<tr><td colspan="3">• 구슬점토로 액자 테두리 꾸미기 → 스팽글, 마카로니로 액자 꾸미기 → 사진 끼워 넣기</td></tr>
<tr><td>평가</td><td>• 학생들이 자기 작품과 다른 학생 작품을 평가하도록 하기</td><td colspan="3">○ 친구 작품 감상하고 평가하기
○ 잘된 작품과 잘 못된 작품 말하기
○ 잘된 점이 무엇인지 말하기
○ 잘못된 점이 무엇인지 말하기</td></tr>
<tr><td>차시
예고</td><td>• 다음시간에 학습할 내용 제시하기</td><td colspan="3">○ 채소도장 찍어 옷 꾸미기
○ 채소를 잘라 도장 만들기
○ 그림에 채소도장 찍어 꾸미기</td></tr>
<tr><td>인사</td><td>• 인사하기</td><td colspan="3">○ 바른자세로 “감사합니다.” 말하며 인사하기
○ 교사와 같이 각종 자료 정리하기</td></tr>
</table>

(3) 본시 학습의 평가

<table>
<tr><td rowspan="3">평가 목표</td><td>가</td><td colspan="2">• 여러 가지 재료를 이용하여 액자를 꾸밀 수 있는가?</td></tr>
<tr><td>나</td><td colspan="2">• 구슬점토가 50% 붙여진 액자틀에 여러 가지 재료를 붙여 액자를 꾸밀 수 있는가?</td></tr>
<tr><td>다</td><td colspan="2">• 구슬점토가 70% 붙여진 액자틀에 여러 가지 재료를 붙여 액자를 꾸밀 수 있는가?</td></tr>
<tr><td colspan="2">평가방법</td><td colspan="2">수업중 관찰과 학습 결과물을 통하여 평가한다.</td></tr>
<tr><td rowspan="3">평가 기준</td><td>가</td><td colspan="2">• 여러 가지 재료(구슬점토, 스팽글, 마카로니, 사진)를 이용하여 액자를 꾸밀 수 있는가를 평가한다.</td></tr>
<tr><td>나</td><td colspan="2">• 구슬점토가 50% 붙여진 액자틀에 여러 가지 재료(스팽글, 마카로니, 사진)를 붙여 액자를 꾸밀 수 있는가를 평가한다.</td></tr>
<tr><td>다</td><td colspan="2">• 구슬점토가 70% 붙여진 액자틀에 여러 가지 재료(스팽글, 마카로니, 사진)를 붙여 액자를 꾸밀 수 있는가를 평가한다.</td></tr>
<tr><td rowspan="5">평가 결과</td><td>가</td><td>김○연</td><td></td></tr>
<tr><td rowspan="2">나</td><td>임○훈</td><td></td></tr>
<tr><td>박○현</td><td></td></tr>
<tr><td rowspan="2">다</td><td>조○선</td><td></td></tr>
<tr><td>박○후</td><td></td></tr>
</table>

* 평가결과: 다음을 참고로 하여 개인별 결과를 구체적으로 기술한다.
3: 혼자서 수행함.
2: 교사의 언어적 도움을 받아서 수행함.
1: 교사의 신체적 도움을 받아서 수행함.

● 연구과제

1. 본 장에 제시된 교과별 교수 · 학습과정안을 보고 영역별 내용에 대해 생각해 보자.
2. 본 장에 제시된 교과별 교수 · 학습과정안 예시를 보고 교수 · 학습과정안을 작성해 보자.
3. 본 장에 제시된 교수 · 학습과정안과 본인이 작성한 교수 · 학습과정안을 비교해 보자.

통합교육 교수 · 학습과정안

제5장

학습목표

1. 통합교육과정에 대하여 알 수 있다.
2. 특수학교 통합교육 교수 · 학습과정안을 작성할 수 있다.
3. 일반학교 통합교육 교수 · 학습과정안을 작성할 수 있다.

1. 특수학교에서의 통합교육 교수 · 학습과정안[1)]

특수학교의 통합교육은 대부분 일반학교와 협력을 통해 이루어지며, 학생들은 1~2주에 한 번씩 서로의 학교를 방문하여 함께 수업에 참여하는 형태로 운영된다.

일반학교에서는 각 반으로 장애학생들을 배치하고 통합학급교사가 수업을 주관한다. 그리고 특수학교 각 반에는 비장애학생들이 배치되어 장애학생들과 활동중심의 수업을 주로 하게 된다. 그러므로 일반학교와 특수학교에서는 장애 · 비장애학생을 모두 고려한 교수 · 학습과정안을 작성하여야 한다. 이를 위해 특수교육교사들은 비장애학생들의 학년에 맞는 교육과정을 알아야 하고 통합학급교사들은 장애학생의 특성과 장애정도를 파악하여야 한다.

통합교육은 학생들의 적극적인 참여와 수업 효과 극대화를 위해 주로 신체활동을 위주로 수업을 진행하는 것이 좋다. 또 장애학생들이나 비장애학생들이 사회의 일원으로 살아가면서 알아야 할 내용을 수업활동을 통해 익힐 수 있도록 해야 한다.

통합교육 내용을 선정할 때는 장애 · 비장애학생들의 흥미를 잃지 않도록 하되 특히 장애학생들의 수준에 맞는 내용을 선택하는 것이 중요하다. 즉 장애 · 비장애학생들이 각 수업 단계에 모두 다 같이 참여하는 시간이 되어야 한다. 이에 특수학교 통합교육에서 적용할 수 있는 각 교과 교수 · 학습과정안을 예를 들어 소개하고자 한다.

1) 충청남도교육청(2001). '01 특수교육장학자료 함께 실천하는 통합교육, '특수학교에서의 통합교육'의 내용을 수정한 것임.

1) 국어

<table>
<tr><th>단 원</th><td colspan="2">3. 글자를 만들어요</td><th>제재</th><td colspan="3">글자 낚시하기</td><th>차시</th><td>7/10</td></tr>
<tr><th>일시</th><td colspan="2">20ㅇㅇ. ○. ○. ㅇ교시</td><th>장소</th><td>1-1교실</td><th>대상</th><td>장애학생 ㅇ명, 비장애학생 ㅇ명</td><th>교사</th><td>임○희</td></tr>
<tr><th>수업모형</th><td colspan="9">총체적언어학습모형(놀이를 통한 전체 수업)</td></tr>
<tr><th rowspan="2">학습목표</th><td colspan="2">장애학생</td><td colspan="7">동물의 이름과 글자를 짝지을 수 있다.</td></tr>
<tr><td colspan="2">비장애학생</td><td colspan="7">주어, 목적어, 서술어 순서에 맞는 문장을 만들 수 있다.</td></tr>
</table>

<table>
<tr><th rowspan="2">단계</th><th colspan="3">교수 · 학습 활동</th><th rowspan="2">시간</th><th rowspan="2">자료 및 유의점</th></tr>
<tr><th>교사</th><th>장애학생</th><th>비장애학생</th></tr>
<tr><td rowspan="4">도입</td><td>인사</td><td>• “안녕하세요” 말하며 인사하기</td><td>• 바른자세로 “안녕하세요” 말하며 인사하기</td><td rowspan="4">5′</td><td rowspan="4">• PPT
• 동영상
• 동물 그림카드
• 단어 카드</td></tr>
<tr><td>전시학습 상기</td><td>• 그림 카드를 보며 동물 이름 말하기</td><td>• 그림카드를 보며 동물이 무엇을 하고 있는지 문장으로 말하기</td></tr>
<tr><td>동기유발</td><td colspan="2">• 동영상 PPT 시청하기
• 여러 종류의 동물이 등장하는 짧은 내용의 동영상 시청하기</td></tr>
<tr><td>학습목표 제시</td><td>• 동물의 이름과 글자 짝지어 보기</td><td>• 주어, 목적어, 서술어 순서에 맞는 문장 만들어 보기</td></tr>
<tr><td rowspan="3">전개</td><td>단어카드 낚시 시범</td><td colspan="2">• 교사는 낚시하는 방법을 알려주고 학생은 그 방법을 알 수 있도록 주의 깊게 관찰하기</td><td rowspan="3">30′</td><td rowspan="3">• 2개 조의 낚시 자료 단어자료 1세트
• 주어, 목적어, 서술어자료 1세트
* 학생들이 교대로 참여하여 골고루 활동에 참여할 수 있도록 한다.</td></tr>
<tr><td>단어카드 낚시 지도</td><td>• 동물 이름의 단어카드 낚시하기
• 단어카드와 동물그림 짝짓기</td><td>• 주어, 목적어, 서술어의 단어 카드 낚시하기
• 제시된 그림에 어울리는 문장 완성하기
• 문장과 그림 짝지어 제시하기</td></tr>
<tr><td>재미있는 표현 지도</td><td>• 동물의 특징을 나타내는 단어 말하기</td><td>• 그림에 맞는 문장을 재미있게 표현하기</td></tr>
<tr><td rowspan="4">정리</td><td>학습내용 정리</td><td>• 학습지 하기
• 동물과 동물이름 짝짓기</td><td>• 어순의 바른 순서와 다양한 표현을 알고 적절하게 사용하기</td><td rowspan="4">5′</td><td rowspan="4">• 학습지
• 동물 그림카드
• 과일 이름카드
• 과일 그림카드</td></tr>
<tr><td>평가</td><td>• 교사가 동물 카드를 제시하면 그에 알맞은 동물 이름카드 가져오기</td><td>• 짝활동으로 짝꿍이 동물카드를 제시하면 그림에 알맞게 하나의 문장으로 표현하기</td></tr>
<tr><td>차시예고</td><td>• 과일 이름과 그림을 짝지어 보기</td><td>• 카드를 보고 그림에 알맞게 하나의 문장으로 써 보기</td></tr>
<tr><td>인사</td><td>• “감사합니다.” 말하면서 인사하기</td><td>• 바른 자세로 “감사합니다.” 말하면서 인사하기</td></tr>
</table>

2) 수학

<table>
<tr><th>단 원</th><td>9까지의 수</td><th>제재</th><td colspan="3">수의 순서 알기</td><th>차시</th><td>10/10</td></tr>
<tr><th>일시</th><td>20OO. ○. ○. 0교시</td><th>장소</th><td>1-1교실</td><th>대상</th><td>장애학생 O명, 비장애학생 O명</td><th>교사</th><td>임○희</td></tr>
<tr><th>수업모형</th><td colspan="7">수영역 수업모형(모둠별 게임)</td></tr>
<tr><th rowspan="2">학습목표</th><td colspan="2">장애학생</td><td colspan="5" rowspan="2">주사위 놀이를 통해 수의 순서를 말할 수 있다.</td></tr>
<tr><td colspan="2">비장애학생</td></tr>
</table>

<table>
<tr><th rowspan="2">단계</th><th colspan="3">교수 · 학습 활동</th><th rowspan="2">시간</th><th rowspan="2">자료 및 유의점</th></tr>
<tr><th>교사</th><th>장애학생</th><th>비장애학생</th></tr>
<tr><td rowspan="4">도입</td><td>인사</td><td>• “안녕하세요” 말하며 인사하기</td><td>• 바른자세로 “안녕하세요” 말하며 인사하기</td><td rowspan="4">5′</td><td rowspan="4">• MP4(숫자송 플래시 노래)

• 주의집중을 유도한다.</td></tr>
<tr><td>전시학습상기</td><td colspan="2">• 1~9까지 수의 순서를 알아보기</td></tr>
<tr><td>동기유발</td><td colspan="2">• ‘숫자송’ 노래하기
• 1초라도 안보이면, 2 이렇게 초조한데, 3 삼초는 어떻게 기다려 이야이야이야이야, 4 사랑해 널 사랑해, 5 오늘은 말 할거야, 6 육십억 지구에서 널 만난 건, 7 럭키야, 사랑해 요기조기 한눈팔지 말고 나를 봐, 좋아해 나를 향해 웃는 미소 매일매일 보여줘, 8 팔딱팔딱 뛰는 가슴, 9 구해줘 오 내 마음, 10 십년이 가도 너를 사랑해, 언제나 이맘 변치 않을게.</td></tr>
<tr><td>학습목표제시</td><td colspan="2">• 주사위놀이를 통해 수의 순서를 말할 수 있다.</td></tr>
<tr><td rowspan="4">전개</td><td>수와 숫자 지도</td><td colspan="2">• 주사위를 보고 수와 숫자 익히기</td><td rowspan="4">30′</td><td rowspan="4">• 스폰지 주사위
• 뱀주사위놀이판 4장

* 놀이를 통하여 공동체의식과 게임의 규칙 익히게 한다.</td></tr>
<tr><td>게임규칙 설명</td><td colspan="2">• 주사위를 던지는 요령과 뱀주사위 게임의 규칙 알기</td></tr>
<tr><td>모둠 나누기</td><td colspan="2">• 4개조 4명씩 편성하기(장애, 비장애학생 혼합 모둠)</td></tr>
<tr><td>게임 지도</td><td colspan="2">• 주사위를 던지는 요령과 게임의 규칙에 대한 설명 듣기
• 주사위 던지는 순서 정하기
• 주사위 던지기
• 나온 숫자만큼 세어서 말 놓기
• 도움이 필요한 장애학생 도와주기
• 특정 칸의 상과 벌칙 수행하기</td></tr>
<tr><td rowspan="4">정리</td><td>학습내용정리</td><td colspan="2">• 승리팀과 패한 팀 가리기 • 승리팀 만세 부르기
• 패한 팀 박수 쳐주기</td><td rowspan="4">5′</td><td rowspan="4">• MP4(숫자송 플래시 노래)
• 숫자카드</td></tr>
<tr><td>평가</td><td colspan="2">• 1~9까지 순서에 맞게 소리 내어 읽기
• 숫자송 노래 부르기</td></tr>
<tr><td>차시예고</td><td colspan="2">• 1 큰 수와 1 작은 수 말하기</td></tr>
<tr><td>인사</td><td>• “감사합니다.” 말하면서 인사하기</td><td>• 바른 자세로 “감사합니다.” 말하면서 인사하기</td></tr>
</table>

3) 사회

<table>
<tr><th>단 원</th><td>3. 교통안전 지키기</td><th>제재</th><td colspan="3">교통안전 수칙</td><th>차시</th><td>8/8</td></tr>
<tr><th>일시</th><td>2000. ○. ○. 0교시</td><th>장소</th><td>5-1 교실</td><th>대상</th><td>장애학생 O명, 비장애학생 O명</td><th>교사</th><td>임○희</td></tr>
<tr><th>수업모형</th><td colspan="7">가치수용수업모형</td></tr>
<tr><th rowspan="2">학습목표</th><td colspan="2">장애학생</td><td colspan="5">신호등의 색깔을 보고 횡단보도를 건널 수 있다.</td></tr>
<tr><td colspan="2">비장애학생</td><td colspan="5">여러 가지 교통표지판에 따른 지시사항을 알 수 있다.</td></tr>
</table>

<table>
<tr><th rowspan="2">단계</th><th colspan="3">교수 · 학습 활동</th><th rowspan="2">시간</th><th rowspan="2">자료 및 유의점</th></tr>
<tr><th>교사</th><th>장애학생</th><th>비장애학생</th></tr>
<tr><td rowspan="4">도입</td><td>인사</td><td>• "안녕하세요" 말하며 인사하기</td><td>• 바른자세로 "안녕하세요" 말하며 인사하기</td><td rowspan="4">5′</td><td rowspan="4">• 모형신호등
• 교통표지판
• 위기탈출 넘버원 '교통안전'편 편집 동영상</td></tr>
<tr><td>전시학습상기</td><td colspan="2">• 신호등 색깔보고 말하기</td></tr>
<tr><td>동기유발</td><td colspan="2">• 학교 주변에서 발생할 수 있는 교통사고 알아보기
• 위기탈출 넘버원 '교통안전'편 시청하기</td></tr>
<tr><td>학습목표제시</td><td colspan="2">• 신호등의 색깔을 보고 횡단보도를 건널 수 있다.
• 여러 가지 교통표지판에 따른 지시사항을 말할 수 있다.</td></tr>
<tr><td rowspan="4">전개</td><td>노래와 율동</td><td colspan="2">• '학교 가는 길' 노래하기: – 골목길 좁은길 학교가는 우리길
뛰뛰빵빵 따르릉 조심조심 가세요.</td><td rowspan="4">30′</td><td rowspan="4">• 악보PPT
• MP4

• 교통표지판
• 모형신호등, 교육용 횡단보도
* 모형자료 세트를 설치하고 학생 개별 실습 하도록 한다.</td></tr>
<tr><td>신호등 교통표지판 알기</td><td colspan="2">• 신호등과 교통표지판의 종류를 알고 그에 따른 지시 따르기
– 빨간불, 녹색불, 보행금지, 아동보호, 횡단보도, 주차장 표지 등</td></tr>
<tr><td>안전규칙 알기</td><td colspan="2">• 어린이 교통안전 수칙 만들기
– 부모님과 같이 길 건너기 – 인도로 다니기
– 도로에서 뛰지 않기 – 차 뒤에 서 있지 않기 등</td></tr>
<tr><td>횡단보도 보행지도</td><td>• 빨간불과 녹색불 구별하기
• 신호등에 사람모형 붙이기
• 모형신호등에서 실습하기</td><td>• 서자, 보자, 건너자 알기
• 신호등 색칠하기
• 모형신호등에서 실습하기</td></tr>
<tr><td rowspan="4">정리</td><td>학습내용 정리</td><td colspan="2">• 횡단보도 건너기와 교통표지판에 대하여 이야기하기</td><td rowspan="4">5′</td><td rowspan="4">* '학교가는 길'을 부르며 개별실습하면서 평가한다.</td></tr>
<tr><td>평가</td><td>• 신호등 색깔을 보고 횡단보도 건너기</td><td>• 여러 가지 교통표지판에 따른 지시사항을 말하기</td></tr>
<tr><td>차시예고</td><td colspan="2">• 실내에서 안전하게 생활하기 위한 걷기 속력 알아보기</td></tr>
<tr><td>인사</td><td>• "감사합니다." 말하면서 인사하기</td><td>• 바른 자세로"감사합니다." 말하면서 인사하기</td></tr>
</table>

4) 체육

<table>
<tr><th>단 원</th><td>4. 배드민턴</td><th>제재</th><td colspan="3">배드민턴 하기</td><th>차시</th><td>3~4/6</td></tr>
<tr><th>일시</th><td>20○○. ○. ○. ○교시</td><th>장소</th><td>다목적 강당</td><th>대상</th><td>장애학생 ○명, 비장애학생 ○명</td><th>교사</th><td>임○희</td></tr>
<tr><th>수업모형</th><td colspan="7">움직임 교육 모형</td></tr>
<tr><th rowspan="2">학습목표</th><td>장애학생</td><td colspan="6">빅 배드민턴채로 딸랑이 셔틀콕을 주고 받을 수 있다.</td></tr>
<tr><td>비장애학생</td><td colspan="6">친구와 함께 배드민턴을 칠 수 있다.</td></tr>
</table>

<table>
<tr><th rowspan="2">단계</th><th colspan="3">교수 · 학습 활동</th><th rowspan="2">시간</th><th rowspan="2">자료 및 유의점</th></tr>
<tr><th>교사</th><th>장애학생</th><th>비장애학생</th></tr>
<tr><td rowspan="4">도입</td><td>인사</td><td>• "안녕하세요" 말하며 인사하기</td><td>• 바른자세로 "안녕하세요" 말하며 인사하기</td><td rowspan="4">15′</td><td rowspan="4">• 빅 배드민턴채
• 딸랑이 셔틀콕
• '우리동네 예체능' 배드민턴편 편집 동영상</td></tr>
<tr><td>전시학습상기</td><td colspan="2">• 책받침으로 풍선받기 게임 한 것 말하기</td></tr>
<tr><td>동기유발</td><td colspan="2">• 동영상 시청: −TV프로그램 '우리동네 예체능' 배드민턴편</td></tr>
<tr><td>학습목표제시</td><td colspan="2">• 빅 배드민턴채로 딸랑이 셔틀콕을 주고 받을 수 있다.
• 친구와 함께 배드민턴을 칠 수 있다.</td></tr>
<tr><td rowspan="5">전개</td><td>준비운동</td><td colspan="2">• 준비운동하기: −음악에 맞추어 건강체조 하기</td><td rowspan="5">50′</td><td rowspan="5">• 건강체조 MR
• 빅배드민턴세트(빅라켓, 딸랑이 풍선 셔틀콕), 배드민턴세트
* 비장애학생과 장애학생이 짝이 되어 배드민턴을 하도록 한다.
* 자신감이 생기면 일반 배드민턴세트로 바꾸어 쳐보도록 한다.</td></tr>
<tr><td>경기방법 지도</td><td colspan="2">• 라켓 사용방법 알기
−라켓 잡는 법 −아래에서 위로 올려치는 법
−위에서 아래로 내려치는 법
• 서비스 넣는 법 알기
−단식에서의 서비스 알기 −복식에서의 서비스 알기</td></tr>
<tr><td>배드민턴 시연</td><td colspan="2">• 배드민턴 시연 보기</td></tr>
<tr><td>짝 짓기</td><td colspan="2">• 같이 배드민턴 할 친구 짝 짓기
−장애, 비장애학생 혼합 짝 짓기
−기능이 우수한 학생은 일반 배드민턴
−기능이 미숙한 학생은 빅 배드민턴</td></tr>
<tr><td>경기지도</td><td>• 짝과 함께 빅 배드민턴(빅라켓, 딸랑이풍선셔틀콕)을 이용하여 배드민턴하기</td><td>• 셔틀콕을 이용하여 경기규칙에 맞게 배드민턴하기</td></tr>
<tr><td rowspan="4">정리</td><td>학습내용 정리</td><td colspan="2">• 장애학생, 비장애학생이 함께 경기를 하였을 때의 소감 말하기</td><td rowspan="4">15′</td><td rowspan="4">* 서로 격려하고 칭찬해 주는 분위기를 조성한다.
• 빅 배드민턴 세트
• 일반 배드민턴 세트</td></tr>
<tr><td>평가</td><td>• 빅 배드민턴기구로 배드민턴 하기</td><td>• 경기규칙에 맞게 배드민턴 하기</td></tr>
<tr><td>차시예고</td><td colspan="2">• 모둠별 배드민턴 경기하기</td></tr>
<tr><td>인사</td><td>• "감사합니다." 말하면서 인사하기</td><td>• 바른 자세로 "감사합니다." 말하면서 인사하기</td></tr>
</table>

5) 미술

<table>
<tr><th>단 원</th><td colspan="2">4. 함께 걷는 길
-흙으로 빚은 전통미술</td><th>제재</th><td colspan="3">점토로 환조 표현하기</td><th>차시</th><td>3~4/4</td></tr>
<tr><th>일시</th><td colspan="2">20OO. ○. ○. 0교시</td><th>장소</th><td>5-3교실</td><th>대상</th><td>장애학생 O명, 비장애학생 O명</td><th>교사</th><td>임○희</td></tr>
<tr><th>수업모형</th><td colspan="8">창의적 문제해결 모형</td></tr>
<tr><th rowspan="2">학습목표</th><td colspan="2">장애학생</td><td colspan="6">전통미술을 살펴보고 특징에 맞게 점토를 찍어낼 수 있다.</td></tr>
<tr><td colspan="2">비장애학생</td><td colspan="6">전통미술을 살펴보고 특징을 살려 점토로 표현할 수 있다.</td></tr>
</table>

<table>
<tr><th rowspan="2">단계</th><th colspan="3">교수 · 학습 활동</th><th rowspan="2">시간</th><th rowspan="2">자료 및 유의점</th></tr>
<tr><th>교사</th><th>장애학생</th><th>비장애학생</th></tr>
<tr><td rowspan="4">도입</td><td>인사</td><td>• "안녕하세요" 말하며 인사하기</td><td>• 바른자세로 "안녕하세요" 말하며 인사하기</td><td rowspan="4">5′</td><td rowspan="4">• PPT
• 점토
• 전통미술</td></tr>
<tr><td>전시학습상기</td><td colspan="2">• 우리 나라 전통 건축물의 아름다움 말하기</td></tr>
<tr><td>동기유발</td><td colspan="2">• '수막새와 십이지 신상' PPT 시청하기</td></tr>
<tr><td>학습목표제시</td><td colspan="2">• 전통미술을 살펴보고 특징에 맞게 점토를 찍어낼 수 있다.
• 전통미술을 살펴보고 특징을 살려 점토로 표현할 수 있다.</td></tr>
<tr><td rowspan="4">전개</td><td>수막새 관찰</td><td colspan="2">• 수막새를 살펴보고 특징 찾기:
-둥근 모양
-연꽃무늬</td><td rowspan="4">50′</td><td>• 수막새</td></tr>
<tr><td>칼라점토 반죽</td><td colspan="2">• 여러 가지 모양을 만들 수 있도록 칼라천사점토를 말랑말랑하게 반죽하기</td><td rowspan="3">• 칼라천사점토(일반점토보다 더욱 부드럽고 말랑말랑함)
• 찍기틀
• 만지락 주걱세트 3종
* 모든 학생이 적극적으로 참여하도록 지도한다.</td></tr>
<tr><td>작품 구상</td><td colspan="2">• 수막새 모양 구상하기</td></tr>
<tr><td>모양 만들기</td><td>• 모양 틀에 넣어 찍어내기
• 수막새 표현에 어울리는 다양한 모양 찍어내기
• 찍어낸 작품 수막새 느낌이 나도록 배열하기</td><td>• 칼라점토를 이용하여 수막새 표현하기
• 수막새의 연꽃무늬를 양각과 음각으로 표현하기
• 연꽃무늬 외에도 당초문, 봉황, 도깨비 무늬 등 다양한 무늬 표현하기
• 여러 가지 도구를 이용하여 조소 작품 만들기
• 부분적으로 찍기틀 활용하기
• 도움이 필요한 장애학생 도와주기</td></tr>
<tr><td rowspan="3">정리</td><td>학습내용정리</td><td colspan="2">• 자기 작품 설명하기</td><td rowspan="3">15′</td><td rowspan="3">• 학습결과물
* 학생들의 작품에 관하여 잘된 점을 찾아 격려한다.</td></tr>
<tr><td>평가</td><td colspan="2">• 작품 감상하고 잘 된 점 발표하기</td></tr>
<tr><td>인사</td><td>• "감사합니다." 말하면서 인사하기</td><td>• 바른 자세로 "감사합니다." 말하면서 인사하기</td></tr>
</table>

2. 일반학교에서의 통합교육 교수 · 학습과정안[2)]

통합학급에서 특수교육대상학생을 교과 통합시켜 「함께 공부하는 즐거운 교실」로 변화시킨다는 것은 개별화교육의 완성으로 볼 수 있다. 그러나 통합학급에서 특수교육대상학생들은 적극적으로 활동을 하기 보다는 단순히 자리에 앉아 주로 또래들의 활동을 관찰하는 수준에서 크게 벗어나지 못하고 있는 것이 전반적인 현실이다.

교과 통합교육을 위해서 통합학급교사와 특수교육교사는 상호 협력하여 특수교육대상학생에 대한 기초 자료를 바탕으로 무엇을 어떻게 어디까지 가르칠 것인가를 결정하고 교수·학습과정안을 작성하여야 한다. 이를 위해 교육목표의 수정과 교수·학습 방법, 학습 평가 방법, 교수·학습 자료 선정과 제작, 자리 배치, 또래 짝 선정 방법, 또래들의 장애이해 교육, 부모교육 등 모든 교육환경을 조정해야 한다. 이를 위해 요구되는 각 교과의 통합교육 방법과 교수·학습과정안을 소개하고자 한다.

1) 국어

(1) 국어과 통합 교육 방법

국어과 교육은 기본적인 언어 사용 능력을 향상시켜 일상생활에서 국어를 바르게 사용하는 태도와 습관을 기르는데 목표를 두어야 한다. 또 국어과는 장애학생의 언어 발달 촉진을 통하여 다른 모든 영역의 교육에 영향을 미치는 도구적 성격을 띠므로 듣기, 말하기, 읽기, 쓰기의 언어 사용 기능이 유기적인 관련 속에서 통합적으로 신장될 수 있도록 지도해야 한다.

2) 충청남도교육청(2001). '01 특수교육장학자료 함께 실천하는 통합교육. '일반학교에서의 통합교육'의 내용을 수정한 것임.

단계	지도 방법
도입	• 협력학습을 위해 또래짝을 선정하여 역할을 주지시킨다. • 노래, 게임, 주변 생활을 소재로 흥미를 유발시킨다. • 학습 목표는 재조정하여 장애학생의 수준에 맞게 제시한다. • 학습 목표의 제시 방법은 작은 단위로 나누어 짧고 정확하게 주지시킨다. • 바른 자세로 듣기, 말하기, 읽기, 쓰기를 할 수 있도록 한다.
전개	• 들은 내용은 다시 표현하고, 공책에 쓰도록 하여 피드백 시킨다. • 실생활과 관련시켜 다양한 언어경험을 가지도록 한다. • 교사의 발문은 간략하고 명확한 답을 요구하는 부분에서 출발한다. • 발표할 때는 친구의 도움을 받아 할 수 있도록 허용한다. • 학습 수준에 따라 일상생활 어휘, 생활 용품의 명칭, 낱자 익히기, 낱말 익히기, 문장 익히기의 단계를 고려하여 학습도우미 학생의 도움을 받아 글을 읽고 쓸 수 있도록 한다. • 교과의 삽화 내용을 단순화 시켜 물어보거나 익힌 낱말을 반복하여 읽고 쓰도록 한다. • 연필 대신 싸인펜, 볼펜, 색연필, 색분필, 형광펜 등의 도구를 이용하여 쓰기에 흥미를 가지도록 한다.
정리	• 무엇을 배웠는지 확인해 보고 뜻을 물어 본다. • 또래짝이 불러 주는 낱말을 받아쓰고 읽어 본다. • 쓴 내용에 대해서 반복해서 소리 내어 읽도록 하고 생활과 연관지어 상상할 수 있도록 자세하게 설명해 준다.
자료 활용 및 유의점	• 교과서의 삽화, 신문, 잡지, 전단지, 인터넷상의 그림, 상표, 사진 등의 다양한 그림을 통하여 연상하게 한다. • 현장을 촬영(가게 이름, 관공서, 이정표 등)한 동영상을 통하여 구체화시킨다. • 학생의 수준과 관련 지도 내용에 적합한 자료를 활용한다. • 한 가지 영역에만 편중된 지도보다 총체적인 언어교수법으로 지도한다. • 장애학생 스스로 자발적으로 언어 표현을 할 수 있도록 자신감과 용기를 가지고 표현하도록 격려하고 많은 기회를 준다.

(2) 교수 · 학습 과정안(예시)

① 대상학생의 특성

행동면	☞ 주의가 산만하여 시간당 4~5회 정도 자리를 이탈함.
학습면	☞ 받침 없는 낱말 10여 개를 그림을 보고 읽고, 덧 쓸 수 있음

② 교수 · 학습 과정안

<table>
<tr><th>학년</th><td>5학년</td><th>과목명</th><td>국어(읽기)</td><th>단원</th><td colspan="2">첫째마당: 함께 열어가는 세상
1. 시로를 생각하며</td><th>차시</th><td>1/9</td></tr>
<tr><th>본시주제</th><td colspan="4">글자는 같지만 뜻이 다른 낱말 알기</td><th>학습 형태</th><td colspan="3">전체 및 모둠 학습</td></tr>
<tr><th>학습목표
(비장애학생)</th><td colspan="3">• 글자는 같지만 뜻이 다른 낱말에 대하여 말할 수 있다.</td><th colspan="2">수정된 학습목표
(장애학생)</th><td colspan="3">• 같은 낱말을 찾아 짝지어 따라 읽을 수 있다.</td></tr>
<tr><th rowspan="2">단계</th><th colspan="6">교수·학습 활동</th><th colspan="2" rowspan="2">자료 및 유의점</th></tr>
<tr><th colspan="3">비장애학생</th><th colspan="3">장애학생</th></tr>
<tr><td>도입</td><td colspan="3">○ 동기 유발
▹ 산토끼의 '산'은 어떻게 쓸까요?(산: 山)
▹ '산'의 또다른 의미로는 무엇이 있을까요?(살아 있는)
○ 학습목표 확인하기
• 글자는 같지만 뜻이 다른 낱말에 대하여 말할 수 있다.</td><td colspan="3">○ 동기유발
▸ 그림을 보고 '산토끼' 알기
▹ 짝이 산토끼는 산에서 산다는 것을 그림으로 알려주고 따라서 말하기
○ 학습목표 확인하기
• 같은 낱말을 찾아 짝지어 따라 읽을 수 있다.</td><td colspan="2">• 그림자료
• PPT
• 낱말카드</td></tr>
<tr><td>전개</td><td colspan="3">○ 개념 알기
▹ 글자는 같지만 뜻이 다른 낱말 찾기
▹ 글자는 같지만 뜻이 다른 낱말의 뜻은 어떻게 알 수 있는지 알아보기
○ 글을 읽고, 낱말의 뜻 알아보기
▹ 글자는 같지만 뜻이 다른 낱말 찾기
▹ 낱말의 뜻 알기</td><td colspan="3">○ 같은 그림 찾기
▹▸ 친구의 도움을 받아가며 따라해 보기
▸ 혼자서 같은 그림 찾기
○ 같은 낱말 찾기
▹▸ 친구의 도움을 받아가며 따라해 보기
▸ 혼자서 같은 낱말 찾기
▹▸ 친구가 읽어 주는 낱말 찾아 보고, 따라서 읽기</td><td colspan="2">• 낱말카드
• 그림카드
• PPT짝짓기 자료</td></tr>
<tr><td>정리</td><td colspan="3">○ 확인 · 정리하기
▹ 두 가지 뜻의 '말'을 넣어 한 문장으로 만들기</td><td colspan="3">○ 확인 · 정리하기
▸ 낱말과 그림 짝짓기
▸ 낱말끼리 짝짓고 따라서 읽기</td><td colspan="2">• 낱말카드
• 그림카드</td></tr>
</table>

○ 통합교사, ▹ 비장애학생, ▸ 특수교육대상학생

2) 사회

(1) 사회과 통합교육 방법

사회과 교육에서는 장애학생의 생활 연령을 고려하여 생활과 관련된 필수적인 지식과 기능을 익혀, 공동생활에 참여할 수 있도록 지원하여야 한다. 교사는 학생들이 기본 생활 습관과 태도, 예절과 규칙을 익혀 장차 사회생활 및 경제생활에 자주적 역할을 원활하게 수행 할 수 있도록 지도해야 한다.

단계	지도 방법
도입	• 학습 목표와 관련지어 그림, 애니메이션, 동영상 등으로 학습에 흥미와 관심을 가질 수 있도록 분위기를 조성한다. • 장애학생의 장애 정도와 생활 연령을 고려하여 학습 목표는 재조정한다. • 또래의 도움을 받을 수 있도록 협력학습 조를 구성하여 조사, 발표에 소외가 되지 않도록 배려한다.
전개	• 또래 친구의 모범적인 시연을 중심으로 모방, 반복 학습을 한다. • 중증 장애학생은 기본적으로 부모, 교사, 친구의 도움으로 개인 생활 중심의 신변자립을 할 수 있을 때에 통합교육이 원활하게 이루어 질 수 있다. −식사 도구 사용법 익히기 −화장실 혼자 사용하기 −자기 몸을 깨끗이 하기 위한 몸 씻기, 옷 갈아입기 −주변의 가족, 학교의 구성원에 대해서 익히기 • 기본예절을 지킬 수 있도록 지도한다. −인사하기, 경어 쓰기, 질서 생활하기 • 직접 경험을 할 수 없을 때에는 간접 경험을 충분히 갖도록 한다. −잡지, 신문의 그림, 동영상, 애니메이션 등의 멀티미디어 자료 이용하기 −역할극을 통하여 올바른 행동을 습관화 하기 • 생활 장면에서 직접 부딪히면서 다양한 경험을 갖도록 한다. −필요한 물건 바르게 구입하기 −물건을 절약하여 사용하기 −관공서와 공공 시설물(목욕탕, 지하철, 버스, 극장 등) 바르게 이용하기

단계	지도 방법
정리	• 변화된 환경에서도 일반화되었는지 확인한다. • 생활연령에 맞는 다양한 경험을 반복하여 정착되도록 한다. • 작은 행동의 변화에 높은 관심을 보이고 칭찬한다.
자료 활용 및 유의점	• 학교 단위의 생활 속에서 쉽게 접할 수 있는 자료 활용 －신문, 잡지, 그림, 사진, 녹화 자료 등 • 현장 체험학습을 통해 촬영된 동영상 자료 활용 －관공서, 동물원, 놀이동산, 슈퍼마켓, 음식점, 백화점, 문화센터 등의 공공시설물 • 컴퓨터, TV 등 각종 자료 활용 • 생활연령에 맞게 소재를 찾아 지도한다. • 장애정도와 신체적 특성을 고려하여 지도한다.

(2) 교수 · 학습 과정안(예시)

① 대상학생의 특성

행동면	☞ 행동이 느리고 부정확하나 청소활동을 좋아함.
학습면	☞ 집에서 가까운 거리는 혼자서 다닐 수 있음.

② 교수 · 학습 과정안

<table>
<tr><td>단원</td><td colspan="3">4. 우리 시 · 도의 모습</td><td>제재</td><td>지도를 알아보자</td><td>차시</td><td>2/17</td></tr>
<tr><td>일시</td><td>2000.4.28.
(목) 3교시</td><td>장소</td><td>4－1교실</td><td>대상</td><td>4학년, 비장애학생(남○명, 여○명),
장애학생(남○명)</td><td>지도교사</td><td>김○철</td></tr>
<tr><td colspan="2">학습목표
(비장애학생)</td><td colspan="3">• 지도를 보고 우리 고장의 특징을 말할 수 있다.</td><td>수정된 학습목표
(장애학생)</td><td colspan="2">• 마을 그림을 보고 어떤 시설들이 있는지 말할 수 있다.</td></tr>
</table>

<table>
<tr><th rowspan="2">단계</th><th colspan="2">교수 · 학습 활동</th><th rowspan="2">시간</th><th rowspan="2">자료 및 유의점</th></tr>
<tr><th>비장애학생</th><th>장애학생</th></tr>
<tr><td>도입</td><td>○ 인사하기
▹ 바른자세로 "안녕하세요?" 말하며 인사하기
○ 전시학습상기
▹ 지난 시간에 학습한 내용 말하기
○ 동기 유발
▹ 우리 고장 위치에 대하여 말하기
○ 학습목표 확인하기
*지도를 보고 우리 고장의 특징을 말할 수 있다.</td><td>○ 인사하기
▸ "안녕하세요?"말하며 인사하기
○ 전시학습상기
▹▸ 지난 시간에 학습한 내용 관련 PPT 보기
○ 동기유발
▸ 우리 마을 그림을 보고 우리 집 찾기
○ 학습목표 확인하기
*마을 그림을 보고 어떤 시설물이 있는지 말할 수 있다.</td><td>7′</td><td>• PPT, 동영상, 그림자료
* 장애학생 이 학습에 참여하도록 한다.</td></tr>
<tr><td>전개</td><td>○ 지도와 사진 비교
▹ 같은 지역을 사진과 지도로 비교하기
○ 지도에서 위치 찾기
▹ 지도에서 내가 사는 곳 찾기
○ 지도 쓰임 알기
▹ 우리 고장 위치 알기
▹ 학교 위치 알기
○ 지도 기호 의미 알기
▹ 기호와 실제 모습 비교하기
▹ 슈퍼마켓, 농협, 우체국 찾기
○ 우리 지역의 위치적 특징 알기
▹ 주요 특징 조사하여 발표하기
▹ 주요 시설물 조사하여 발표하기</td><td>○ 그림보고 집에 가는 길 찾기
▸ 학교에서 집까지 가는 길 찾기
○ 그림에서 위치 찾기
▸ 그림에서 내가 사는 곳 찾기
○ 그림 쓰임 알기
▸ 집에서 학교 오는 길 찾기
▸ 학교에 어떻게 오는지 말하기
○ 마을의 주요 시설물 찾기
▹▸ 슈퍼마켓, 농협, 우체국 찾기
○ 우리 마을의 주요 시설물 찾기
▸ 주요 시설물 이름 말하기
▸ 시설물에 이름표 붙이기</td><td>28′</td><td>• PPT, 지도, 그림자료, 시설물 사진
* 짝이 장애학생을 지원하도록 하고, 교사는 짝을 특별히 지도한다.</td></tr>
<tr><td>정리</td><td>○ 학습내용 정리하기
▹ 우리 고장의 위치와 특징 말하기
○ 평가하기
▹ 본시 학습 평가표에 의하여 평가하기
○ 차시예고
▹ 다음 시간에 학습할 내용 알기
○ 인사하기
▹ 바른 자세로 "감사합니다." 말하며 인사하기</td><td>○ 학습내용 정리하기
▸ 우리 마을의 주요 시설물 말하기
○ 평가하기
▹▸ 본시 학습 평가표에 의하여 평가하기
○ 차시예고
▹▸ 다음시간에 학습할 내용 알기
○ 인사하기
▸ "감사합니다." 말하며 인사하기</td><td>5′</td><td>• PPT, 지도, 그림자료
*차시예고에 학생들이 관심 갖도록 구체적으로 안내한다.</td></tr>
</table>

○ 통합교사, ▹ 비장애학생, ▸ 특수교육대상학생

3) 수학

(1) 수학과 통합교육 방법

수학과 교육은 가정, 학교, 지역사회의 생활에 이르기까지 광범위하게 적용이 되며, 사회의 한 구성원으로 생활하기 위해서 매우 중요한 도구 교과의 성격을 지니고 있다. 따라서 장애학생이 구체적인 상황을 통하여 수학적인 기초 개념, 원리, 법칙을 이해할 수 있도록 지도하는 것이 바람직하다.

단계	지도 방법
도입	• 학습 목표와 관련지어 박수, 노래, 게임, 율동 등으로 수학적인 흥미를 유발시킨다. • 학습 목표는 재조정하여 장애학생의 수준에 맞게 제시한다. • 선수 학습의 성취 여부를 평가 한 후 본시학습으로 들어가도록 한다.
전개	• 혼자 하는 공부가 아닌 서로 도와주는 협력학습과 또래지도의 방법으로 학습을 전개시킨다. • 답을 구하는 기계적인 학습보다는 활동 중심의 개념학습 방법으로 전개한다. • 장애정도가 중증인 학생은 실생활 속에서 경험을 통하여 개념을 습득하도록 한다. 　－친구의 도움 받아 가게에서 물건(학용품, 식료품, 신변잡화 등) 사 오기 　－버스 이용하기 　－계산기 이용하여 덧셈과 뺄셈하기 　－전자시계(핸드폰) 보고 시간 알기 • 구체물을 이용하여 수, 연산, 도형, 측정의 개념을 익히도록 한다. 　－가게 놀이로 수, 연산 개념 익히기 　－'물건 사오기' 심부름을 하면서 화폐의 단위와 연산 개념 익히기 　－여러 가지 물건을 모양에 따라 분류, 색칠하기, 따라 그리기로 도형 개념 익히기
정리	• 일상생활 속에서 문제를 해결할 수 있는지 평가한다. • 변화된 환경에서도 일반화 되는지 확인한다. • 생활연령에 맞는 경험을 다양하게 반복시켜 정착되도록 한다.
자료 활용 및 유의점	• 일상생활 속에서 쉽게 찾을 수 있는 자료를 활용한다. 　－학용품, 사탕, 돌, 나무젓가락, 요구르트 병, 어항속의 금붕어, 나뭇잎, 나무 열매 등 • 구체적인 장면을 동영상으로 촬영하여 확인시켜 준다.

단계	지도 방법
	-가게에서 물건 사고 돈을 지불하는 모습, 버스를 타기 위해 카드를 찍는 모습, 사과를 상자에 담는 모습 등 • 학생의 수준과 관련 지도 내용에 적합한 동영상 자료를 활용한다. • 수학적인 개념과 함께 사회생활에 필요한 기능을 습득할 수 있도록 통합적으로 지도한다. • 생활연령에 맞는 소재를 찾아 지도한다.

(2) 교수 · 학습 과정안(예시)

① 대상학생의 특성

행동면	☞ 인사성이 바르고 명랑 쾌활하나 자기 표현력이 매우 부족함.
학습면	☞ 구체물을 보고 같은 모양과 색깔을 찾아낼 수 있음.

② 교수 · 학습 과정안

<table>
<tr><th>학년</th><td>2학년</td><th>교과</th><td>수학</td><th>단원</th><td>2. 여러 가지 도형</td><th>차시</th><td>4/11</td></tr>
<tr><th>주 제</th><td colspan="4">사각형의 이해</td><th>학습형태</th><td colspan="2">개별 · 모둠 학습</td></tr>
<tr><th>학습목표
(비장애학생)</th><td colspan="2">• 지오보드 위에 사각형을 만들 수 있다.</td><th colspan="2">수정된 학습목표
(장애학생)</th><td colspan="3">• 사각형을 보고 지오보드 위에 사각형을 만들 수 있다.</td></tr>
</table>

<table>
<tr><th rowspan="2">단계</th><th colspan="2">교수 · 학습 활동</th><th rowspan="2">자료 및 유의점</th></tr>
<tr><th>비장애학생</th><th>장애학생</th></tr>
<tr><td>도입</td><td>○동기 유발
▹고무줄을 이용하여 다양한 사각형 모양 만들기
▹'무엇이 무엇이 똑같을까?' 개사 노래 플래시동요를 보고 따라 부르기
○ 학습목표 확인하기
• 지오보드 위에 사각형을 만들 수 있다.</td><td>○동기유발
▹▸ 고무줄을 이용하여 다양한 사각형 모양 만들기
▹'무엇이 무엇이 똑같을까?' 개사 노래 플래시동요를 보고 따라 부르기
○ 학습목표 확인하기
• 사각형을 보고 지오보드 위에 사각형을 만들 수 있다.</td><td>• 플래시동요
• 지오보드

• 색연필</td></tr>
</table>

<table>
<tr><th rowspan="2">단계</th><th colspan="2">교수 · 학습 활동</th><th rowspan="2">자료 및 유의점</th></tr>
<tr><th>비장애학생</th><th>장애학생</th></tr>
<tr><td>전개</td><td>○ 활동1
▷ 학용품 중에 직각이 있는 사각형 모양의 물체를 이용하여 사각형 찾기
○ 활동2
▷ 주어진 사각형에서 직각 찾기
▷ 네 각이 모두 직각인 사각형 찾기
○ 활동3
▷ 지오보드 위에 색고무줄을 이용하여 사각형 만들기
▷ 점판 위에 사각형 그리기</td><td>○ 활동1
▶ 구체물 중 같은 모양 찾아 분류하기 (책, 동전, 필통)
▶ 찾은 구체물 모양 본뜨기
○ 활동2
▷▶ 본뜬 모양 중 같은 모양끼리 줄긋기
▷▶ 같은 모양에 색칠하기
○ 활동3
▶ 사각형을 보고 지오보드 위에 색고무줄을 이용하여 사각형 만들기</td><td rowspan="2">• 책, 동전, 필통
• 지오보드(기하판), 색고무줄, 색연필
• 점판</td></tr>
<tr><td>정리</td><td>○ 평가 및 정리
▷ 지오보드 위에 여러 가지 사각형 그리기
○ 차시예고</td><td>○ 평가 및 정리
▷▶ 같은 모양의 도형을 찾아 색칠하기
○ 차시예고</td></tr>
</table>

○ 통합교사, ▷ 비장애학생, ▶ 특수교육대상학생

4) 과학

(1) 과학과 통합교육 방법

과학과 교육은 우리 자신과 주변의 자연 현상을 관찰하고, 비교하며, 분류하고, 조작하는 과정을 통해 실생활에서 필요한 적응력을 키우는 교과이다. 따라서 교사는 장애학생들이 여러 가지 경험을 통해 사실이나 개념을 이해하고 탐구심과 탐구 능력을 길러서 일상생활에서 부딪히는 문제를 스스로 해결해 나가도록 자주성 함양에 중점을 두고 지도해야 한다.

단계	지도 방법
도입	• 장애특성과 생활연령에 따라 난이도를 조정해 준다. • 무엇을 배울 것인지에 대한 명확한 학습 목표를 인식시킨다. • 호기심과 탐구하려는 기초적인 과학적 태도를 갖도록 동기유발을 시킨다.

전개	• 다양하고 구체적인 장면에서의 체험하고 체득할 수 있는 감각 운동 학습을 중시한다.
	  – 소리를 들어 보고, 촉감을 느껴보고, 형체를 만져 보기, 조작해 보기
	• 학교와 지역 실정에 따라 학습 지도 계획의 수정과 자료의 준비가 이루어져야 한다.
	• 과학 학습이 일상생활에 활용이 될 수 있는 소재와 연관시켜 전개한다.
	  – 미각 변별하기
	  – 물체의 이름과 용도 알기
	  – 쓰레기 분리하기
	  – 날씨의 변화 알기
	  – 위험한 물건과 요인 알기
	• 지속적인 관찰 활동을 요하는 것은 자료의 준비, 관찰자, 관찰 내용에 대한 세부 계획을 세워서 전개한다.

정리	• 체험한 내용을 통해 생활 속에서 적절하게 적용할 수 있는지 평가한다.
	  – 설탕과 소금을 구별하여 음식물에 넣기
	  – 날씨에 따라 옷의 두께 조절하여 입기
	  – 동물의 종류에 따라 먹이를 구별하여 주기
	  – 불의 유용성과 위험함을 알고 대처하기
	• 장애학생의 신체적 특성에 따라 평가를 달리해야 한다.

자료 활용 및 유의점	• 생활 속에서 쉽게 얻을 수 있는 자료를 충분히 활용한다. – 교실의 물건, 주방 기구, 동 · 식물, 우리의 몸, 자연 환경 등 • 말보다는 구체물을 통하여 감각학습이 될 수 있도록 한다. • 위험한 실험도구는 안전한 것으로, 복잡한 실험은 단순한 활동으로 바꾸어 준다. • 계속해서 관찰을 필요로 하는 동 · 식물에 대해서는 교사가 관심을 갖고 영상, 사진, 관찰일지 등으로 기록을 남겨 누가 철한다.

(2) 교수 · 학습 과정안(예시)

① 대상학생의 특성

행동면	☞ 또래 학생과 잘 어울리지 못하고 필요로 하는 것은 갑자기 빼앗는 경우가 많음.
학습면	☞ 주위 환경의 변화(계절, 날씨 등)에 따라 어떻게 해야 하는지 판단할 수 있음.

② 교수 · 학습 과정안

학년	4학년	**과목명**	과학	**단원**	3. 전구에 불 켜기	**차시**	1/7
본시주제	전기를 사용하는 여러 가지 기구 찾아보기				**학습형태**	개별 · 모둠 학습	
학습목표 (비장애학생)	• 전지와 콘센트 사용 방법의 차이를 말할 수 있다.			**수정된 학습목표 (장애학생)**	• 콘센트를 바르게 사용할 수 있다.		

단계	교수·학습 활동		자료 및 유의점
	비장애학생	장애학생	
도입	○ 동기 유발 ▹ 전기가 없다면 어떻게 될까? ▹ 전기로 할 수 있는 일을 발표하기 ○ 학습목표 확인하기 • 전지와 콘센트 사용 방법의 차이를 말할 수 있다.	○ 동기유발 ▸ 전기가 없다면 어떻게 될까? ▸ 전기로 할 수 있는 일을 발표한다. ○ 학습목표 확인하기 • 콘센트를 바르게 사용할 수 있다.	• PPT
전개	○ 여러 가지 전기 기구 알아보기 ▹ 전기를 사용하는 기구의 예를 이야기하기 ○ 전기 기구에 사용되는 전원알기 ▹ 콘센트에 연결하는 전기 기구조사 ▹ 전지로 사용하는 전기 기구조사 ▹ 그 밖에 사용하는 전기 기구조사 ○ 콘센트와 전지의 장단점 조사 ▹ 콘센트의 편리한 점과 불편한 점 ▹ 전지의 편리한 점과 불편한 점 ○ 전지의 같은 점과 다른 점 ▹ 전지의 같은 점과 다른 점 조사 ▹ 전지의 볼트와 양극, 음극 구분하기	○ 여러 가지 전기 기구 분류하기 ▹▸ 그림에서 전기를 사용하는 제품 분류하기 ▸ 전기 제품 이름 말하기 ○ 콘센트의 바른 사용법 알기 ▹▸ 콘센트가 무엇인지 알기 ▸ 콘센트 사용법 바르게 알기 ▹▸ 콘센트를 사용하여 텔레비전 켜고 끄기	• 전자저작물 • 전기기구 • 콘센트(멀티탭) • 전지 • 여러 종류의 생활용품 - 전기를 사용하는 것: 스탠드 등 - 전기를 사용하는 것: 손전등 등 - 전기를 사용하지 않는 것: 컵 등
정리 및 평가	○ 적용 · 발전시키기 ▹ 콘센트에 연결해서 전기기구 켜고 끄기 ▹ 전지사용 기구에서 전지 갈아 끼우기	○ 적용 · 발전시키기 ▸ 여러 가지 전기 제품의 콘센트를 찾고 사용하기	• 전기기구 • 콘센트 • 전지

○ 통합교사, ▹ 비장애학생, ▸ 특수교육대상학생

연구과제

1. 통합교육과정에 대하여 알아보자.
2. 특수학교 통합교육 교수 · 학습과정안을 작성해 보자.
3. 일반학교 통합교육 교수 · 학습과정안을 작성해 보자.

교수 · 학습 과정안 분석

제6장

학습목표

1. 교수 · 학습과정안 평가표의 분석요소를 알 수 있다.
2. 교수 · 학습과정안 요소별 평가표의 분석요소를 알 수 있다.

교수 · 학습과정안을 작성하면 교수 · 학습활동을 하기 전에 작성한 교수 · 학습과정안 작성이 잘 되었는지 점검하고 수정 · 보완하여야 한다. 이를 위하여 아래 평가표를 활용할 수 있다.

교수 · 학습과정안 평가표는 심덕보(1995)와 충청남도초등특수교육연구회(2010)에서 제시한 내용을 보완하여 제시하였다.

1. 교수 · 학습 과정안 분석

교수 · 학습 과정안 평가표

영역	분석 요소	평가척도					분석 내용
		1	2	3	4	5	
단원	• 교과서나 교사용지도서에 제시된 단원명을 기술하였는가?						
단원의 개관	• 사회면, 학생면, 교재면, 지도면을 기술하였는가?						
	• 단원의 개관 4개 영역을 다양한 관점에서 제시하였는가?						
단원의 목표	• 한 단원이 끝났을 때 학생이 성취해야 할 목표를 기술하였는가?						
	• 한 진술문장 내에 둘 이상의 행동 요소가 포함되지 않게 기술하였는가?						
	• 교과의 특성에 따라 지식, 기능, 태도면을 고려하여 기술하였는가?						
단원의 구성	• 단원의 구조를 학습의 순서와 체계에 맞게 기술하였는가?						
	• 단원의 내용을 학생들이 잘 이해할 수 있도록 표현하고 구조화 하였는가?						

영역	분석 요소	평가척도					분석 내용
		1	2	3	4	5	
	• 단원의 관련 내용을 선수학습, 본 단원의 학습, 후속 학습으로 구분하여 기술하였는가?						
	• 본 단원을 타 교과와 통합지도하기 위하여 관련 있는 타 교과와 관련 단원을 기술하였는가?						
단원의 지도 계획	• 단원의 지도 계획이 적절한가?						
	• 해당되는 차시 란에 '본시'라고 기술하였는가?						
	• 단원을 시간으로 나눈 차시에 맞게 제재를 기술하였는가?						
	• 차시별로 제재에 관련 있는 지도내용을 기술하였는가?						
	• 본 단원을 통합하여 지도할 관련 있는 교과를 기술하였는가?						
	• 교수 · 학습활동에 필요한 기자재, 학생자료, 교사자료 등을 기술하였는가?						
지도상의 유의점	• 자료 활용 시 유의점을 기술하였는가?						
	• 학생의 돌발 사태 시 유의점을 기술하였는가?						
	• 학생의 안전문제에 관하여 유의점을 기술하였는가?						
	• 특수교육보조원 관리에 관한 유의점을 기술하였는가?						
	• 현장학습 등에서 일어날 수 있는 유의점을 기술하였는가?						
	• 단원 전체 관점에서 유의점을 기술하였는가?						
	• 학습과정에서 지도상의 유의점을 구체적으로 기술하였는가?						
단원의 평가 계획	• 단원의 목표를 일관성 있게 기술하였는가?						
	• 평가영역을 교과의 특성에 따라 이해, 기능, 태도 등으로 나누어 기술하였는가?						
	• 단원 목표 도달정도를 평가할 계획을 기술하였는가?						

영역	분석 요소	평가척도					분석 내용
		1	2	3	4	5	
본시 지도 계획	• 학생실태를 본시와 관련하여 기술하였는가?						
	• 단원의 번호와 단원명을 기술하였는가?						
	• 단원의 지도 계획에서 제시한 본시 제재를 기술하였는가?						
	• 일시, 장소, 대상, 지도교사를 적절하게 기술하였는가?						
	• 학습목표를 학생의 실태분석에 의거 수준별로 나누어 기술하였는가?						
	• 본시 학습목표를 시간 내에 달성할 수 있도록 기술하였는가?						
	• 수업모형을 교과, 제재의 특성에 맞게 기술하였는가?						
	• 개별화 및 소집단 학습 등 학습조직을 효율적으로 조직하였는가?						
	• 단원의 지도 계획에서 제시한 본시 교수 · 학습 자료를 기술하였는가?						
	• 학생들의 생활 경험, 흥미, 호기심과 관련하여 동기유발 계획을 수립하였는가?						
	• 수업단계별 시간 배정을 적절하게 계획하였는가?						
	• 학생의 학습을 효율적으로 할 수 있도록 심화 · 보충과정을 계획하였는가?						
	• 학생들의 다양한 특성을 고려하여 학습 활동 및 수업방법을 선정 · 구안하였는가?						
	• 학생들의 장애특성을 고려하여 본시 지도 계획을 수립하였는가?						
	• 시각장애, 청각장애 등의 장애 학생을 위해 특정 감각 손상을 보완할 수 있는 방법을 기술하였는가?						
	• 구두로 의사소통하는데 어려움이 있는 학생들을 위한 보완대체의사소통을 기술하였는가?						

영역	분석 요소	평가척도					분석 내용
		1	2	3	4	5	
	• 중증장애 학생들의 독특한 요구를 고려한 수업계획을 수립하였는가?						
	• 칭찬이나 보상 등을 활용하여 외적 학습동기를 자극할 계획을 수립하였는가?						
	• 수업내용에 적절한 예와 관련 자료를 기술하였는가?						
도입	• 학습 분위기 조성 계획을 기술하였는가?						
	• 전시학습상기를 본시 수업목표와 연관 지어 기술하였는가?						
	• 본시 학습과 관련된 동기유발 계획이 적절한가?						
	• 학습목표 제시 방법이 적절하게 계획되었는가?						
	• 학습활동 안내 계획이 적절한가?						
전개	• 학습목표와 학습내용을 일치되게 기술하였는가?						
	• 학습내용을 학생의 생활경험과 관련지어 기술하였는가?						
	• 학생의 수준에 따라 학습량을 적절히 제공 하였는가?						
	• 학습활동을 학습목표에 도달하기 위해 일관성 있게 계획하였는가?						
	• 학생의 개인차를 고려하여 학습활동을 계획하였는가?						
	• 학생을 보상할 수 있는 적절한 방안을 준비하였는가?						
	• 교수 · 학습활동 시간 배정이 적절한가?						
	• 수업시간에 맞게 학습 분량을 적절하게 계획하였는가?						
	• 학생의 부적응 행동에 대하여 적절히 대처할 계획을 수립하였는가?						
	• 효율적인 수업 활동을 위한 좌석 배치를 계획하였는가?						
	• .특수교육보조원 활용 계획이 제시되었는가?						

영역	분석 요소	평가척도					분석 내용
		1	2	3	4	5	
정리	• 학습목표와 관련된 정리활동이 이루어 졌는가?						
	• 형성평가 계획을 적절하게 기술하였는가?						
	• 학생들이 다음 학습을 인지할 수 있도록 차시예고를 계획 하였는가?						
	• 마침 인사를 적절하게 계획하였는가?						

2. 교수 · 학습 과정안 요소별 분석

교수 · 학습 과정안 요소별 평가표

영역	분석 요소	평가척도					분석 내용
		1	2	3	4	5	
학습목표	• 한 시간 내에 성취될 수 있는 분량으로 학습목표를 기술하였는가?						
	• 학습목표를 학습 후에 나타나는 학생의 행동 또는 학습결과로 기술하였는가?						
	• 학습목표를 관찰할 수 있는 명세적 동사로 기술하였는가?						
	• 한 개의 학습목표 속에 두개 이상의 성취행동을 포함하지 않도록 기술하였는가?						
	• 학습목표가 성취행동, 조건, 도달기준의 3요소를 포함하도록 기술하였는가?						
교사의 발문	• 학생의 수준에 맞는 발문계획을 세웠는가?						
	• 교과, 학습과제 특성에 맞는 발문계획인가?						

영역	분석 요소	평가척도					분석 내용
		1	2	3	4	5	
	• 재생, 추론, 적용적 발문을 조화시킨 발문계획인가?						
	• 도입, 전개, 정리 과정에 맞는 발문계획인가?						
	• 흥미로운 발문을 계획하여 내적 학습동기를 자극할 수 있는가?						
	• 학생들을 생각하게 만드는 발문계획인가?						
	• 학생들의 흥미를 유발시킬 수 있는 발문계획인가?						
	• 목적이 뚜렷한 발문계획인가?						
	• 발문을 명확하고 간결하게 계획하였는가?						
	• 교사의 발문 계획이 학생의 장애특성을 고려하였는가?						
	• 수업내용의 핵심을 반영하는 발문계획을 수립하였는가?						
	• 한 번에 하나씩 발문계획을 수립하였는가?						
수업 매체 활용	• 학습자의 특성에 맞는 학습 자료를 활용할 계획을 수립하였는가?						
	• 수업매체를 수업 단계에 적절하게 투입할 계획을 수립하였는가?						
	• 학습유형에 맞는 학습 자료를 활용할 계획을 수립하였는가?						
	• 학습과제의 특성에 맞는 학습 자료를 활용할 계획을 수립하였는가?						
	• 수업해야 할 과제에 적절한 매체를 선정하였는가?						
	• 수업과정에서 적당한 시간에 활용할 수 있도록 계획하였는가?						
	• 준비한 매체를 수업과정의 흐름에 맞추어 효과적으로 활용할 수 있도록 계획하였는가?						
	• 시력, 건강을 고려해서 적당한 장소에서 활용하게 계획하였는가?						

영역	분석 요소	평가척도					분석 내용
		1	2	3	4	5	
	• 수업매체활용 편리성을 고려해서 적당한 장소에서 활용하게 계획하였는가?						
	• 수업해야 할 과제를 이해하기 쉽게 활용할 수 있는 매체준비 계획을 세웠는가?						
	• 흥미를 자극할 수 있는 수업매체활용 계획을 수립하였는가?						
	• 구입, 대여 등의 방법으로 쉽게 준비할 수 있는 매체 활용 계획을 수립하였는가?						
	• 수업매체의 안정성과 실용성을 고려하였는가?						
	• 수업매체가 학습자의 학습수준과 장애특성을 고려하였는가?						
	• 학습의 능률을 가져올 수 있는 다양한 매체 활용계획을 수립하였는가?						
	• 학생의 탐구활동을 촉진할 수 있는 생동감 있는 매체선정 계획을 수립하였는가?						
판서	• 판서의 양에 따라 칠판의 사용범위를 계획성 있게 배분 하였는가?						
	• 색분필의 혼용으로 시각적 효과를 높이는 판서 계획을 하였는가?						
	• 내용을 함축성 있게 요약한 구조화된 판서계획인가?						
	• 학생의 노트정리와 관련이 있는 판서계획인가?						
	• 학습목표에 관련된 간결한 판서계획인가?						
	• 판서의 양을 적절하게 계획하였는가?						
	• 문자, 도해 등을 조화롭게 활용하는 판서 계획인가?						
형성 평가	• 수업과정 중에 형성평가 계획을 적절하게 수립하였는가?						
	• 형성평가를 학생들의 수업동기를 유발시킬 수 있는 요소들로 구성하였는가?						

영역	분석 요소	평가척도					분석 내용
		1	2	3	4	5	
	• 형성평가 계획을 창의적이고 다양한 방법으로 계획하였는가?						
	• 학습목표 도달정도에 대한 개인별 평가를 계획하였는가?						
	• 형성평가 계획을 학습목표 성취 점검에 적합하도록 수립하였는가?						
	• 학습 목표와 일관된 평가내용, 평가방법, 평가도구(기준)를 선정하였는가?						
	• 평가 결과에 따라 보상계획을 수립하였는가?						
	• 평가를 적절한 시기에 평가할 수 있도록 계획하였는가?						

연구과제

1. 교수 · 학습과정안 평가표의 분석요소에 따라 평가표를 작성해 보자.
2. 교수 · 학습과정안 요소별 평가표의 분석요소에 따라 평가표를 작성해 보자.

교수 · 학습 활동의 기초

제7장

학습목표

1. 특수교육대상학생의 학습지도 원리를 알 수 있다.
2. 특수교육대상학생의 학습지도의 실제를 알 수 있다.
3. 교수 · 학습활동에 임하는 교사의 태도를 알 수 있다.

1. 학습지도의 원리

일반교육이나 특수교육에서는 다양한 교수 방법과 전략이 활용되고 있다. 특수교육 대상학생은 장애유형에 따라 분류되지만 교수 방법과 전략은 학생의 일반적인 장애유형에 따라 분류되지 않는다.

따라서 발달장애학생에게만 적용되는 교수방법이나 전략이 따로 있을 수 없다. 교사는 개개 학생의 요구는 물론 교수목적이나 교육과정의 내용에 따라 가장 적절한 것을 선택하거나 종합하여 사용해야 한다. 이에 적합한 학습지도의 원리를 기술하면 다음과 같다(교육부, 1991).

1) 개별화와 다양화의 원리

일반적으로 학습지도의 개별화는 학습자의 개인차와 개성에 맞춘 지도방법과 학습 내용 구성을 의미한다.

발달장애학생의 교육은 획일적인 교수방법에서 벗어나 다양한 개인차에 적합한 개별화된 교수방법이 필요하다.

개별화의 원리는 교육 프로그램의 구성과 실천뿐만 아니라 교수 · 학습 방법의 개별화, 자료의 개별화, 평가의 개별화가 함께 실행되어야 한다.

2) 자발성의 원리

발달장애학생은 가정이나 학교에서 실패한 경험이 많아 자발적인 학습 참여가 극히 제한적이다. 따라서 학습을 효과적으로 진행하기 위해서는 학습에 적극적으로 참여하는 자발성, 즉, 자기활동에 입각한 학습지도의 전개가 매우 중요하다.

이러한 자발성을 갖도록 하기 위해서는 유인적인 학습 자료의 개발 · 활용은 물론 여러 가지 방법과 상황으로 지도활동을 다양화시켜야 한다. 이와 같이 강한 흥미를 자극함으로써 이들이 갖기 쉬운 실패 기대나 부정적 자아상과 회피반응을 감소시킬 수 있다. 또한 자신감과 성공기대를 높이기 위해 효과적인 강화를 사용하여 이들의 자발성을 최대한 존중해야 한다.

3) 자립화의 원리

발달장애학생의 궁극적인 교육목표는 '자립'에 있다. 유 · 초등부에서는 주로 신변처리를 잘할 수 있는 기본적인 신변 생활의 자립이 강조되고, 중 · 고등부에서는 인간관계 및 사회질서와 규범에의 적응 등과 같은 사회적 자립이 중심이 된다.

자립화의 원리는 발달장애학생에게 매우 중요한 의미를 갖는다. 이는 비록 이들이 비장애인과 동등한 대우를 받지 못하더라도, 남에게 의존하지 않고 자기 힘으로 살아갈 수 있다는 긍지와 정신적인 삶의 행복감을 가질 수 있도록 도와주는 것이다.

4) 생활화와 실제화의 원리

발달장애학생은 사고의 지체 때문에 문장이해의 발달수준이 낮다. 3R's의 지도는 어디까지나 실생활에 적응을 위한 도구교과로써 필요한 것이며, 모든 지도내용이 실제 생활 장면에서 선정 · 조직되어야 한다. 즉, 생활단원에 의한 생활과 직결된 생활교육이 요청되는 것이다. 발달장애학생의 학습지도에서 생활화 원리는 학교, 사회, 가정을 결합시켜 이들이 일상생활에서 경험하는 것을 학교에서 받아들이고 이용하며, 반대로 학교에서 배운 것을 가정에 돌아가 일상생활에서 실제로 활용하도록 한다는 것이다. 이리하여 학교는 학습을 통하여 배우는 생활의 장이 되어야 한다.

이와 같은 학습지도의 사회화 원리는 비장애학생에게도 강조되지만, 생활인으로 성장해야 하는 발달장애 학생들에게는 더욱 핵심적인 원리이다.

학습지도에서 사회화 원리를 구현함에 있어서는 다음 사항에 중점을 두고 지도한다.

첫째, 학습의 개별화와 사회화의 균형

둘째, 학교 학습과 가정 지도간의 연계

셋째, 학생 상호간의 인간관계 조성

결국 생활화와 실제화의 원리는 경험의 재구성과도 연관되어야 한다.

5) 통합화의 원리

발달장애학생은 정신구조의 미분화라는 특징을 갖고 있기 때문에, 분과적인 학습지도보다는 교과내용이나 학습경험이 통합된 종합적인 전개가 지도의 효과와 전인교육의 측면에서 강조된다.

발달장애학생을 위한 교육과정의 형태도 분과형 보다는 통합형이 적절하다. 왜냐하면 학생 개인의 전인적인 인격과 관련되는 지적훈련이나 정서적 도야나 신체적 성숙이 조화롭게 발달되어야 하기 때문이다. 학습지도의 통합화 원리를 구현하기 위해서는 먼저 교육과정의 통합은 물론 교재나 교과를 통합하고 학습문제 해결의 진행 방식을 종합적으로 실행해야 한다.

이상에서 언급한 학습지도의 원리는 모두가 비장애학생에게도 적용되는 원리임에는 틀림없으나 발달장애학생의 교육 특성에 비추어 볼 때 보다 철저하게 실천되지 않으면 안 될 중요한 기본 원리들이다.

2. 학습지도의 실제

1) 발달장애학생 학습상의 특성

발달장애학생 학습상 어떤 특성을 갖고 있는가 하는 문제는 발달장애학생 학습지도 방법을 결정짓는 중요한 원천이 된다. 따라서 많은 선행연구에서 밝혀진 일반적인 학습특성을 살펴보면 다음과 같다(이상춘, 조인수, 1991).

① 학습능력이 매우 부족하다.
② 주의집중과 지속력이 약하다.
③ 학습전이가 잘 안 된다.
④ 개인차가 심하다.
⑤ 개념적이거나 추상적 학습이 어렵다.
⑥ 소거가 곤란하다.
⑦ 조건 붙이기가 곤란하다.
⑧ 자발성, 호기심, 독창성이 제한되어 있다.
⑨ 언어발달의 지체 때문에 언어지도나 지시에 따르는 능력이 부족하다.
⑩ 자기지향에 무력한 특징을 보인다.
⑪ 관찰력, 평가력, 분석력, 비판력, 결정력 등이 부족하다.

2) 발달장애학생 학습지도의 실제

발달장애학생 학습지도에 대하여 학자들 간에 다소의 이견과 논쟁이 있기는 하나 대다수의 심리학자 및 교육학자들이 일반적으로 인정하고 있는 학습지도의 실제는 다음과 같다(김정휘, 1987; 이태영, 김정권, 1982).

(1) 학습준비성 조성

준비성 혹은 레디니스(readiness)라는 본래의 개념은 유기체가 일관되게 정확한 방식으로 적응할 수 있을 만큼 충분히 성숙해야 한다는 일반적인 관념을 내포하고 있다.

첫째, 성숙은 학습 준비성에서 매우 중요한 요인으로서 모든 학습은 학습자의 성숙단계에 맞도록 지도해야 한다. 즉 학습자의 능력이나 성숙정도에서 준비가 갖추어져 있지 않으면 학습지도는 비효과적이고 비능률적으로 되게 마련이다.

학생은 비언어성 영역인 보행, 그림 그리기, 대근육 및 소근육운동, 시각 · 운동 협응 등에서 적절한 운동수행을 기대하기 전에, 이를 위한 기초기능들을 먼저 습득할 필요가 있다.

둘째, 주의가 준비성의 중요한 요인이 된다.

발달장애학생의 부주의에 대한 생리 · 심리적인 원인은 아직 명확히 밝혀지지 않았으며, 여전히 해결하기 어려운 과제로 남아 있다.

셋째, 성숙에 덧붙여 학습준비 기능은 선행기능의 발달정도에 기초한다.

넷째, 학생의 학습방법과 학습과정은 레디니스와 관련된다.

다섯째, 일반적으로 학교학습에 대한 학생의 정서적 적응과 태도도 레디니스의 중요한 요인이 된다.

학교활동이나 교사에 대해 부정적인 태도를 가진 학생에게는 학습에 참여를 아무리 강조해도 효과가 미미할 수 있다. 따라서 이러한 태도를 변화시키는 데 많은 시간을 할애하는 것이 중요하다.

여섯째, 레디니스의 개념은 개념발달과 관련된다.

기초적인 준비기능이 발달하지 않은 상태에서도 발달장애학생들에게 기억을 가르칠 수는 있지만, 이러한 지도방법은 특수교육 프로그램의 목적과 일치하지 않는다. 기계적 암기보다는 개념적 이해를 이끌어내는 조직적이고 계열적인 기능발달이 강조되어야 하기 때문이다.

(2) 학습동기의 유발

동기유발이란 용어는 자주 사용되는 용어이지만 흔히 교육적 의미에서 잘못 사용될 때가 있다. 즉, 가장 범하기 쉬운 오용은 '우리는 학생에게 동기를 주어야 한다'라는 말이다. 학생에게 자극을 줄 수는 있지만 동기를 부여할 수는 없다. 학생에게 자극을 제공하여 활동에 참여하거나 개념학습에 열정을 갖도록 유도할 수 있을 뿐이다. 그리고 학습동기유발의 개념에는 무수한 요인들이 포함되어 있다.

먼저 학생은 학습의 필요를 지각하고 있어야 한다. 예컨대 저학년 수준의 발달장애 학생은 흔히 읽기를 위한 기초기능 학습의 활동에 흥미를 갖지 못한다. 이것은 왜 읽기를 배워야 하는지를 지각하지 못하는 데 있다. 학교생활의 초기에는 높은 수준의 읽기 능력이 없어도 별로 문제가 되지 않는다. 특히 읽기 학습을 하지 못하더라도 친구가 적은 발달장애학생의 동질집단 속에서는 아무런 자극도 받지 않고 그럭저럭 지내버리기 쉽다. 그러나 고학년 혹은 중학교 수준에서 발달장애학생은 읽는 법을 배우려는 관심이 보다 높게 나타나기 시작한다. 왜냐하면 이 연령에서는 읽기 학습이 학교생활이나 일상생활을 하는데 필요하기 때문이다.

이러한 명백한 요구에 기초하여 읽기 학습활동이 적극적으로 증가된 사실이 각종 연구에서도 많이 나타나고 있다.

이와 같이 흥미(관심)의 정도와 기능습득의 요구(필요)수준은 학습을 촉진하는데 매우 중요한 것이다. 따라서 학습을 능률적으로 전개시키기 위해서는 학습자가 학습문제에 대해 흥미를 갖고 자진해서 해결하려는 의욕이 있어야 한다. 그리고 효과적인 학습동기를 유발시키기 위해서는 적정한 수준에서 안정된 방식으로 학습이 진행되어야 한다. 따라서 학습의욕을 높이기 위해서는 다음 사항을 고려해야 한다.

① 학생이 학습의 필요성을 알도록 하여 학습욕구를 자극해야 한다.
② 학습흥미를 발전시키기 위하여 그 학습영역에 성공적인 경험을 갖도록 해야 한다.
③ 교사와 학생이 함께 설정한 장 · 단기 학습 목표는 학생 개개인의 장 · 단점을 충분히 고려하여 현실화해야 한다. 만약 능력이상의 성취를 강요한다면 학습실패

는 물론 곧 학습흥미마저 상실하게 된다. 이것이 장기화되면 모든 학교 학습에 부정적인 생각을 갖게 될 것이다.

(3) 결과에 대한 즉시 확인과 성공강화

언제나 학습에 실패하는 학생에게 가장 효과적인 유인은 성공적인 경험을 갖도록 하는 것이다.

특히 학습과제 시작시의 성공적인 수행은 무척 중요하다. 성공은 보상의 역할을 하며 학생의 향상된 학습수행을 이끌어낸다. 따라서 학습활동은 발달장애아가 성공할 수 있도록 구조화되어야 하고 정확한 학습수행에 따른 즉각적인 보상이 마련되어야 한다. 지연강화는 학습을 방해하게 되므로 학생의 바른 반응에 대한 즉각적인 확인과 그 강화가 매우 중요하다.

(4) 연습 기회의 확대

발달장애아는 비장애아에 비해 자극에 대한 반응이 느리고 또 수행이 어렵다. 따라서 발달장애아 지도의 기본은 다양한 방법으로 경험을 반복하여 연습할 기회를 제공하는 것이다. 즉, 다양한 연습과 반복은 발달장애아가 정확히 반응하도록 돕는다.

적절한 학습환경과 흥미 있는 자료와 동기유발이 잘 되었다 해도 학습시간이 너무 길면 학습은 효과적으로 이루어지지 않는다. 각 학생의 학습률에 따라 학습시간의 길이가 결정되지만 학습활동의 형태, 자료의 종류, 학생의 특성에 따라 달라야 한다.

대체로 긴 수업시간보다는 짧은 분습법이 효과적이다. 예컨대 40분 수업을 10분간씩 끊어서 하는 것이 적절할지 모른다. 또한 수업시간 만큼 휴식시간도 매우 중요한 의미를 갖는다는 것을 잊어서는 안 된다.

(5) 적극적인 참여 유도

대부분의 교육심리학자들은 아래와 같이 학습자의 적극적인 참여가 학습을 촉진한다고 밝히고 있다.

① 참여는 진행 중인 과제에 주의력을 집중시킨다.
② 참여는 교수학습과정에서 학생자신의 중요성을 깨닫게 한다.
③ 참여는 보다 큰 학습능률을 촉진한다.
④ 참여는 많은 극적인 피드백자료를 제공한다.

적극적인 참여기회가 제공되지 않으면 학생은 지루함을 느껴 곧 학습에 대한 의욕을 잃게 될 것이다. 학습이 효과적이려면 적절한 긴장감과 알맞은 자극이 필요하다. 그러나 지나치게 강한 자극은 학습을 방해할 수 있으며, 반대로 너무 적은 자극은 학습을 무력하게 만들 수 있다.

(6) 과잉학습 촉진

과잉학습이란 일정한 학습기준을 충족한 후에도 학습을 반복하는 것을 말한다. 발달장애아는 몇 차례 정확히 학습한 후에도 개념을 완전히 이해하지 못할 수 있다. 따라서 주의집중, 단기기억, 연합 등이 어려운 이들에게는 학습이 완전히 정착될 때까지 과잉학습이 필요하다.

(7) 정확성의 강화

발달장애아가 잘못된 학습에 정착되지 않도록 하기 위해서는 학습의 정확성이 학습속도보다 더욱 강조된다. 이는 기본적이고 새로운 개념을 처음 학습시키는 최초단계에서 특히 중요하다. 후속학습에서 혼동의 가능성을 줄이기 위해서는 학습의 속도보다는 정확성이 무엇보다 중요하다.

(8) 전진금지와 소급금지의 감소

선행된 학습이 다음 학습의 재생을 방해하는 것을 '전진금지'라 하고 반대로 후학습이 선학습 내용의 재생을 방해하는 것을 '소급금지'라 한다. 전진금지의 요인은 다음과 같다.

① 선행학습과 후속학습의 유사정도 즉 선행학습 재료와 그 후의 학습재료가 유사하면 할수록 금지의 작용이 크다. 그러나 동일한 재료일 때에는 오히려 강화시켜 준다.

② 선행학습의 양, 즉, 선행된 학습의 양이 많으면 많을수록 다음 학습이 억제되는 양도 많아진다.

소급금지의 요인은 여러 설이 있으나 대표적인 것이 고집설이다. 즉 학습을 하고 나면 신경활동은 학습이 끝난 다음에도 지속 혹은 고집하는데, 다음에 학습을 이어서 하면 이러한 고집경향이 방해되기 때문에 먼저 학습의 파지가 저하된다는 것이다. 이러한 억제는 두 학습의 유사정도, 학습된 정도, 나중 학습과 먼저 학습과의 시간적 간격, 학습자의 능력 등 여러 요인에 의해서 영향을 받으므로 발달장애아의 학습에 있어서는 선행학습동안에 다양한 자료와 프로그램으로 지도해야 하고 또한 학습시간의 길이와 휴식시간도 적절히 고려해야 한다.

(9) 최소변화

발달장애아의 학습은 최소한의 변화단계로 점진적으로 진행하는 것이 효과적이다. 추상적 사고가 제한적이기 때문에 가능하면 하나의 학습단계를 세분화하여 프로그램을 제작해야 한다. 모든 활동을 완벽하게 세분화하기는 어렵지만, 여전히 단계별로 비약 없이 진행되는 학습과정이 필요하다.

(10) 학생의 장점 활용

사람은 누구나 어떤 특정분야에서는 보다 뛰어난 장점을 갖게 마련이다. 발달장애 학생들은 과거의 실패경험으로 인해 어려운 분야에 참여하기를 꺼릴 수 있다. 따라서 우선적으로 그들이 잘하는 분야에서 학습을 시작하고, 이를 통해 자신감을 얻은 후에 점차 어려운 영역에도 참여하도록 격려하는 것이 중요하다.

3. 교수 · 학습 활동에 임하는 교사의 태도

1) 학생들에 관하여 긍정적인 기대 갖기

특수교육대상학생 자녀를 둔 학부모들이 가장 자주 언급하는 말은 자녀를 학교에 보내도 변화가 없다고 하는 것이다. 특수학교에서는 열심히 지도한다고는 하지만 부모들이 기대했던 만큼의 변화가 눈으로 보이지 않기 때문이다. 게다가 학생들이 방학을 보내고 오면 그나마도 그동안 학습한 내용을 언제 학습했나 할 정도로 망각해버리곤 한다. 이럴 때 특수교육교사들은 큰 허망함을 느끼기도 한다. 그럼에도 불구하고 우리는 학생을 믿고 열심히 지도해야 한다.

초등학교 1학년 신입생들이 3월에 입학할 때에는 이 아이들을 어떻게 교육하나 할 정도로 난감하기 그지없다. 그러나 은행잎이 노랗게 물드는 가을이 되면 많은 학생들이 줄을 설 줄 알게 되고 교사의 지시에 따라 식사를 하는 모습을 볼 수 있다. 참으로 대견하고 사랑스럽지 아니할 수 없다. 성공한 사람들 곁에는 항상 그들을 믿어주는 이들이 있었다. 일반 교사들도 마찬가지겠지만, 학생들을 믿고 기다리는 마음은 특수교육교사들에게 더욱 절실히 필요하다.

교육에서 '피그말리온 효과'는 자주 인용되는 개념이다. 그리스 신화에서 '피그말리온'은 볼품없는 외모 때문에 사랑을 포기하고 조각에 몰두하여 여인상을 만들었는데 그의 간절한 기도로 그 조각이 실제 아내가 되었다는 이야기에서 유래한 것이다. 이는 긍정적인 기대가 학습에 미치는 영향을 보여주며, 특수교육을 담당하는 교사들에게 중요한 시사점을 제공한다.

'교사는 마음으로 아이를 조각하는 사람이고, 진정한 조각가는 돌을 탓하지 않는다'고 한다. 특수교육교사가 우리 아이들을 장애가 심하여 교육을 할 수 없다고 탓한다면 학교에 남을 학생은 거의 없다. 따라서 특수교육교사는 학생들이 아무리 중증이라도 교수·학습활동 중에 이들을 믿고, 학습과제를 주고, 기다리고, 발문을 하고, 답을 할 때까지 기다려야 한다. 기다림이 오래 지체가 된다면 특수교육교사는 학생들이 할 수 있도록 단계별로 도움을 주어야 한다.

2) 학생들에게 성공 경험을 갖도록 하기

성공적인 경험을 갖도록 하는 것은 학습에 실패하는 학생에 대한 가장 효과적인 방법이다. 특히 학습과제를 시작할 때 성공적인 경험을 갖게 하는 것이 매우 중요하다. 따라서 학습활동은 학생들이 교수·학습활동에서 성공할 수 있도록 구조화해야 하고 올바른 반응에 대한 즉각적인 보상과 강화방법을 포함해야 한다. 지연강화는 학습에 그다지 큰 영향을 끼치지 못하기 때문이다.

사람은 누구나 어떤 특정분야에서 보다 뛰어난 장점을 갖게 마련이다. 특수교육대상학생들은 열등한 분야에서 가진 과거의 실패경험 때문에 이러한 영역에 참여하기를 꺼리게 되므로 1차적으로 우수한 영역의 활동을 하도록 하고 차츰 지체된 영역에 참여하도록 격려해야 한다.

또한 특수교육대상학생들 교육에서는 학생이 요구할 때 무조건 도와주지 말고 스스로 할 수 있는 것은 그들이 할 수 있도록 지켜봐 주어야 한다. 즉 학생들이 넘어지면 스스로 일어나서 먼지를 툭툭 털고 다시 시도하도록 하여야 한다는 뜻이다. 때로는 학생들이 너무 쉽게 목표에 도달하면 지나치게 목표를 낮게 설정하지 않았나 하는 것도 고민해 보아야 한다.

요즈음 특수교육 현장에는 특수교육보조원이 배치되어 학생들을 지원하고 있다. 그러나 특수교육보조원이 학생들에게 도움이 되는 긍정적인 면도 있지만 필요 이상 개입하여 학생이 스스로 할 수 있는 일도 하지 않고 남이 도와주기만을 기다리고 있는 사례도 있다고 한다. 따라서 특수교육교사는 특수교육보조원의 장단점을 이해하고 그들의 역할을 적절히 조절하며 지속적인 관심을 기울여야 한다.

3) 작은 성공에도 칭찬하기

사람은 누구나 칭찬받는 것을 좋아한다. 개인의 수준에 맞는 칭찬이야말로 행동의 변화를 유발할 수 있고 학습목표를 달성할 수 있는 가장 좋은 촉매제이다. 그러나 교사는 현장에서 학생들이 과제를 완수하거나 성공했을 때에만 칭찬을 해주는 경향이 있다. 학생이 목표를 향해 열심히 하다가 실패할 수도 있고, 과정 중 일부는 긍정적인 방향으로 흘러갔으나 결과는 실패로 끝날 수도 있다. 특히 특수교육대상학생들에게는 이러한 사례가 많다. 이런 경우 교사는 비록 결과는 실패로 끝났다 하더라도 태도나 일부 성공적인 과정에 집중하고 그 부분을 칭찬해 주어야 한다.

예를 들면 학교 안에 마트를 설치하여 물건을 고르고 돈을 지불하며 영수증을 받는 현장체험학습을 할 경우, ① 마트에서 사야 할 물건을 지시 또는 말로 표현하였을 때 → 칭찬 ② 물건을 적절하게 골라 쇼핑카트에 담았을 때 → 칭찬 ③ 물건값을 바르게 지불하였을 때 → 칭찬 ④ 쇼핑카트를 제자리에 놓았을 때 → 칭찬 ⑤ 질서를 지켰을 때 → 칭찬 등과 같이 학습활동 각각의 요소를 달성할 때마다 지도교사는 학생들에게 즉각적이고 구체적으로 칭찬하여야 한다. 이때 학생들은 칭찬을 통하여 학습목표에 한걸음 더 다가감은 물론, 자신감이 고취되고 인간관계의 친밀감과 단체생활에 적응력이 향상된다. 교사뿐만 아니라 학생들 상호간에도 칭찬이 습관화 되도록 한다면 수업은 더욱 즐겁고 활기차게 될 것이다.

4) 학생들이 수업에 적극적으로 참여하도록 하기

학생들은 배울 준비가 되어 있을 때 교육에 흥미를 갖고 적극적으로 참여한다. 그러나 안타깝게도 특수교육대상학생들 중에는 학습할 준비가 되어 있는 학생들이 거의 없는 경우가 많다. 그렇기 때문에 이들을 학습에 적극 참여하도록 하기 위해서는 그들에게 맞는 교수·학습자료와 다양한 학습방법을 적용해야 한다. 특수교육대상학생들, 특히 발달장애를 가진 학생들을 위한 교육에서는 학생들을 정확히 이해하고 공감대를 형성하여 학습 내용을 간단하고 명확하게 설명하는 것이 필요하다. 이래서 특수교육은 특수교육교사가 맡아야 하고 교육 중에서도 가장 어려운 분야라고 하는 것이다.

기본적으로 학생들이 도저히 알아들을 수 없는 분야는 없다고 본다. 학생들에게 제대로 설명하지 못하는 것은 교사가 그 내용을 충분히 이해하지 못했기 때문이다. 교사가 어떤 분야에 대해 이해가 깊을수록 설명은 더 쉬워지는 법이다. 교사가 학생들이 쉽게 이해할 수 있도록 수업을 진행하면, 학생들은 자연스럽게 수업에 적극적으로 참여하게 된다.

학생들은 같은 이야기를 5분 이상 반복하면 지루해하고 어른들은 10분만 반복해도 졸기 시작한다. 즉, 학생이든 어른이든 반복적인 설명만 듣고 있으면 주의가 지속되지 않는다는 것이다. 교사가 설명을 계속하면 학생들은 듣는 것 외에는 별다른 활동을 할 수가 없다. 이런 상황에서는 학생들에게 다른 활동을 하게 하면 몰입도가 높아진다. 설명만 지루하게 이어가기 보다는 학생들에게 그림을 그리라고 한다든지, 컴퓨터 자판을 두드리라고 해본다든지 하면 시간 가는 줄 모르고 그 활동에 빠져든다. 단위 수업 시간을 이러한 활동 서너 개쯤으로 쪼개어 채워도 학생들은 수업에 적극적으로 참여하게 될 것이다.

또 교사가 설명만으로 학생을 가르치기보다는 학생들이 직접 만져보고, 두드리고, 조작하고, 체험하는 등 다양한 활동 위주로 수업을 진행한다면 학생들은 수업에 보다 능동적인 자세로 임할 것이다.

5) 교육과정 이수할 내용을 경험하도록 하기

특수교육교사는 중증의 장애학생이라고 하여 아예 할 수 없을 것이라 예견하거나 단정 짓고 경험조차 제공하지 않는 사례가 있어서는 안 된다. 특수교육 실시 이전에는 아무리 능력이 부족한 장애학생일지라도 비장애학생들과 같은 교육장소에서 함께 수업을 하였다. 단 특수교육이라 말할만큼 적절한 교육이 이루어지지 않았던 것은 사실이다. 그러나 비장애학생들이 학습하는 교육과정을 간접적이나마 경험할 기회는 제공하였다. '장애인등에 대한 특수교육법'에서는

"특수학급"이란 특수교육대상자의 통합교육을 실시하기 위하여 일반학교에 설치된 학급을 말한다(장애인 등에 대한 특수교육법 제2조 11호).

"통합교육"이란 특수교육대상자가 일반학교에서 장애유형 · 장애정도에 따라 차별을 받지 아니하고 또래와 함께 개개인의 교육적 요구에 적합한 교육을 받는 것을 말한다(장애인 등에 대한 특수교육법 제2조 6호).

특수교육에서의 "차별"이란 ① 특수교육 관련서비스 제공에서의 차별 ② 수업, 학생자치활동, 그 밖의 교내외 활동에 대한 참여 배제 ③ 개별화교육지원팀에의 참여 등 보호자 참여에서의 차별 ④ 대학의 입학전형절차에서 장애로 인하여 필요한 수험편의의 내용을 조사 · 확인하기 위한 경우 외에 별도의 면접이나 신체검사를 요구하는 등 입학전형 과정에서의 차별 ⑤ 입학 · 전학 및 기숙사 입소 과정에서 비장애학생에게 요구하지 아니하는 보증인 또는 서약서 제출을 요구 ⑥ 학생 생활지도에서의 '장애인차별금지 및 권리구제 등에 관한 법률' 제4조의 차별을 말한다(장애인 등에 대한 특수교육법 제4조 ②항).

이와 같은 차별 중 '장애인 등에 대한 특수교육법 제38조'에서는 ① 장애를 이유로 특수교육대상자의 입학을 거부하거나 입학전형 합격자의 입학을 거부하는 등의 불이익한 처분을 한 교육기관의 장 ② 대학의 입학전형절차에서 수험편의의 내용의 확인과 관계없는 별도의 면접이나 신체검사를 요구한 자는 1년 이하의 징역 또는 1천만원 이하의 벌금에 처하도록 규정하고 있다.

또한 동법 제38조의 2에서는 ① 특수교육 관련서비스의 제공, 수업, 학생자치활동, 그 밖의 교내외 활동에 대한 참여와 개별화교육지원팀에의 보호자 참여에 있어서 차별한 자 ② 입학 · 전학 및 기숙사 입소 과정에서 비장애학생에게 요구하지 아니하는 보증인 또는 서약서 제출을 요구한 자 ③ 학생 생활지도에 있어서 '장애인차별금지 및 권리구제 등에 관한 법률' 제4조의 차별을 한 자는 300만원 이하의 벌금에 처하도록 규정하고 있다.

특수교육교원은 차별에 따른 벌칙을 따지기 전에, 장애학생들이 학교교육을 마치고 사회에 나아가 비장애인과 더불어 살아 갈 수 있게 도와주기 위해서 반드시 장애학생들이 이수하여야 할 교육과정을 모두 경험하게 하여야 함을 잊어서는 안 된다.

연구과제

1. 특수교육 대상학생의 학습지도 원리들에 대해 생각해 보자.
2. 특수교육 대상학생의 학습지도의 실제를 적용해 보자.
3. 교수 · 학습활동에 임하는 교사의 태도에 대하여 이야기 해 보자.

교수 · 학습 활동의 실제

제8장

학습목표

1. 교수 · 학습 활동의 도입단계를 알 수 있다.
2. 교수 · 학습 활동의 전개단계를 알 수 있다.
3. 교수 · 학습 활동의 정리단계를 알 수 있다.

특수교육의 질은 특수교육교사의 자질과 역할에 의해 크게 좌우된다. 특수교육교사는 단순히 지식을 전달하는 매개체가 아니다. 행동이나 언어뿐만 아니라 모든 면에서 특수교육대상학생들의 모델이 되어 행동적, 심리적, 정신적인 면까지 특수교육대상학생들에게 막대한 영향을 끼칠 수 있다.

김병하(2012)는 교육자의 네 가지 바람직한 교육적 자세를 다음과 같이 기술하고 있다. 가르침을 베푸는 것, 친절한 말씨로 격려하는 것, 올바른 행동으로 이끄는 것, 학생과 동일한 수준에서 행동을 같이 하는 것 등이다.

이러한 여러 교육자의 역할 중 특수교육대상학생들에게 가장 크게 영향을 미치는 것은 특수교육교사의 수업이다. 학교에 아무리 좋은 시설, 교육여건, 교수 · 학습 자료가 준비되어 있어도 특수교육교사들의 수업 능력이 떨어지면 수업의 효과를 기대하기는 어렵다.

특수교육대상학생들의 교육에서 특수교육교사의 수업 능력은 일반교육 능력과 특수교육 능력을 보탠 것에 각 장애영역의 특수성에 따른 수업 능력까지 갖추어야 하기 때문에 일반학교 교사에 비해 더욱 세심하고 철저한 전문성이 요구된다.

요즈음 특수교육 현장에서는 교실수업 개선을 위해 자기 수업 브랜드 갖기, 교수 · 학습 개선 컨설턴트 운영, 수업연구대회, 수업으뜸교사 선정 등 다양한 활동을 실시하고 있다. 특히 특수교육교사는 특수교육대상학생들에게 통합된 교육환경에서 장애유형 · 장애정도에 맞게 교육을 실시하여 이들이 자아실현과 사회통합을 하도록 특수교육 수업의 방향을 알고 적절하게 실행하여야 한다. 그렇다면 '수업'이란 무엇인지 좀 더 사세히 알아볼 필요가 있다.

첫째, 수업이란 무엇인가?

수업은 학습자에게서 변화를 일으키기 위하여 하는 활동으로 체계적, 의도적, 계획적인 성격을 가진다. 그러나 때로는 교사의 직접적인 개입 없이도 수업이 이루어질 수 있다. 이러한 배경을 기초로 하여 수업을 정의하면 다음과 같다(김종서, 이영덕, 홍순정, 1992; 홍순정, 1995).

'수업'이란 학습자가 특정한 목표에 도달할 수 있도록, 학습자의 내적 · 외적 환경을 체계적으로 조성하는 과정이다.

이 정의에 따르면 수업은 교육 목표 달성을 위한 계획적, 의도적 활동이므로 우연히 목표 달성이 이루어지는 것은 수업으로 보지 않는다. 또한 주어진 목표의 도달을 위해 학습자 주위의 외적 환경만 자극하는 것이 아니라, 학습자의 내부 동기, 흥미, 태도를 자극하여 교육 목표에 도달 하도록 하는 것도 수업으로 보고 있다. 즉 교사가 학생에게 가르치는 그것만이 수업이 아니라, 교사가 학생들의 주의를 환기시키고 자세를 바르게 하는 등 제반 관리 활동도 수업으로 보는 것이다. 따라서 교수 활동과 관리 활동은 별개의 것이 아니라 유기적 연관 속에서 체계적으로 이루어져야 한다.

둘째, 좋은 수업이란 어떤 수업을 말하는가?

[그림 8-1]을 살펴보면 알 수 있다(김종서, 이영덕, 홍순정, 1992; 홍순정, 1995).

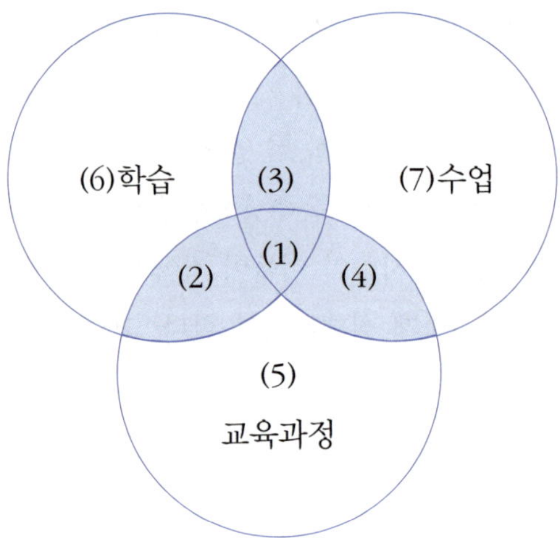

[그림 8-1] 좋은 수업

파트 1은 교육과정에 명시된 것을 적절하게 수업함으로써 학습자가 충분히 학습한 것을 나타낸다. 파트 2는 교육과정에서 명시하고 있는 것이기는 하지만 교사가 행한 수업에 의하지 않고 학습한 것이다. 파트 3은 교육과정에 명시되어 있지는 않으나 수업을 통해 학습하게 된 것을 가리킨다. 파트 4는 교육과정에 명시된 것을 수업하긴 했어도 학생이 학습하지 못했던 것을 나타낸다. 파트 5는 수업되지도 않았을 뿐 아니라 학습되지도 않은 것을 뜻하고, 파트 6은 교육과정에 명시되지도 않았고 수업되지도 않았지만 학생이 학습한 것을 가리킨다. 마지막으로 파트 7은 교사는 교육과정에 없는 것을 수업을 통하여 제시하기는 했으나 학습이 되지 않은 것을 말한다.

가장 좋은 수업은 파트 1의 면적을 다른 부위에 비해 상대적으로 크게 하는 것이다. 즉 가장 이상적인 좋은 수업은 파트 2, 4, 5가 모두 파트 1로 합류되는 것이라 할 수 있다.

이러한 좋은 수업을 위해서 요구되는 주요 활동을 도입, 전개, 정리에 따라 살펴보면 다음과 같다.

1. 도입단계

도입단계는 본 수업이 시작되는 단계로 보통 5분 내외가 적절하다. 이 단계에서는 학습환경 및 수업분위기를 조성하여 학습자들의 주의를 집중시키고, 도달해야 할 학습목표를 제시하며, 본 수업과 관련된 선행 학습 내용을 상기시켜 주어야 한다.

〈표 8-1〉 도입단계의 주요 활동

구분	주요 활동
수업 분위기 조성	• 학습 환경이 적절한지 점검하기 • 학생들과 인사 나누기 • 인사를 나눈 후 학생 이름 부르기 • 교과의 특성에 맞게 자리 배치하기 • 다양한 활동으로 분위기 조성하기
선수학습 상기	• 교사가 준비한 시청각 자료 활용하기 • 본 수업내용과 관련 있는 지난 학습 경험을 상기시키기 • 학생들과 질문 주고 받기
동기유발	• 흥미, 욕구, 경험 등을 환기시키는 동영상 제시하기 • 실생활에서 친숙한 소재를 담은 사진 자료 활용하기 • 노래 · MP3 자료 활용하기 • 정보매체 활용하기(TV광고, 오락프로그램, 운동경기 등) • 평소에 학생들과 나누었던 대화 사용하기 • 본시 학습에 대한 궁금증이나 기대 갖게 하기
학습목표 제시	• 학습목표 제시 전에 단원명 제시하기 • 학습목표를 학생들 수준별로 구분하여 제시하기 • 제시 방법은 차트, 판서, PPT 등을 활용하기 • 교사가 일방적으로 학습목표를 읽어주거나, 전체 학생들에게 큰 소리로 함께 읽게 하거나, 한 학생이 읽고 난 다음 전체학생들이 따라 읽는 방법 중 선택하되 학생이 학습목표를 충분히 알 수 있도록 의견 교환하기 • 교사의 발문을 통해 학생이 학습목표를 말하게 하기 • 학습목표에 관하여 학생들과 수준에 따라 이야기 나누기 • 중도 · 중복장애학생에게는 학습목표를 구체물, 반구체물이나 구체적인 활동을 녹화하여 제시하기

2. 전개단계

전개단계는 실제 학습을 실시하는 중심활동으로 도입단계와 정리단계를 연결하며, 실제 수업시간 60%~70% 정도(25~30분)를 차지한다. 전개단계에서는 학습자의 학습을 촉진시키기 위해 다양한 수업과 전략을 사용하여 학습자에게 학습내용을 전달한다.

〈표 8-2〉 전개단계의 주요 활동

구분	주요 활동
수업모형	• 교과 및 제재의 특성에 적합한 수업모형 적용하기 • 학생이 다양한 학습방법으로 학습할 수 있도록 허용하기 • 특수교육대상학생의 특별한 학습 요구 고려하기
학습활동 안내	• 학생들의 수준과 특성, 수업의 조건, 활동상황 등을 고려하여 안내하기 • 학생들이 학습활동을 이해하기 쉽게 PPT자료 활용하기 • 전체적인 수업 흐름을 알 수 있도록 안내하기 • 한 시간에 학습할 내용을 단계별로 안내하기 • 학생들이 학습활동을 이해하였는지 단계마다 확인하기 • 학습활동하면서 지킬 일 안내하기
교수 · 학습활동 중 동기부여	• 자유로운 교실분위기 조성하기 • 여러 방법 혼합 적용하기(사진, 그림, CD(DVD), 음악, 율동, 이야기, 발문 등) • 학생의 아이디어에 대하여 칭찬과 격려하기 • 교사는 학습자의 실수에 대해 허용적으로 응대하기 • 필요에 따라 유머 사용하기 • 학생 질문에 격려하기 • 학습에 호기심 유도하기 • 비판이나 질책보다는 격려와 칭찬하기 • 학습수준과 학습속도를 학습자 수준에 맞추기 • 적절한 시간에 놀이와 노래를 활용하기 • 학생들이 성공할 기회 자주 제공하기 • 이야기를 실감나게 들려주기 • 교육마술 이용하기(낱말 읽기, 수학의 개념 형성 등)

구분	주요 활동
	• 간단한 놀이 활용하기(마임, 빙고, ○× 퀴즈 등) • 인터넷 사이트 활용하기(무료 동영상 활용)
교수 · 학습 활동	• 교수 · 학습과정안에 따라 교수 · 학습활동 진행하기 • 수준별로 학습목표와 관련 있게 실행하기 • 활동과 활동 사이가 자연스럽게 연결되게 하기 • 수업시간에 학생의 질문이 자유롭게 이루어지게 하기 • 교사 주도 수업을 지양하고 학생 참여의 기회 충분히 부여하기 • 학생들이 학습활동에 성공할 기회를 자주 부여하기 • 단순 암기 외에도 해석, 적용, 분석 등의 경험도 제공하기 • 학습목표, 학습상황, 교수 · 학습 자료의 특성, 학습자의 수준에 따라 다양한 학습 양식 적용하기 • 교사는 일방적인 설교를 지양하고 촉매자, 학습지원자로서의 역할 수행하기 • 학습활동 시 학생들을 순회하며 활동상황을 확인하고 필요한 학생에게 도움주기 • 학생에게 도움을 줄 때에는 교사의 목소리나 동작이 다른 학생의 수업에 방해가 되지 않도록 하기 • 학생을 지명 할 때는 해결 내용 수준을 고려하여 순차적으로 지명하기 • 교실 상황을 파악하여 문제가 있을 때 적절하게 대처하기 • 학생들에게 정서적으로 안정감 주기 • 교수 · 학습 과정 중에도 학습목표 확인하기 • 지시봉은 필요한 경우에만 사용하기 • 개별학습, 모둠학습, 전체학습 등 다양한 학습방법 적용하기 • 학습자료, 판서 내용 등을 설명할 때 교사의 위치 바르게 하기 • 교사와 학생, 학생과 학생간의 상호작용이 원활하게 일어나게 하기 • 중도 · 중복장애학생들도 모든 수업 활동에 참여할 수 있도록 특수교육보조원, 적절한 수업방법, 학습자료 제공하기 • 수업활동의 특성에 따라 집단수업과 개별화 교육을 적절하게 안배하기
설명하기	• 비교를 사용하여 설명하기 • 시청각자료를 활용하여 설명하기 • 다양한 방법으로 반복하여 설명하기 • 한 번에 한 가지씩 설명하기 • 학생들이 알 수 있는 용어로 설명하기 • 학생들이 알고 있는 사례를 활용하여 설명하기 • 학생들이 질문을 할 때 허락하고 답변하기

구분	주요 활동
	• 실연, 시범, 제스처 등을 통해 설명하기 • 설명한 내용을 정리 · 요약하여 알려주기 • 장황한 설명은 피하고 간단명료하게 설명하기 • 비유나 예화를 들어 학생들이 쉽게 이해할 수 있도록 설명하기 • 학생들과 상호작용을 유지하면서 설명하기
학생활동	• 학생들이 학습활동에 적극적으로 참여하게 하기 • 발표에 많은 학생이 참여하게 하기 • 학습활동이 자주적이고 활기차게 하기 • 다른 사람 이야기를 주의 깊게 듣고 답하거나 질문하게 하기 • 교사의 발문에 대해 생각하고 대답하게 하기 • 자기 생각을 스스로 표현하게 하기 • 학생들이 서로 협조하고 배려하는 태도 갖게 하기
교사 활동	• 학생들과 래포 형성하기 • 다수에게 발표기회 제공하기 • 학생들 모두에게 세심하게 배려하기 • 학습자 간 방해 행동 관리하기 • 학생의 돌발 사태에 적절하게 대처하기 • 학생들의 수업 참여 및 학습내용 이해정도를 수시로 점검하기 • 학생들 간에 협동적인 분위기 조성하기 • 학생들의 수업참여 자주 칭찬하기 • 발표할 기회를 고루 주어 학습활동에 참여하게 하기 • 시작시간과 끝나는 시간 지키기 • 학생들의 이름 외우고, 장 · 단점 알기 • 특별실(음악실, 미술실, 강당, 운동장 등)에서 수업할 때는 학생들과 함께 이동하기 • 친근한 언어로 부드럽게 접근하기("시작할까요?", "시간이 다 되었네요." 등)
주의집중	• 간단한 게임이나 노래하기 • 학습내용에 관련된 동요 부르기 • 수업 중간 중간에 손뼉 치기와 율동하기 • 교사 목소리의 높낮이와 크기에 변화주기 • 다양한 수신호와 동작으로 주의집중 유도하기 • 실생활과 관련된 발문하기

구분	주요 활동
	• 학습자의 경험 내용을 수업자료로 활용하기 • 수업 진행과정에 따라 칭찬, 보상, 강화하기
교수 용어	• 교육에 관련 없거나 필요 없는 말 하지 않기 • 교사의 음성 언어의 크기, 억양, 속도를 적절하게 하기 • 학습의 강조점에 따라 음성의 고저를 다양하게 조절하기 • 명확하고 알아듣기 쉬운 용어 사용하기 • 학생수준에 맞는 어휘와 문장 사용하기 • 교사가 적절한 신체언어(눈 맞춤, 표정, 손짓 등)를 사용하기 • 지나치게 빠르거나 느린 어조로 말하지 않기 • 침묵 또는 비언어적 단서 사용하기 • 교사로서 품위에 어긋나지 않는 교수 용어 사용하기
교사의 태도	• 수업시작 시 교사는 교실 앞 정면에 서있기 • 학생들에게 공정성 유지하기 • 모든 학생들의 인격 존중하기 • 학생들의 생각이나 의견 적절히 표현하게 하기 • 학생의 의견이나 표현 등 수용하기 • 모든 학생들에게 시선 고르게 분배하기 • 학생들과 의사소통 할 때에 표정, 시선, 몸짓 등을 적절하게 하기 • 교수 · 학습 활동 시 교사의 위치가 적절한지 수시로 살펴보기 • 전체 학생들에게 말해야 할 경우에는 교실 정면에 와서 말하기 • 학습자 간의 방해 행동 관리하기 • 단정한 용모 갖추기 • 몸짓, 상호작용, 멈춤, 움직임과 같은 다양한 방법 사용하기 • 학생들의 의견을 존중하고 비판하지 않기 • 원활한 수업 진행을 위해 교사의 동선 적절히 하기
교사 발문	• 학생의 장애 특성과 수준을 고려하여 발문하기 • 학생의 학습의욕을 자극할 수 있는 발문하기 • 학생 수준 및 개인차를 고려하여 발문하기 • 교과와 학습과제 특성에 맞는 발문하기 • 재생 · 추론 · 적용을 적절히 조화시킨 발문하기 • 도입, 전개, 정리의 과정에 따라 단계적으로 수준을 높여가며 발문하기 • 발문 후 응답에 필요한 시간주기(약 3초) • 발문에 대하여 학생이 모호함을 느끼고 있을 때 힌트, 보조발문 등 해결의 단서 주기

구분	주요 활동
	• 발문에 대한 답이 없거나 틀렸을 때는 격려해주기 • 답을 가르쳐 주기보다는 해결과정 알려주기 • 학생이 답을 찾아가는 과정에 교사가 적절한 강화 사용하기 • 목적이 뚜렷한 발문하기 • 명확하고 간결하며 쉽게 이해 할 수 있는 발문하기 • 학생들이 학습한 지식, 기술, 경험, 태도 등을 구현할 수 있는 발문하기 • 교사가 발문하고 교사가 대답하지 않기 • 학생 발표에 대해 진지하게 관심을 갖고 격려하기 • 학습내용과 관련 있는 발문하기 • 수업목표를 성취하는데 도움이 되는 발문하기 • 지명은 특정한 학생에게만 하지 않기 • 요구하는 발문, 확인하는 발문, 수여하는 발문을 적절하게 사용하기 • 가능한 학생들의 생활경험과 관련된 내용으로 발문하기 • 2개 이상의 답이 포함될 수 있는 발문은 하지 않기
학습매체 활용	• 학생들이 주변에서 자주 경험한 매체 선정하여 활용하기 • 학습매체는 가급적 조작하고, 체험할 수 있도록 하기 • 개별적으로 활용할 수 있도록 하기 • 다양한 학습매체 활용하기 • 학습매체는 학습목표를 성취하는데 도움이 되는 것 활용하기 • 수업 과정의 흐름에 따라 준비된 학습매체를 적절하게 활용하기 • 학생의 시력, 건강, 청력, 편리성을 고려해 적당한 장소에서 활용하기 • 학습매체 수량과 종류를 적절하게 선정하여 활용하기 • 교사는 준비한 학습매체를 능숙하게 조작하기 • 학생의 특성과 요구에 적절한 수업매체 활용하기 • 매체를 적절한 시간 동안 활용하기 • 매체의 기능을 알고 활용하기 • 학습매체가 학습흥미를 유발하게 하기
연습	• 학습한 내용을 실제 상황이나 이와 유사한 상황에서 적용할 수 있도록 연습 기회 제공하기 • 가정과 연계하여 반복 연습하도록 과제로 제시하기 • 학습한 내용을 미완성된 문장으로 제시하여 완성하게 하기 • 중요한 학습내용은 삽화나 그림카드, 스티커 붙이기 등의 활동을 통해 복습하도록 하기

구분	주요 활동
피드백	• 학습과정 및 결과가 부족할 시에는 효율적으로 교정하기 • 학생의 반응에 따라 교사가 적절하게 반응하기 • 옳은 대답 칭찬하기("맞아요.", "잘했어요." 등) • 대답 중 정확하지 않은 곳 알려주기 • 학생의 대답을 부연하거나 일부 수정하기 • 학생의 대답을 반복하여 그 내용을 다시 확인시키기 • 학생이 발표한 내용을 교사가 이해하기 쉽게 정리하여 말하기 • 피드백을 제공하기 전에 학생들의 반응을 주의 깊게 살피기 • 적시에 정확하고 구체적으로 피드백 제공하기 • 상황에 적절한 피드백을 일관되게 제공하기 • 교실을 순회하면서 학생에게 힌트주기, 고개 끄덕이기, 미소짓기 등 직 · 간접으로 피드백 제공하기 • PPT를 활용하여 답을 전체학생에게 제시하기 • 성격이 아니라 행동에 초점을 두고 피드백하기 • 주관적 판단이 아니라 개관적 사실에 초점에 맞추어 피드백하기 • 추상적 행동이 아니라 구체적 상황에 맞추어 피드백하기 • 학습과정에서 산출된 결과물을 보관하여 활용하기
강화	• 학습과정 및 결과에 대하여 칭찬이나 격려 등으로 보상하기 • 학습 활동중 가끔 칭찬하기 • 매번 다른 방식으로 칭찬하기("정말 잘했어". "그것을 네가 했어요", "참 좋은 생각이다.") • 바람직한 반응에는 즉시 강화하기 • 답을 발표하였을 때 오답을 말하였더라도 과정에서 잘한 점을 찾아내어 칭찬하기 • 필요에 따라 음성의 억양을 강화방법으로 사용하기 • 미소 짓기, 고개의 끄덕임, 손뼉 치기 등으로 강화하기 • 강화는 구체적으로 하기 • 학습에서 지나치게 경쟁을 유발시키지 않는 보상방법 사용하기
일반화	• 학습한 내용을 실제 생활에 적용해 보는 기회 제공하기 • 학습한 것을 다양한 상황에 적용할 수 있도록 기회 제공하기
시간관리	• 본시의 단계별(도입, 전개, 정리) 배정 시간 지키기 • 시작 시간과 끝나는 시간 잘 지키기
판서	• 판서의 시기, 위치, 방법 적절하게 하기 • 문자, 도해, 구조 등을 활용하여 구조화된 판서하기

구분	주요 활동
	• 글씨는 정자체로 쓰기 • 학년 수준에 맞는 글자 크기로 쓰기 • 글씨는 바른 어휘, 띄어쓰기, 바른 철자법, 필순에 맞게 쓰기 • 색분필을 효과적으로 이용하기 • 학습자 전체가 잘 보이도록 판서하기 • 판서의 양은 적게 하고, 학습활동 중 자주 닦지 않기

3. 정리단계

정리단계는 학습지도의 결론 부분으로서 수업시간의 5분 내외로 이루어진다. 이 단계에서는 학습한 내용을 정리하고 강화시킴으로써 학습자들이 학습한 내용을 일반화할 수 있도록 한다. 학생들이 정확하게 이해하지 못한 내용에 대해서는 보충 설명을 해주고 다음 시간에 학습할 내용에 대해서도 안내한다.

〈표 8-3〉 정리단계의 주요 활동

구분	주요 활동
정리	• 학습내용을 학습목표와 관련지어 정리하기 • 학생들의 활동과 교사의 발문을 통하여 정리하기 • PPT자료 등 각종 시청각 자료 활용하기 • 학습지를 활용하여 정리하기 • 판서한 내용 중 중요한 부분에 색분필로 표시하거나 내용을 지우면서 정리하기
평가	• 학생 자신이 평가할 수 있도록 기회 제공하기 • 동료학생이 평가할 수 있도록 하기 • 평가는 본시 학습목표를 준거로 하여 평가하기 • 다양한 방법으로 평가하기(PPT, 거수, ○ · ×, 구두 발문 등)

구분	주요 활동
	• 미흡한 점은 능력이 부족해서가 아니라 노력이 부족한 쪽으로 언급하기(단 노력을 지나치게 요구하지 않기). • 평가 후 성취가 미흡한 내용은 보충지도하기 • 평가 결과에 대해 정보 알려주기 • 학생의 개별적인 학습 목표에 따라 개별평가하기
차시예고	• 본시 학습내용과 차시학습내용을 관련지어 안내하기 • 학생들이 수준별로 알 수 있도록 제시하기 • 과제를 해결 할 수 있도록 구체적으로 제시하기 • 다음 시간에 학습할 내용에 관심 갖도록 하기 • 학교와 가정이 연계하여 학습 이루어지도록 하기
마침인사	• 바른 자세로 “감사합니다.” 말하며 인사하기

연구과제

1. 본 장에 제시된 교수 · 학습 활동의 도입단계의 주요 활동을 이야기해 보자.
2. 본 장에 제시된 교수 · 학습 활동의 전개단계의 주요 활동을 이야기해 보자.
3. 본 장에 제시된 교수 · 학습 활동의 정리단계의 주요 활동을 이야기해 보자.

교수 · 학습 활동 분석

제9장

학습목표

1. 교수 · 학습 활동 분석에 대하여 이해할 수 있다.
2. 교수 · 학습 활동 분석의 방법에 대하여 이해할 수 있다.
3. 교수 · 학습 활동 분석의 실제를 알 수 있다.

1. 교수 · 학습 활동 분석의 이해

교수 · 학습 활동은 교육의 핵심적인 활동으로서 교사 · 학생 · 교재 등 다양한 요소가 상호보완적인 관계를 통해 이루어진다(김성희, 김진호, 2014). 교수 · 학습 활동 분석의 목적은 교수 · 학습 활동 개선에 있다. 교사는 교수 · 학습 활동을 분석해 봄으로써 교수 · 학습 활동에서 잘 된 부분과 미흡한 부분을 알 수 있게 된다. 그 결과 놓치고 있던 부분을 새롭게 보완하면서 교수 · 학습 활동 개선에 도움을 주기 때문에 학교 현장에서는 각종 장학활동을 하게 된다(김경현 외, 2013).

천호성(2014)은 교수 · 학습 활동의 질을 향상시키기 위해 교수 · 학습 활동 분석의 원리와 원칙을 제시하였는데 이를 수정 · 보완하여 제시하면 다음과 같다.

1) 교수 · 학습 활동 분석의 원리

(1) 자발성의 원리

교사는 자신이 실천하고 있는 교수 · 학습 활동에 대해 문제의식을 가지고 특수교육대상학생의 언어적 능력, 인지적 능력, 흥미와 경험에 적합한 교수 · 학습 방법을 개발하고 적용하는 데 관심을 가져야 한다. 나아가 교수 · 학습 활동 분석에 대해 교사가 보다 적극적이고 자발적으로 참여할 수 있도록 근무 분위기를 조성하고 보장해야 한다.

(2) 체계성의 원리

효과적인 교수 · 학습 활동 분석을 위해서는 ① 교수 · 학습 활동 중 관찰 ② 교수 · 학습 활동 중 관찰한 내용 기록 ③ 교수 · 학습 활동 후 기록을 바탕으로 한 협의와 토론 등 일련의 활동이 체계적으로 이루어져야 한다.

(3) 협동성의 원리

교수 · 학습 활동을 효과적으로 분석하기 위해서는 여기에 참여하는 모든 구성원 간의 적극적인 협력이 요구된다. 이를 위해서 구성원들은 서로 협동하여 교수 · 학습 활동 중 벌어지고 있는 장면과 상황에 대해 설명 가능한 영상 기록, 녹음 기록, 사진 기록, 관찰 기록 등과 같은 자료를 확보해야 한다. 또 교수 · 학습 활동을 분석할 때에도 각자의 역할에 따른 다양한 관점의 해석과 상호 협력이 필요하다.

(4) 다양성의 원리

교수 · 학습 활동 분석의 내용과 절차는 매우 다양하다. 교사의 교수 행동과 관련한 내용에 초점을 두고 분석을 할 수도 있고, 학생의 발언이나 반응, 그리고 사고의 과정 등 학생과 관련한 내용을 중심으로 분석이 이루어지기도 한다. 교수 · 학습 활동은 학습내용, 교수 · 학습 모형, 교실 교육 환경, 연구자의 관심 등 다양한 특성에 따라 다양한 관점으로 분석할 수 있다.

(5) 공유성의 원리

수업자와 분석자는 수업에 대한 정보를 공유해야 한다. 교수 · 학습 활동을 분석할 때에는 개인이 관찰한 객관적인 사실, 개인이 가지고 있는 수업에 대한 지식, 기술, 경험 등을 함께 알고 있어야 한다. 그래야만 수업에 대한 종합적이고 체계적인 논의가 가능해지기 때문이다.

(6) 평등성의 원리

교수 · 학습 활동 분석의 과정에 참여하는 사람들은 지위 고하를 막론하고 평등한 조건에서 자신이 가지고 있는 문제의식, 수업관련 지식, 직 · 간접적인 경험과 기술에 관하여 의견을 자유롭게 제시하고 토론할 수 있어야 한다. 이를 위해서 교수・학습 활동 분석에 참여하는 사람이라면 누구든지 각자의 역할을 가지고 있어야 하고 분석 과정에 참여할 수 있는 평등한 입장이 보장되어야 한다.

2) 수업 분석의 원칙

(1) 사실성에 근거한다.

수업은 교수・학습 활동 중에 일어나는 동기유발, 수업전략 적용, 발문과 보상, 피드백제공, 교사의 언어와 태도, 수업매체활용, 학생 활동, 판서, 학생의 작문, 작품, 노트, 학생평가 등 사실을 근거로 분석해야 한다.

(2) 다면적으로 검토한다.

교수・학습 활동은 분석자의 전문 지식과 관점에 따라 전혀 다르게 해석될 수도 있다. 교수・학습 활동을 분석할 때에는 체계적인 관찰이나 해석을 바탕으로 상황과 맥락 안에서 다면적으로 다양하게 검토해야 한다.

(3) 수업자가 필요로 하는 것을 쉽게 설명해 주어야 한다.

교수・학습 활동을 분석하는 목적은 개인의 전문적 지식이나 경험, 기술에 대해 는는 것이 아니라 분석 참여자들의 다양한 관점을 수용하여 보다 바람직한 방향으로 수업을 개선하는 데에 있다. 따라서 분석자들은 교수・학습 활동 협의시 자기 주장이나 관점을 강력하게 피력하기보다는 타인의 의견을 이해하고 공감하면서 교수・학습 활동을 종합적으로 이해할 수 있도록 도움을 주어야 한다

2. 교수 · 학습 활동 분석의 방법

교수·학습 활동 분석의 목적은 교수·학습 활동 개선에 있다. 이러한 교수·학습 활동 분석은 크게 구조화 된 방법과 비구조화 된 방법으로 나누어 볼 수 있다. 구조화 된 방법은 교수·학습 활동을 양적으로 분석하는 것을 의미하며, 비구조화된 방법은 질적으로 분석하는 것을 의미한다. 구조화된 방법일수록 객관적 평가에 가깝고, 비구조화 할수록 주관적인 평가에 가깝다고 할 수 있다(전병운·유재연, 2013).

1) 질적 접근 방법

(1) 주요 사건 파악 기법

주요 사건 파악 기법은 관찰자가 수업 중에 발생하는 사건의 본질을 파악하기 위한 접근법이다. 관찰자는 교수 방법이나 교수 전략, 수업 관리적 측면이라고 판단되는 수업 행위의 구체적인 사건을 찾아 기록지에 사건의 원인, 내용, 결과 등을 상세히 기록한다. 수업이 끝난 후, 관찰자는 교사나 학생과의 면담을 통해 수업 중에 나타난 사건을 더 면밀히 파악할 수 있다. 수업 중에는 사소한 사건으로 여겨졌을지 몰라도 수업이 끝난 후에 토론을 통하여 그 의미가 부각될 수 있기 때문에 가능한 상세하게 기록하는 것이 좋다(주삼환 외, 1998; 한국특수교육교과교육학회, 2010).

(2) 비언어적 접근법

비언어적 접근법은 학생과 교사와의 관계와 교수·학습 활동분위기를 알아낼 수 있는 방법이다. 교수·학습 활동 중에 나타나는 비언어적 측면으로는 교사의 태도, 움직임, 제스처, 얼굴표정, 시선 등이 있다. 비언어적 접근법을 적용할 때는 비언어적 행동이 잘못 해석되지 않도록 하여야 한다. 또한 교수·학습 활동 관찰자는 메시지의 전달과 신호들이 무엇을 의미하는지 정확하게 인식하고 있어야 한다(신은희, 2012).

(3) 일화기록법

일화기록법은 교수·학습 활동 과정 중에 일어나는 일상적이지 않은 사건을 객관적으로 기록하여 분석하는 것이다. 일화기록은 누가, 언제, 무슨 사건이 어떻게 일어났는지를 짧은 문장으로 기록한다. 이때 가능한 사실을 있는 그대로 기술하되 관찰자 자신의 주관을 포함하여서는 안된다. 각각의 문장을 기록한 말미에는 관찰 시간도 추가적으로 기록하여야 한다.

(4) 동영상 녹화기록법

동영상 녹화기록법은 교수·학습 활동의 전 과정을 동영상으로 기록하여 분석에 이용하는 방법이다. 교사는 녹화된 영상을 재생하면서 자신의 수업에 대한 문제점과 개선점을 파악할 수 있다. 또 수업자와 분석자가 분석하고 싶은 내용만을 선정하여 상호 의견을 교환할 수도 있다. 이때 수업자와 분석자는 자유로운 분위기에서 의견을 나누고 검토할 수 있어야 한다.

(5) 수업 전문가 활용 방법

수업 전문가 활용 방법은 수업 전문가가 가지고 있는 지식, 기술, 경험을 토대로 수업에 대한 조언을 듣고 교수·학습 활동을 분석하는 방법이다. 이때 중요한 것은 교사와 분석자가 협동하면서 교수·학습 활동에 대해 다양한 관점에서 생각하고 자유롭게 의견을 나눌 수 있어야 한다는 점이다. 이러한 기회를 통하여 교사는 가장 중요한 교수·학습 활동 전문성을 신장시킬 수 있다.

2) 양적 접근 방법

(1) 범주 빈도 측정법

범주 빈도 측정이란 관찰하고자 하는 행동을 몇 가지로 범주화 한 후, 이를 빈도로 측정하고 분석하는 방법이다. 이 방법을 실시하면 학습에서 발생하는 모든 요소를 추출하여 수량화할 수 있다고 가정한다. 예를 들면, 교사의 행동을 언어적 행동과 비언어적 범주로 나누어 빈도를 기록한 후 분석하거나, Bloom의 지적영역 교육목표분류에 의해 지식, 이해, 적용, 분석, 종합, 평가로 범주화 하여 빈도를 측정하고 분석하는 것이다.

빈도 측정은 학생의 수업 행위에 초점을 맞출 수도 있다. 학생의 수업 행위를 주의집중과 이탈 행위로 나누어 한 학생 당 20초씩, 5분 간격으로 관찰하고 총 40분의 수업을 기준에 의거하여 분석한다.

(2) 체크리스트법

체크리스트는 교수 · 학습 활동 분석에서 비교적 많이 사용되는 방법 중 하나이다. 우선, 교수 · 학습 활동을 교사와 학생의 활동으로 구분한다. 교사의 활동으로는 수업진행, 수업형태, 발문과 보상, 교사의 언어와 태도, 수업매체활용, 학습 동기 부여 등의 항목을 체크리스트에 체크하고 분석한다. 학생의 활동으로는 학습 준비, 학습의욕, 학습에 참여, 학생의 발문, 동료학생과 협조 등의 항목을 체크리스트에 체크하고 분석한다.

(3) 플랜더스의 언어 상호작용 분석법

플랜더스의 언어 상호작용 분석법은 크게 교사의 발언, 학생의 발언, 기타로 구분하여 분석한다.

첫째, 교사의 발언은 비지시적 발언과 지시적 발언으로 구분한다. 비지시적 발언은 ① 감정의 수용 ② 칭찬이나 격려 ③ 학생의 아이디어 수용 또는 사용 ④ 발문으로 나눈다. 지시적 발언은 ⑤ 강의(설명) ⑥ 지시 ⑦ 학생비평 또는 권위 정당화하기로 나눈다.

둘째, 학생의 발언은 반응과 주도로 구분한다. ⑧ 반응은 교사의 발문에 반응적으로 답변하는 것이고 ⑨ 주도는 학생이 자진해서 답변하는 것이다.

셋째, 기타 발언은 ⑩ 침묵, 혼란 등 비언어적 상황을 말한다.

교수·학습 활동 분석자는 매 3초마다 교수·학습 활동에서 일어나는 상황을 10가지 항목 중 하나에 기록하고, 교수·학습 활동이 끝난 후 기록된 10가지 분류 항목 번호의 빈도와 비율에 따라 수업을 분석한다.

(4) 수업분위기 분석법

수업분위기 분석법은 수업분위기를 분석하여 부정적인 요소를 제거하고, 이를 통해 학습의 성취와 수업의 효과를 향상시키기 위한 방법이다(조남두 외, 2011). 수업분위기란 학생 간의 상호작용, 교사와 학생간의 상호작용 등 수업 중 교사와 학생이 서로에 대해 가지는 전반적인 태도를 의미한다(성송자, 2009).

수업분위기 분석법에서 많이 사용되는 방법은 Tuckman이 개발한 분석방법이다. Tuckman은 수업분위기를 ① 창의성 ② 활기성 ③ 치밀성 ④ 온화성의 4가지 핵심 요소로 나누어 28쌍의 형용사로 제시하였다.

창의성은 (독창적인·상투적인), (창의적인·모방적인), (자율적인·통제적인), (개방적인·폐쇄적인), (모험적인·겁이 많은), (융통적인·획일적인), (대담한·소심한)으로 제시하였다.

활기성은 (적극적인·소극적인), (능동적인·수동적인), (시끄러운·조용한), (진취적인·보수적인), (활기찬·무기력한), (외향적인·내성적인), (자신감 있는·망설이는)으로 제시하였다.

치밀성은 (일관성 있는 · 변덕스러운), (치밀한 · 엉성한), (확실한 · 애매한), (체계적인 · 산만한), (계획적인 · 즉흥적인), (신중한 · 경솔한), (개관적인 · 주관적인)으로 제시하였다.

온화성은 (참을성 있는 · 성미가 급한), (온화한 · 냉정한), (상냥한 · 권위적인), (부드러운 · 딱딱한), (공정한 · 불공정한), (우호적인 · 고립적인), (수용적인 · 비판적인)으로 제시하였다.

(5) 필터식 수업분석 기법

필터식 수업분석 기법은 교수 · 학습 활동의 분석 효과를 높이기 위해 구성 요소들을 분석할 수 있는 틀을 만들어 활용하는 것을 말한다. 즉 평가할 기준을 미리 정해놓고 교사의 교수 · 학습 활동을 이 기준에 비추어 토론해보는 방식이다. 필터식 수업분석의 목적은 교수 · 학습 활동 개선에 필요한 요소가 있다면 그것을 걸러내어 교사가 효과적으로 활용하도록 하는데 있다(권순황 외, 2013).

변영계 · 김경현(2005)은 필터식 수업분석 기법을 할 수 있는 주요 분석 내용으로 교사의 발문, 학생의 발언, 학생행동, 학습 자료의 활용, 판서로 구분하여 제시하였다.

필터식 수업분석 기법에서는 수업자와 수업컨설턴트가 교수 · 학습 활동 전 협의회 단계에서 수업자의 어떤 수업 특성에 초점을 맞출 것인지를 결정한다. 이후, 해당 초점에 맞는 필터를 활용하여 교수 · 학습 활동을 관찰하고 분석한 뒤, 분석 결과를 바탕으로 협의회를 진행한다. 따라서 수업자와 수업컨설턴트는 다양한 필터 중에서 해당 교수 · 학습 활동 분석에 가장 적절한 필터를 선택하여 활용할 수 있다(정동영 외, 2015).

3. 교수 · 학습 활동 분석의 실제

1) 수업 관찰

수업 분석을 위해서는 가능한 한 학교 현장에서 이루어지는 수업을 직접 관찰하는 것이 좋다. 실제 수업을 관찰하면 교사활동, 학생활동, 교수매체 활용, 교사의 표정, 학습 분위기를 파악할 수 있고 수업현장에서 일어나는 다양한 모습을 생동감 있게 느낄 수 있기 때문이다. 그러나 대학에서는 강의 시간에 학교 현장으로 가기도 쉽지 않고, 또 수업 관찰을 위해 학교를 방문한다고 해도 흔쾌히 허락할 학교는 많지 않은 형편이다. 따라서 차선책으로 수업 동영상을 시청하여 세밀하게 관찰하고 분석할 수밖에 없다(천호성, 2014).

〈수업 동영상 관찰 · 분석 절차〉

① 수업동영상 촬영을 위해서는 사전에 수업자의 허락을 받아야 한다.

일선 학교와 현장 교사들은 자신이 수업하는 장면을 관찰하기 위해 방문한다고 하면 대부분 거절할 것이다. 학교장도 교사의 동의 없이 수업 장면을 동영상으로 촬영하는 것을 허락할 수 없다. 따라서 수업 상황을 동영상으로 촬영하려면, 사전에 학교를 방문하여 동영상 촬영의 필요성을 설명하고 해당 교사와 학교장의 허락을 받아야 한다.

② 수업 동영상 촬영 계획을 사전에 수립한다.

학교장과 수업할 교사가 수업 동영상 촬영에 동의하면 학교장, 수업자, 촬영자가 협의하여 촬영 계획을 수립한다. 수업 동영상 촬영 계획에는 교과, 일시, 장소, 촬영 방법 등을 포함하여 가능한 구체적으로 수립해야 한다.

③ 수업 동영상을 촬영한다.

수업 동영상을 촬영할 때는 가능하면 동영상 촬영 전문가에게 의뢰하는 것이 좋다. 수업 동영상 촬영 전문가에게 사용 목적을 설명하고 촬영 방법을 결정하여 촬영하도록 한다. 예를 들면 교사활동 중심으로 촬영하는 방법, 학생활동 중심으로 촬영하는 방법, 교사·학생활동 모두를 중심으로 촬영하는 방법 등이 있다.

④ 수업을 다양한 방법으로 촬영한 후, 가장 적합한 영상을 선정한다. 그런 다음 수업분석의 목적에 맞는 영상을 선택하여 분석한다. 즉, 수업 동영상 선정 기준으로는 도입단계, 전개단계, 정리단계, 교사활동, 학생활동, 학습매체 활용, 판서 등이 포함될 수 있다.

⑤ 수업 시작부터 끝까지 멈추지 않고 관찰한다.

수업의 시작부터 끝까지 멈추지 않고 수업동영상을 시청하여야 수업의 흐름과 맥락을 이해할 수 있다. 필요에 따라 수업 평가 요소별로 영상을 구간별로 나누어 시청하거나, 전체를 한 번에 시청하는 방법도 고려할 수 있다.

⑥ 수업 평가 요소별로 나누어 관찰한다.

수업 동영상을 수업 평가 요소별로 편집하여 시청하면 관찰·분석에 효과적일 수 있다. 즉 동기유발, 학습목표 제시, 학생활동, 교사활동, 주의 집중, 교수용어, 교사의 태도, 교사 발문, 학습매체 활용, 피드백, 강화활동, 판서, 학습내용 정리, 차시예고 등을 나누어서 시청하고 분석해보는 것이다.

⑦ 수업 동영상을 관찰하면서 수업평가표에 체크한다.

수업 동영상을 관찰하면서 영역별 분석요소에 따라 분석 결과를 수업평가표 평정척도 5단계 중 해당되는 곳에 체크한다.

⑧ 수업 동영상 관찰 후 특이한 사항은 분석내용 란에 기술한다.

수업 동영상 관찰 후 분석한 내용 중 특이한 사항은 분석내용 란에 가급적 구체적으로 기술한다.

⑨ 수업 동영상 시청이 끝난 후 작성한 내용(평정척도 5단계와 분석내용)을 기반으로 협의 및 토론한다.

수업 분석에 대한 협의 및 토론은 분석자들이 자기의 주장이나 관점을 강력하게 피력하는 것을 지양하고 타인의 의견을 이해하고 공감하면서 교수 · 학습 활동에 대한 사실적인 내용을 종합적이고 총체적으로 이해할 수 있도록 분석하여야 한다. 따라서 수업 평가표에 체크한 평가척도 결과와 분석내용에 기재된 내용을 바탕으로 협의와 토론이 이루어져야 한다.

⑩ 수업 분석 사회자는 수업에 관한 토론과 협의가 원활하게 이루어지도록 사전 준비를 철저히 하고 진행을 효과적으로 관리해야 한다.

사회자의 능력에 따라 토론과 협의의 성패가 좌우될 수 있으므로 사회자는 사전에 수업 동영상을 꼼꼼히 시청 · 분석하고 철저히 준비를 하여야 한다.

⑪ 토론과 협의를 통해 결정된 내용은 구체적으로 기록하도록 한다.

기록자 1명을 선정하여 토론과 협의를 통해 결정된 내용을 분석 영역별로 빠뜨림 없이 기록해 두어야 한다. 가급적 구체적으로 기록하는 것이 좋다.

이상의 절차와 방법은 수업 현장을 직접 방문하여 수업 관찰을 할 수 없을 때 하는 방법이다. 학교 현장에서 수업 동영상을 촬영하여 활용할 시에는 위에서 제시한 절차와 방법을 수정하거나 보완하여 적용할 수 있다.

2) 교수 · 학습활동 분석

교수 · 학습활동 평가표

(1) 도입

영역	분석 요소	평가척도					분석 내용
		1	2	3	4	5	
수업 분위기 조성	• 학습 환경을 적절하게 점검하였는가?						
	• 인사를 나눈 후 학생 이름을 불렀는가?						
	• 교과 및 학생의 특성에 맞게 자리 배치를 하였는가?						
	• 다양한 활동으로 수업 분위기를 조성하였는가?						
선수 학습 상기	• 본 수업내용과 관련 있는 지난 학습 경험을 상기시켰는가?						
	• 시 · 청각 자료 등을 활용하여 선수학습상기에 도움을 주었는가?						
	• 교사의 발문과 학생들의 질문이 적극적으로 이루어졌는가?						
동기 유발	• 본시 학습과 관련 있는 흥미, 욕구, 경험 등을 환기시키는 시 · 청각 자료를 활용하였는가?						
	• 실생활에서 친숙한 소재를 자료로 활용하였는가?						
	• 동기유발 자료로 정보매체를 활용하였는가?						
	• 동기유발을 위해 평소 학생들과 나누었던 대화를 사용하였는가?						
	• 본시 학습에 대한 궁금증이나 기대감을 가질 수 있도록 다양한 활동을 하였는가?						
학습 목표 제시	• 학생들 수준별로 학습목표를 제시하였는가?						
	• 학생들이 관심 갖도록 차트, 판서, PPT, 프레지(Prezi) 등을 활용하여 제시하였는가?						
	• 학생들 수준에 따라 읽기, 따라서 읽기 등을 실시하였는가?						

영역	분석 요소	평가척도					분석 내용
		1	2	3	4	5	
	• 교사의 발문을 통해 학생이 학습목표를 말하게 하였는가?						
	• 학습목표에 관하여 학생들과 이야기 나누기를 하였는가?						
	• 중도 · 중복장애학생에게는 구체물, 반구체물이나 구체적인 활동을 녹화하여 제시하였는가?						

(2) 전개

영역	분석 요소	평가척도					분석 내용
		1	2	3	4	5	
수업 모형	• 교과 및 제재의 특성에 적합한 수업모형을 적용하였는가?						
	• 학생이 다양한 학습방법으로 학습할 수 있도록 허용하였는가?						
	• 특수교육대상학생의 특별한 학습 요구를 고려한 수업모형인가?						
학습 활동 안내	• 학생들이 학습활동을 이해하기 쉽도록 다양한 자료를 활용하였는가?						
	• 전체적인 수업 흐름을 알 수 있도록 안내하였는가?						
	• 학생들이 학습활동을 이해하였는지 학습활동 단계마다 확인하였는가?						
	• 학습활동하면서 지킬 일을 안내하였는가?						
교수 · 학습 활동 중 동기 부여하기	• 학습 분위기를 자유롭게 조성하였는가?						
	• 학습활동 시 사진, 그림, 동영상, 음악, 율동, 이야기, 발문 등 다양한 방법을 혼합하여 적용하였는가?						
	• 교사는 학습자의 실수에 대해 허용적으로 응대하였는가?						

영역	분석 요소	평가척도					분석 내용
		1	2	3	4	5	
	• 교사는 필요에 따라 유머를 사용하였는가?						
	• 학습주제에 호기심을 갖도록 자극을 제공하였는가?						
	• 학습수준과 학습속도를 학습자 수준에 맞추었는가?						
	• 학생들이 성공할 기회를 자주 제공하였는가?						
	• 마임, 빙고, ○× 퀴즈 등 간단한 놀이를 활용하였는가?						
	• 인터넷 사이트 동영상을 활용하였는가?						
교수 · 학습 활동	• 교수 · 학습과정안에 따라 교수 · 학습활동을 진행하였는가?						
	• 수준별로 학습목표와 관련 있게 교수 · 학습활동을 실행하였는가?						
	• 활동과 활동 사이를 자연스럽게 진행하였는가?						
	• 교사 주도의 수업을 지양하고 학생 참여 기회를 충분히 부여하였는가?						
	• 단순 암기 외에도 해석, 적용, 분석 등의 경험도 제공하였는가?						
	• 학습목표, 학습상황, 교수 · 학습 자료의 특성, 학습자의 수준에 따라 다양한 학습 양식을 적용하였는가?						
	• 교사는 일방적인 설명을 지양하고 촉매자, 학습지원자로서의 역할을 수행하였는가?						
	• 학습활동 시 학생들을 순회하며 활동상황을 확인하고 필요한 학생에게 도움을 주었는가?						
	• 학생에게 도움을 줄 때에는 교사의 목소리나 동작이 다른 학생의 수업에 방해가 되지 않도록 하였는가?						
	• 학생을 지명 할 때는 해결 내용 수준을 고려하여 순차적으로 지명하였는가?						
	• 학습내용 중 중요한 내용은 다양한 방법과 반복적으로 시행하였는가?						

영역	분석 요소	평가척도					분석 내용
		1	2	3	4	5	
	• 교실 상황을 파악하여 문제가 있을 때 적절하게 대처하였는가?						
	• 교수 · 학습활동 과정 중에도 학습목표를 환기시킬 필요가 있다고 판단되었을 때 확인하였는가?						
	• 지시봉은 필요한 경우에만 사용하였는가?						
	• 수업활동의 특성에 따라 개별학습, 모둠학습, 전체학습 등 다양한 학습방법을 적용하였는가?						
	• 학습자료, 판서 내용 등을 설명할 때 교사의 위치를 바르게 하였는가?						
	• 교사와 학생, 학생과 학생간의 상호작용이 원활하게 이루어 졌는가?						
	• 중도 · 중복장애학생들에게도 모든 교수 · 학습활동에 참여할 수 있도록 특수교육보조원, 적절한 수업방법, 학습자료 등을 제공하였는가?						
설명하기	• 시 · 청각 자료를 활용하여 설명하였는가?						
	• 다양한 방법으로 반복하여 설명하였는가?						
	• 한 번에 한 가지씩 설명하였는가?						
	• 학생들이 알 수 있는 용어로 쉽게 설명하였는가?						
	• 설명 후 학생들이 질문을 하면 허락하고 답변하였는가?						
	• 실연, 시범, 제스처 등 다양한 표현을 통해 설명하였는가?						
	• 설명한 내용을 정리 · 요약하여 알려주었는가?						
	• 장황한 설명은 피하고 간단명료하게 설명하였는가?						
	• 비유나 예화를 들어 학생들이 쉽게 이해할 수 있도록 설명하였는가?						
	• 학생들과 상호작용을 유지하면서 설명하였는가?						

영역	분석 요소	평가척도					분석 내용
		1	2	3	4	5	
학생 활동	• 학생들이 학습활동에 적극적으로 참여하였는가?						
	• 발표와 질문에 많은 학생이 참여하였는가?						
	• 학생활동이 자주적이고 활기차게 이루어 졌는가?						
	• 다른 사람 이야기를 주의 깊게 듣고 답하거나 질문을 하였는가?						
	• 교사의 발문에 대해 생각하고 대답을 하였는가?						
	• 자기 생각을 스스로 표현하였는가?						
	• 학생들이 서로 협조하고 배려하는 태도를 갖고 학습활동을 하였는가?						
교사 활동	• 학생들과 래포를 형성하였는가?						
	• 다수의 학생들에게 발표 기회를 제공하였는가?						
	• 학생들 모두를 세심하게 배려하였는가?						
	• 학습자 간 방해 행동을 적절하게 관리하였는가?						
	• 학생의 돌발 사태에 적절하게 대처하였는가?						
	• 학생들의 수업 참여와 학습내용 이해정도를 수시로 점검하였는가?						
	• 학생들 간에 협동하도록 분위기 조성을 하였는가?						
	• 학생들의 이름을 외우고 있는가?						
	• 학생들의 장 · 단점을 적절하게 적용하였는가?						
	• 특별실(음악실, 미술실, 강당, 운동장 등)에서 수업할 때는 학생들과 함께 이동 하였는가?						
	• 학생들에게 친근한 언어("시작할까요?", "시간이 다 되었네요." 등)로 부드럽게 접근하였는가?						
주의 집중	• 간단한 게임이나 노래 등으로 주의집중을 하도록 하였는가?						
	• 수업 중간 중간에 손뼉 치기와 율동을 통해 주의집중을 하도록 하였는가?						

영역	분석 요소	평가척도					분석 내용
		1	2	3	4	5	
	• 교사 목소리의 높낮이와 크기에 변화를 주어 주의집중을 유도하였는가?						
	• 실생활과 관련된 발문을 하여 주의집중을 유도하였는가?						
	• 학습자의 경험 내용을 수업자료로 활용하였는가?						
교수 용어	• 교육에 관련 없거나 필요 없는 말을 하지 않았는가?						
	• 교사의 음성 언어의 크기, 억양, 속도를 적절하게 하였는가?						
	• 명확하고 알아듣기 쉬운 용어를 사용하였는가?						
	• 학생수준에 맞는 어휘와 문장을 사용하였는가?						
	• 교사가 적절한 신체언어(눈 맞춤, 표정, 손짓 등)를 사용하였는가?						
	• 교수 용어를 지나치게 빠르거나 느린 어조로 사용하지 않았는가?						
	• 침묵 또는 비언어적 단서를 적절하게 사용하였는가?						
	• 교사로서 품위에 어긋나지 않는 교수 용어를 사용하였는가?						
교사의 태도	• 수업시작 시 교사는 교실 앞 정면에 서 있었는가?						
	• 학생들에게 공정성을 유지하였는가?						
	• 모든 학생들의 인격을 존중하였는가?						
	• 학생들의 생각이나 의견을 적절히 표현하게 하였는가?						
	• 학생들의 의견이나 표현 등을 수용하였는가?						
	• 모든 학생들에게 시선을 고르게 분배하였는가?						
	• 학생들과 의사소통 할 때 표정, 시선, 몸짓 등을 적절하게 표현하였는가?						
	• 교수 · 학습 활동 시 교사의 위치는 적절하였는가?						

영역	분석 요소	평가척도					분석 내용
		1	2	3	4	5	
	• 전체 학생들에게 말해야 할 경우에는 교실 정면에 와서 말하였는가?						
	• 교사의 용모가 단정했는가?						
	• 몸짓, 상호작용, 멈춤, 움직임과 같은 다양한 방법을 사용하였는가?						
	• 학생들의 의견을 존중하고 비판하지 않았는가?						
	• 원활한 수업 진행을 위해 교사의 동선을 적절하게 하였는가?						
교사 발문	• 학생의 수준 및 개인차를 고려하여 발문하였는가?						
	• 학생의 학습의욕을 자극할 수 있는 발문을 하였는가?						
	• 교과와 학습과제의 특성에 맞는 발문을 하였는가?						
	• 재생 · 추론 · 적용을 적절히 조화시킨 발문을 하였는가?						
	• 도입, 전개, 정리의 과정에 따라 적절하게 발문을 하였는가?						
	• 발문 후 응답에 필요한 시간(약 3초)을 주었는가?						
	• 발문에 대하여 학생이 모호함을 느끼고 있을 때 힌트, 보조발문 등 해결의 단서를 제공하였는가?						
	• 발문에 대한 답이 없거나 틀렸을 때 적절하게 격려를 하였는가?						
	• 명확하고 간결하며 쉽게 이해 할 수 있는 발문을 하였는가?						
	• 학생들이 학습한 지식, 기술, 경험, 태도 등을 구현할 수 있는 발문을 하였는가?						
	• 교사가 발문하고 교사가 대답하는 사례는 없었는가?						
	• 학생 발표에 대해 진지하게 관심을 갖고 청취하였는가?						

영역	분석 요소	평가척도					분석 내용
		1	2	3	4	5	
	• 학습내용과 관련 있는 발문을 하였는가?						
	• 수업목표를 성취하는데 도움이 되는 발문을 하였는가?						
	• 요구하는 발문, 확인하는 발문, 수여하는 발문을 적절하게 적용하였는가?						
	• 가능한 학생들의 생활경험과 관련된 내용으로 발문하였는가?						
	• 2개 이상의 답이 포함될 수 있는 발문은 하지 않았는가?						
학습 매체 활용	• 학생들이 주변에서 자주 경험한 매체를 선정하였는가?						
	• 조작하고, 체험할 수 있는 학습매체를 선정하였는가?						
	• 개별적으로 활용할 수 있는 매체를 선정하였는가?						
	• 학습목표를 성취하는데 도움이 되는 학습매체를 활용하였는가?						
	• 수업 과정의 흐름에 따라 준비된 학습매체를 적절하게 활용하였는가?						
	• 학생의 시력, 건강, 청력, 편리성을 고려해 적당한 장소에서 활용하였는가?						
	• 학습매체 수량과 종류를 적절하게 선정하여 활용하였는가?						
	• 교사는 준비한 학습매체를 능숙하게 조작하였는가?						
	• 매체를 적절한 시간 동안 활용하였는가?						
	• 매체의 기능을 알고 활용하였는가?						
	• 학습매체가 학습흥미를 유발하였는가?						
피드백	• 학습과정 및 결과가 미진할 시에는 효율적으로 교정하였는가?						
	• 학생의 반응에 따라 교사가 적절하게 반응하였는가?						

영역	분석 요소	평가척도					분석 내용
		1	2	3	4	5	
	• 옳은 대답에 적절하게 칭찬("맞아요.", "잘했어요." 등)하였는가?						
	• 대답 중 정확하지 않은 곳을 알려주었는가?						
	• 학생의 대답을 부연하거나 일부 수정하였는가?						
	• 학생이 발표한 내용을 교사가 이해하기 쉽게 정리하여 말하였나?						
	• 피드백을 제공하기 전에 학생들의 반응을 주의 깊게 살폈는가?						
	• 적시에 정확하고 구체적으로 피드백을 제공하였나?						
	• 상황에 적절한 피드백을 일관되게 제공하였나?						
	• 교실을 순회하면서 학생들에게 힌트주기, 고개 끄덕이기, 미소 짓기 등 직 · 간접으로 피드백을 제공하였나?						
	• PPT 등을 활용하여 답을 전체학생에게 제공하였나?						
	• 성격이 아니라 행동에 초점을 두고 피드백을 하였나?						
	• 주관적 판단이 아니라 개관적 사실에 초점을 맞추어 피드백을 제공하였나?						
	• 추상적 행동이 아니라 구체적 상황에 맞추어 피드백을 제공하였나?						
	• 학습과정에서 산출된 결과물을 활용하여 피드백을 제공하였나?						
	• 미흡한 점은 능력이 부족해서가 아니라 노력이 부족한 쪽으로 언급하였는가?						
강화	• 학습과정 및 결과에 대하여 칭찬이나 격려 등으로 보상을 하였는가?						
	• 칭찬을 다양한 방법("정말 잘했어". "그것을 네가 했어", "참 좋은 생각이다.")으로 하였는가?						
	• 바람직한 반응에는 즉시 강화를 하였는가?						

영역	분석 요소	평가척도					분석 내용
		1	2	3	4	5	
	• 답을 발표하였을 때 오답을 말하였더라도 과정에서 잘한 점을 찾아내어 칭찬을 하였는가?						
	• 필요에 따라 음성의 억양을 강화방법으로 사용하였는가?						
	• 미소 짓기, 고개의 끄덕임, 손뼉 치기 등으로 강화를 하였는가?						
	• 사례를 구체적으로 들면서 칭찬을 하였는가?						
	• 학습에서 지나치게 경쟁을 유발시키지 않는 보상방법을 사용하였는가?						
	• 학생 질문에 격려를 하였는가?						
	• 학생들의 수업참여에 자주 칭찬을 하였나?						
	• 학습 과정 및 결과에 대해 학생의 능력과 노력에 대해 칭찬을 하였는가?						
	• 수업 진행과정에 수시로 칭찬, 보상 등의 강화를 제공하였는가?						
일반화	• 학습한 내용을 실제 생활에 적용해 보는 기회를 제공하였는가?						
	• 학습한 것을 다양한 상황에 적용할 수 있도록 경험을 제공하였는가?						
시간 관리	• 본시의 단계별(도입, 전개, 정리) 배정 시간을 적절하게 지켰는가?						
	• 시작 시간과 끝나는 시간을 정확하게 지켰는가?						
판서	• 판서의 시기, 위치, 방법 등이 적절하였는가?						
	• 문자, 도해, 구조 등을 활용하여 구조화된 판서를 하였는가?						
	• 글씨는 정자체로 썼는가?						
	• 학년 수준에 맞는 글자 크기로 썼는가?						

영역	분석 요소	평가척도					분석 내용
		1	2	3	4	5	
	• 글자를 바른 어휘, 띄어쓰기, 바른 철자법, 필순에 맞게 썼는가?						
	• 색분필을 효과적으로 이용하였는가?						
	• 학습자 전체가 잘 보이도록 판서를 하였는가?						
	• 판서의 양은 적게 하고, 학습활동 중 자주 쓰고, 닦지 않았는가?						

(3) 정리

영역	분석 요소	평가척도					분석 내용
		1	2	3	4	5	
정리	• 학습내용을 학습목표와 관련지어 정리하였는가?						
	• 교사의 발문과 학생들의 활동을 통하여 정리하였는가?						
	• 각종 시청각 자료를 활용하였는가?						
	• 학습지를 활용하여 정리하였는가?						
	• 판서한 내용 중 중요한 부분에 색분필로 표시하거나 내용을 지우면서 정리하였나?						
평가	• 학생 자신이 평가할 수 있도록 기회를 제공하였나?						
	• 동료학생이 평가할 수 있도록 기회를 제공하였나?						
	• 평가는 본시 학습목표를 준거로 하여 실시하였는가?						
	• 다양한 방법(PPT, 거수, ○×, 구두발문 등)으로 평가를 하였는가?						
	• 평가 후 성취가 미흡한 내용은 보충지도를 하였는가?						
	• 학생의 개별학습목표에 따라 개인별로 평가를 실시하였는가?						
차시 예고	• 본시 학습내용과 차시학습내용을 관련지어 안내하였는가?						

영역	분석 요소	평가척도					분석 내용
		1	2	3	4	5	
	• 학생들 수준별로 알 수 있도록 제시하였는가?						
	• 과제를 해결 할 수 있도록 구체적으로 제시하였는가?						
	• 학교와 가정에서 학습이 연계되어 이루어지도록 안내하였는가?						
	• 다음 시간에 학습할 내용에 관심을 갖도록 안내하였는가?						
마침 인사	• 바른 자세로 "감사합니다." 말하며 인사를 하였는가?						

연구과제

1. 본 장에 제시된 교수 · 학습 활동 분석에 대하여 생각해 보자.
2. 본 장에 제시된 교수 · 학습 활동 분석의 방법에 대하여 생각해 보자.
3. 교수 · 학습 활동 평가표를 작성해 보자.

참고문헌

강지형, 김수환, 라병소, 박성택, 이의원, 이정재, 정은실(2002). **초등수학교육**. 서울: 동명사.

교육과학기술부(2009). **국어 기본교육과정(교사용 지도서)**.

교육부(1991). **특수학급운영의 이론과 실제**. 서울: 삼진인쇄주식회사.

교육부(2023). 특수교육 기본 교육과정 초등학교 5~6학년군 국어 교사용 지도서. 서울: ㈜ 미래엔.

교육부(2023). 특수교육 기본 교육과정 초등학교 5~6학년군 사회 교사용 지도서. 서울: ㈜ 미래엔.

교육부(2023). 특수교육 기본 교육과정 초등학교 5~6학년군 수학 교사용 지도서. 서울: ㈜ 미래엔.

교육부(2023). 특수교육 기본 교육과정 초등학교 5~6학년군 과학 교사용 지도서. 서울: ㈜ 미래엔.

교육부(2023). 특수교육 기본 교육과정 초등학교 5~6학년군 실과 교사용 지도서. 서울: ㈜ 미래엔.

교육부(2023). 특수교육 기본 교육과정 초등학교 5~6학년군 음악 교사용 지도서. 서울: ㈜ 미래엔.

권낙원(2013). **수업의 본질, 수업방법, 수업전문가로서 교사를 말한다**. 서울: 문음사.

권순황, 박재국, 조홍중, 한경임, 박상희(2013). 최신 **특수교육 교과교재 연구 및 지도법**. 경기: 일문사.

권택환, 강대식, 김상선, 김은주, 서혜정, 신재한, 신재훈, 이점조, 임문택, 정경렬, 하미애(2010). **특수교육 교과교육론**. 경기: 양서원.

김경현, 백제은, 김영표(2013). **특수교육 지원을 위한 수업분석 도구 개발 및 적용**. 충남: 국립특수교육원.

김병하(2012). **특수교육 담론 · 에세이**. 경북: 한국특수교육문제연구소.

김봉소, 김민남 역(1985). **道德發達의 哲學**. 서울: 교육과학사.

김삼섭(2008). **특수교육교사 정체성 확립을 위한 자격 기준 및 수업능력 평가 기준**. 한국특수교육학회.

김성희, 김진호(2014). 특수교육 수업 관찰연구 분석. **지적장애연구**, 16(2), 227-251.

김정휘(1987). **정신지체아 교육의 원리와 실제**. 서울: 교육과학사.

김종서, 이영덕, 홍순정(1992). **교수이론**. 서울: 한국방송통신대학교.

대전광역시 동부교육지원청(2003). **초등 교과 수업 모형 자료집**. 대전: 대전광역시 동부교육지원청.

문애선(2003). '우리들은 1학년'의 수업목표 분석. 한국교원대학교대학원 석사학위논문.

박기용(2005). **초등학교 국어과 교육의 구조와 이론**, 서울: 도서 출판 월인.

박남수, 서선진, 박경옥, 오영석(2012). **특수교육 교수설계 모형 개발 연구**. 충남: 국립특수교육원.

박영무, 조영남, 김정환, 정부래, 곽중섭, 이정수(1996). "수업모형/이론과 실제" **수업혁명**, 서울: 한국교원단체총연합회.

박인현(2001). **초등사회과교육**. 서울: 교육과학사.

변영계(1979). **수업설계**. 서울: 배영사.

변영계, 김경현(2005). **수업장학과 수업분석**. 서울: 학지사.

서울대학교 교육연구소 편(1998). 교육학 대백과사전.

성승지(2009). 수업분석기법의 특징과 방법론. 인제대학교 교육대학원 석사학위논문.

송선옥(2010). "특수교육 수업모형 및 수업매체의 활용" 「**2010 특수교육 수업설계와 수업분석**」 직무연수. 충남: 충청남도교육청.

송인성(1992). **교과별 발문기술**. 서울: 한국교원단체총연합회.

신은희(2012). **특수교육 교과교재 연구 및 지도법**. 서울: 계축문화사.

심덕보(1995). **수업분석의 실제**. 서울: 예원문화사.

엄훈(2010). 수업비평 개념에 대한 대안적 탐색, 교육과정평가연구. 13(2).

윤창근(2009). 교장의 수업지도성이 학교의 교수·학습풍토 및 교사의 교수효과성에 미치는 영향, 동아대학교 대학원 박사학위논문.

이방자, 정진현, 정남용, 정미경, 손장호(2004). **실과 교육학 개론**. 서울: 학지사.

이상춘, 조인수(1991). **정신지체아 교육**. 전주:신아출판사

이성은(1998). 제2언어로서의 한국어 교육을 위한 총체적 언어 접근법. **이중언어학, 15**.

이성은, 오은순, 성기옥(2003). 초·중등 교실을 위한 새 **교수법**. 서울: 교육과학사.

이용숙, 조용태(1989). **수업방법**. 서울: 배영사.

이정용, 고영희(1971). **교수·학습의 이론과 실제**. 서울: 교육과학사.

이태영, 김정권(1982). **정신박약아심리**. 서울: 형설출판사.

이혁규, 엄훈, 정정인, 신지혜(2012). 수업의 과학성과 예술성 논의와 수업 비평에의 함의. 열린교육연구. 20(2)

이화여자대학교 교육공학과(2001). **21세기 교육방법 및 교육공학**. 서울: 교육과학사.

임인제(1976). **절대기준평가의 원리와 실제**. 서울: 배영사.

전국교육대학교 실과교과교육연구회 편(2011). **실과교육의 이해**. 서울: 양서원.

전병운, 유재연(2013). **특수교육과 교과교육**. 경기: 교육과학사.

정동영, 권충훈, 김주영, 김형일, 김희규, 남윤석, 박중휘, 신영숙, 오세웅, 이유훈, 이인순, 장은주, 정동일, 정해동, 정해시(2012). **특수교육 교직실무**. 경기: 교육과학사.

정동영, 김희규, 박계신, 박소영, 오세웅, 이경년, 이옥인, 이필상, 정해동, 정해시, 진흥신, 최상배(2015). **특수교육 수업컨설팅**. 경기: 교육과학사.

정석기(2015). 수업기술 향상을 위한 좋은 수업설계와 실제. 서울: ㈜박영story.

정성봉(2002). 실과 수업 방법론. 서울: 교학사.

정해동, 권주석, 김미선, 김주영, 박경옥, 박순희, 이경면, 이성봉, 이옥인, 정영숙, 정주영, 조규영(2010). 특수교육 국어교육론. 서울: 교육과학사.

조남두, 장옥선, 구영희, 문점애, 이상복, 김구진, 백경원, 곽주철(2011). 수업을 꿰뚫어 보는 힘 수업분석. 상상채널.

주삼환, 이석열, 김홍운, 이금화, 이명희(1998). 장학과 교사의 수업의 질 향상을 위한 수업관찰과 분석. 서울: 원민사.

천경록, 염창권, 임성규, 김재봉(2001). 초등 국어과교육론. 서울: 교육과학사.

천호성(2014). 수업 분석의 방법과 실제. 서울: 학지사.

충청남도교육청(2000). '99 특수교육 수업연구대회 우수 사례집. 충남: 충청남도교육청.

충청남도교육청(2001). '01 특수교육 장학자료 함께 실천하는 통합교육. 충남: 충청남도교육청.

충청남도교육청(2003). 2003 특수교육 장학자료 특수교육 수업연구대회 우수 사례집. 충남: 충청남도교육청.

충청남도초등특수교육연구회(2010). 특수교육 수업 비타민. 충남: 홍진출판인쇄사.

한국특수교육교과교육학회(2010). 특수교육 교과 교재연구 및 지도법. 경기: 교육과학사.

한국특수교육교과교육학회(2010). 특수교육 교과교육론. 서울: 교육과학사.

홍순정(1995). 교수학습이론과 매체. 서울: 한국방송통신대학교출판부.

Barr, A, S. & Emans, L, M. (1930). What qualities are preequisites to success in teaching? *Nation's School, 6(September)*.

Danielson, C., & McGreal, T. (2000). *Teacher evaluation to enhance professional practice*. Alexandria, Virginia: ASCD.

Dewey, J. (1967). 민주주의와 교육. 이홍우 역, 서울: 교육과학사.

Eisner, E, W. (1977). On the uses of educational connoisseurship and educational criticism for evaluating classroom life, *Teachers College Record*, 78.

Eisner, E, W. (1983). The art and craft of teaching, *Educational Leadership*, 40(4).

Flinders, D. J. (1989). Does the "Art of teaching" have a future? *Educational Leadership*.

Gagne, N. L. (1978). The scientific basis of the art of teaching. New York. Teachers College Press.

Luft, P. (2007). Instructional methods for transition teaching. In R. W. Fexer, R, M. Baer, P. Luft, T. J. Simmons (2007). *Transition planning for secondary students with disabilities*. (3ed.). New Jersey: Pearson Education, Inc.

Luft, P. & Flexer, R. W. (2007). Instructional planning for transition teaching. In R. W. Flcxcr, R. M. Baer, P. Luft, T. J. Simmons (2007). *Transition planning for secondary students with disabilities*. (3ed.). New Jersey: Pearson Education, Inc.

Miskel, C. G. (2001). *Educational administration: Theory, research, and practice*. Boston: McGraw-Hill.

찾아보기

[ㄷ]

[ㅁ]

[ㅂ]

[ㅅ]

[ㅋ]

[ㅌ]

[ㅍ]

[ㅎ]

[기타]

저자소개

하상근 〈학력 및 경력〉

- 공주교육대학교 졸업
- 대구대학교 교육대학원 졸업(특수교육 전공, 교육학석사)
- 대구대학교 대학원 졸업(특수교육리더십전공, 문학박사)
- 특수학급 교사(온양천도초등학교)
- 특수학교 교사(천안인애 · 공주정명학교)
- 특수학교 교감(서산성봉 · 공주정명학교)
- 특수교육 담당장학사(예산 · 천안교육청)
- 특수학교 교장(서산성봉 · 천안인애학교)
- 충남 · 대전교육연수원 강사
- 한국교원대학교연수원 강사
- 겸임교수 및 강사(극동대학교, 나사렛대학교, 백석대학교, 순천향대학교)
- 현 호서대학교 평생교육원 강사

〈주요 저서 및 논문〉

- 특수교육 현장에서 말하고·글로 쓰고·실천하기(2014)
- 특수교육 행정·경영(공저, 2017)
- 특수교육 실과 교육의 이론과 실제(공저, 2019)
- 특수학교장의 직무수행능력 설정과 평가 외 다수

김용욱 〈학력 및 경력〉

- 진주교육대학교 졸업
- 대구대학교 교육대학원 졸업(특수교육 전공, 교육학석사)
- 대구대학교 대학원 졸업(특수교육리더십전공, 문학박사)
- 일반학급, 통합학급 교사
- 강사(대구대학교, 인제대학교)

〈주요 저서 및 논문〉

- 특수교육 행정·경영(공저, 2017)
- 특수교육 실과 교육의 이론과 실제(공저, 2019)
- 장애인 야학의 전개와 학생·교사 문화 외 다수

〈2판〉 특수교육 예비교사를 위한
교수·학습과정안 작성과 수업의 실제

2016년 8월 30일 1판 1쇄 발행
2018년 8월 30일 1판 2쇄 발행
2024년 9월 15일 2판 1쇄 인쇄
2024년 9월 20일 2판 1쇄 발행

저 자: 하 상 근 · 김 용 욱
발행인: 한 정 주
발행처: 교 육 과 학 사

경기도 파주시 광인사길 71
전화 (031)955-6956~8/팩스 (031)955-6037
Home-page: www.kyoyookbook.co.kr
E-mail: kyoyookbook@daum.net
등록: 1970년 5월 18일 제2-73호

지자와의 협의하에 인지생략

낙장·파본은 교환해 드립니다.
Printed in Korea.

정가 22,000원
ISBN 978-89-254-1976-3